Direction artistique : Serge Bilous
Direction d'ouvrage : François Guillaume
Fabrication : Barbara Jaegy et Élodie Conjat-Cuvelier
Iconographie : Marine Montégut

ISBN : 978-2-0812-5048-2

Pierre
BELLEMARE

INCROYABLE !
Le tour du monde de l'impossible

Gaëtane BARBEN, Jérôme EQUER,
Jean-François NAHMIAS & Véronique LE GUEN

Flammarion

Avez-vous déjà regardé attentivement une plume de paon ? Avez-vous remarqué cette modulation parfaite des couleurs ? Avec mille nuances la nature passe du bleu au vert, du beige au noir intense... Vous êtes émerveillé et en vous-même vous murmurez : « Incroyable ! »

L'homme et la nature sont capables de fabriquer toutes sortes de choses pour nous surprendre, nous étonner ou nous épouvanter.

Chaque année la presse mondiale se fait l'écho de ces manifestations particulières qui provoquent en nous l'étonnement, le rire ou encore la stupéfaction.
Afin de vous aider sur le chemin des surprises, nous avons eu l'idée de rassembler dans ce livre toutes les photos, tous les événements qui nous ont paru dignes de votre curiosité, pour vous les faire apprécier.

Si nous voyons que notre idée vous séduit, nous reviendrons vous étonner l'année suivante avec d'autres « INCROYABLES ».

Pierre Bellemare

Un **baiser** dans le brasier - **9** / L'animal le plus **bruyant** de la planète - **10** / Tuer des **dromadaires** pour sauver la planète - **11** / Changer le **monde** avant qu'il nous change - 12 / Un **recyclage** de papier très hygiénique - **14** / Une **octogénaire** déclarée morte clôt son compte de Caisse d'épargne - **14** / La **voiture** du futur se conduira toute seule - **14** / Des **maisons** de poupées dans le centre d'Hanoi - **15** / Des villes plein la tête - **17** / L'**armée** russe ne manque pas d'air ! - **18** / Le **château** fantastique du gangster repenti - **19** / **Nano** : la maison la moins chère du monde - **20** / L'**avion** du futur prépare son envol - **20** / Un **village** autrichien «Made in China» - **21** / L'université de la **mort** - **22** / Une nuit en **Atlantide** - **23** / Syrie : Un **drapeau** de 2 kilomètres de long en soutient au régime - **24** / Du **tricot** pour habiller les villes – **25**

Juillet
2011

Un baiser
dans le brasier

L'image de ce couple a fait le tour du monde. Elle aurait pu leur rapporter des millions de dollars, ils ont préféré partir en vacances. Le 15 juin dernier, alors que de violentes émeutes éclatent dans la ville canadienne de Vancouver, suite à la défaite de l'équipe locale de hockey à la Stanley Cup, Scott Jones et Alexandra Thomas s'étreignent à même le sol, entre supporters en colère et policiers anti-émeutes. Lorsque la jeune diplômée canadienne découvre le cliché du photographe Richard Lam dans les médias, elle n'arrive tout d'abord pas à se reconnaître. « Puis j'ai regardé plus attentivement et j'ai réalisé que c'était bien nous dessus », a-t-elle confié à la presse. Scott Jones, le petit ami australien de 29 ans, arrivé au Canada six mois auparavant, a depuis expliqué les circonstances entourant la prise de vue. Après avoir regardé le match dans un bar de la ville, le couple s'est retrouvé face à une scène de chaos. « Ils [la police] ont commencé à nous frapper avec leurs matraques [with their shields], pour nous faire déguerpir. Nous ne nous montrions pourtant pas agressifs. Puis ils ont couru dans notre direction et c'est à ce moment que nous nous sommes retrouvés par terre. Alexandra était choquée. J'ai juste essayé de la calmer. » Gênés et surpris par cette exposition soudaine de leur intimité, les amoureux ont refusé toute exploitation de leur image à des fins commerciales. Selon des professionnels des relations publiques, ils auraient pu engranger des millions de dollars en publicité. « Nous partons en vacances », s'est simplement justifiée Alexandra.

Proportionnellement à sa taille,

l'animal le plus bruyant de la planète mesure deux millimètres

Selon une étude réalisée par des scientifiques français et écossais, proportionnellement à sa taille, l'animal le plus bruyant de la planète est une minuscule punaise aquatique, le micronecta scholzi.
Mesurant à peine 2 mm, cet insecte d'eau douce est capable d'émettre des sons qui peuvent atteindre 79 dB, soit le bruit produit par le passage d'un train de marchandises. Cette mesure a pu être réalisée grâce à des hydrophones, car 99 % du son se perd lors du passage de l'eau à l'air, mais restent perceptibles en surface par l'oreille humaine.
Plus étonnant encore : pour produire ce son intense, les micronectes frottent leur pénis contre la zone ondulée de leur abdomen, qui mesure à peu près la largeur d'un cheveu. Mais dans quel but cette variété de punaise déploie-t-elle tant d'énergie ? « Pour décupler leur pouvoir de séduction, répond Jérôme Sueur, un chercheur du Muséum d'histoire naturelle de Paris. Les mâles sont en concurrence pour accéder aux femelles et s'efforcent de produire un son le plus fort possible pour couvrir le chant de leurs rivaux. »
Même au royaume de l'infiniment petit, l'amour ne perd pas ses droits !

TUER LES DROMADAIRES *POUR SAUVER LA PLANÈTE !*

Pour lutter contre le réchauffement climatique, le gouvernement australien vient de lancer une opération de vaste envergure pour le moins surprenante : demander à la population d'abattre des dromadaires sauvages, dont le nombre est estimé à un million d'individus. Introduits en Australie au XIXe siècle par des marchands saoudiens, les dromadaires ont proliféré dans les grands déserts de l'intérieur et constituent sans doute aujourd'hui la plus importante colonie de quadrupèdes sauvages du monde.

Chaque animal émet chaque année 45 kg de méthane, – une tonne de Co_2 pour l'ensemble du cheptel –, soit l'équivalent annuel des rejets produits par 300 000 voitures. Pour encourager cette initiative, le programme Carbon Farming Initiative s'est engagé à offrir une prime de 75 dollars australiens (56 euros) pour chaque dromadaire abattu. Soucieux de ne pas froisser la sensibilité des défenseurs des animaux, le gouvernement a néanmoins recommandé aux chasseurs d'éviter tout acte de cruauté gratuit. Les carcasses seront envoyées à des abattoirs ou transformées sur place en aliments pour animaux de compagnie.

Cette directive pourrait prêter à sourire si les émissions de méthane produites par les animaux vivant sur la surface de la planète ne représentaient pas 18 % de la totalité des gaz à effet de serre. Mais a-t-on réfléchi à la manière de neutraliser le méthane produit par les sept milliards d'êtres humains ?

« CHANGER

AVANT QU'IL NE NOUS CHANGE »

Mille statues entièrement composées de détritus regardaient les habitants de Telgte en ce mois de juillet. Mille statues représentant l'avenir de l'Humanité si rien n'est fait, selon l'artiste allemande Ha Schult, à l'initiative de cette installation itinérante intitulée « Trash Men », soit « les hommes ordures ». Depuis les années soixante-dix, le plasticien engagé martèle le même message. « Nous vivons dans l'ère des déchets et nous courons le risque de devenir des déchets nous-mêmes. » Il a amoncelé des tonnes de détritus pour réaliser ses statues de taille humaine qu'il a fait voyager dans le monde entier. Après une première présentation dans l'amphithéâtre de Xanten, en Allemagne, en 1996, les humanoïdes d'Ha Schult ont investi des lieux hautement symboliques, parmi lesquels : la place Rouge de Moscou en 1999, la Grande Muraille de Chine en 2001, les pyramides de Guizèh en 2002, ou encore la banquise, en 2010. Cette année, les Trash Men sont revenus interpeller le public sur leur terre d'origine. Quinze ans après, le message de l'artiste demeure d'une inquiétante actualité.

LE MONDE

La voiture du futur
se conduira toute seule

Dans le cadre du programme européen HAVEit (Highly Automated Vehicles for Intelligent Transport), dix-sept partenaires issus de l'industrie automobile et de la communauté scientifique ont mis au point des véhicules hautement automatisés, dont l'objectif est de rendre la conduite plus sûre et plus respectueuse de l'environnement. Ils présentaient leurs premiers résultats avec sept engins « démonstrateurs » lors du « HAVEit Final Event » qui s'est tenu en juin, en Suède. Une des technologies phares de cet événement était le pilote automatique temporaire (TAP : Temporary Auto Pilot), qui peut être actif jusqu'à une vitesse de 130 km/h sur autoroute. Une fois celui-ci enclenché, il devient impossible de franchir une ligne blanche, d'enfreindre les limitations de vitesse, de faire une queue de poisson ou encore de dépasser une ligne blanche. Le progrès est rendu possible grâce à des radars, des caméras, des capteurs à ultrasons, un scanner laser et un horizon électronique.

L'autre grande avancée présentée au « HAVEit Final Event » réside dans l'« hybrid driveline control » : une innovation permettant la détection de la couleur des feux de signalisation à une distance allant jusqu'à 130 mètres, grâce à une caméra placée à l'avant du véhicule et reliée à l'ordinateur de bord. Selon Reiner Hoeger, coordinateur du projet « avec l'augmentation du trafic et du flot d'informations délivrées aux conducteurs, les véhicules hautement automatisés vont caractériser le futur de la mobilité ». Mais la mise sur le marché de ces technologies reste à programmer.

UN RECYCLAGE DE PAPIER TRÈS HYGIÉNIQUE !

Respectueux de la nature et soucieux de l'environnement, les Japonais s'emploient à recycler autant qu'ils le peuvent déchets industriels et domestiques.

Dans ce but, Oriental, un industriel astucieux, propose dorénavant une machine capable de transformer les feuilles de papier au format A4 en... rouleaux de papier hygiénique ! Baptisé White Goat (Chèvre blanche), cet appareil automatique, d'un encombrement d'environ deux mètres cubes, déchiquette le papier en fines lamelles. Chauffées et malaxées dans une solution aqueuse, elles sont ensuite aplaties, séchées et reconditionnées en papier toilette, chaque rouleau équivalant à quarante pages de papier machine. Coût de l'appareil : 8 300 euros, auxquels il faut ajouter chaque jour les 10 à 15 litres d'eau indispensables à son bon fonctionnement.

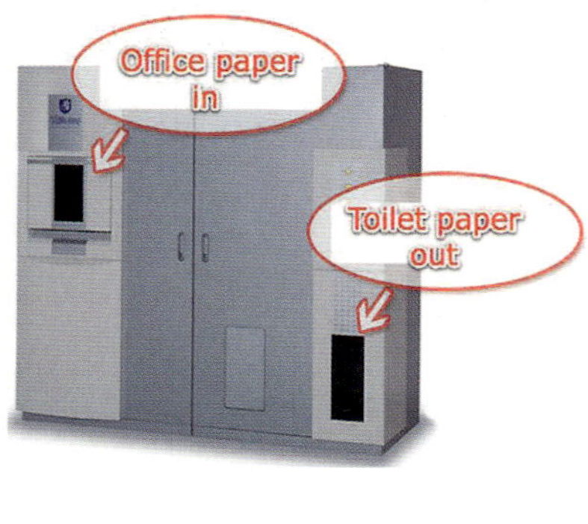

Une octogénaire déclarée morte
clôt son compte de Caisse d'épargne

Comme elle le fait chaque mois, ce premier juillet, Ginette Peyrard, une retraitée âgée de 84 ans, émet un chèque pour alimenter son compte à la Caisse d'épargne d'Aix-les-Bains. Mais cette fois, cette opération banale se déroule de façon inattendue. Le chèque lui revient peu après. Il est accompagné d'une lettre annonçant le décès de son émetteur – c'est-à-dire elle-même – et lui conseillant de « prendre contact avec les héritiers du débiteur ». Ce courrier, expédié de façon automatique, sans intervention humaine, ne fait pas mention de l'homonymie qui existe pourtant entre débiteur et bénéficiaire du chèque !

Passé un instant de stupeur et d'indignation, l'octogénaire appelle la Caisse d'épargne pour connaître au moins les circonstances de sa disparition. En guise d'interlocuteur, elle doit se contenter d'entrer en contact avec un serveur vocal dont aucune fonction ne prévoit qu'une personne décédée puisse dialoguer avec l'administration !

Ginette Peyrard n'a dès lors d'autre choix que d'écrire à la Caisse d'épargne. « Messieurs, puisque vous avez eu la prévenance de m'annoncer mon décès, j'ai le regret de vous informer en retour que je suis maintenant dans l'obligation de clore définitivement mon compte. Meilleures salutations de l'au-delà ! »

DES MAISONS DE POUPÉES DANS LE CENTRE D'HANOI

Vision insolite dans les rues de Hanoi, la capitale du Vietnam : 95 bâtiments d'une extrême minceur, c'est-à-dire dont la façade ne mesure pas plus de deux mètres, mais qui comportent parfois jusqu'à cinq étages, sont apparus dans le centre-ville. Ces maisons ultraplates résultent de la destruction d'édifices de taille normale lors de l'élargissement des chaussées ou de l'expansion du réseau routier. Le prix des terrains ayant grimpé en flèche, les propriétaires n'ont eu d'autre choix, faute de place et d'argent, que d'empiler des pièces minuscules, reliées les unes aux autres par un escalier extérieur. Outre leur dangerosité, ces immeubles inesthétiques défigurent le centre historique de la ville. C'est pourquoi, depuis 2005, leur construction est interdite. La municipalité de Hanoi envisage maintenant d'indemniser les propriétaires des maisons ultraplates, afin de les détruire et les remplacer par des espaces verts ou des kiosques à journaux.

DES VILLES

PLEIN LA TÊTE

L'expérience est sidérante : un homme prend place à bord d'un hélicoptère et survole la ville de New York pendant vingt minutes. Puis il se rend dans un atelier mis à sa disposition et, cinq jours durant, sans l'aide de photos ou de croquis, il dessine de mémoire une vue panoramique de Manhattan de 15 mètres de long, dans laquelle chaque immeuble bordant l'East River est reproduit dans ses moindres détails. Mais comment Stephen Wiltshire, cet Anglais de 34 ans, est-il parvenu à accomplir cette prouesse ?

Diagnostiqué autiste à l'âge de trois ans à la suite du décès brutal de son père, Wiltshire a brusquement perdu l'usage de la parole. Durant son enfance, il communique difficilement mais développe une mémoire phénoménale et un coup de crayon exceptionnel. Sans passer par une école d'art, il dessine d'instinct des rues londoniennes avec un sens parfait des proportions et des perspectives, son handicap expliquant sans doute la puissance de sa concentration. À cet égard, on se souvient du célèbre film *Rain Man*, dans lequel Dustin Hoffman incarnait un autiste capable de compter d'un seul coup d'œil des centaines de cure-dents tombés sur le sol.

Vers l'âge de 20 ans, Stephen Wiltshire entreprend de dessiner de mémoire des villes célèbres, après s'être contenté de les survoler quelques minutes en hélicoptère : Rome, Francfort, Madrid, Hong Kong, Jérusalem, Tokyo, Dubaï.

Cet artiste singulier possède aujourd'hui sa propre galerie à Londres, dans laquelle il propose au public des reproductions grandeur nature de ses œuvres majeures.

L'armée russe ne manque pas d'air !

Très endettée comme la plupart des pays, la Fédération de Russie ne parvient plus à financer la modernisation de l'équipement de ses forces armées. Pour palier ses déficiences sans pour autant renoncer à faire étalage de sa force, le ministère de la Défense fait largement appel, depuis quelques années, aux armes fictives. Pour satisfaire cette demande, RasBal, une société privée, fournit des milliers de chars, d'avions, et même de rampes de missiles gonflables. Ainsi, par exemple, un leurre de tank en baudruche peut-il se gonfler en quelques minutes et être déployé partout à travers le pays. Autre avantage : observés par des satellites militaires, ces modèles se distinguent difficilement des armes véritables, puisque leur signature thermique et infrarouge est identique. Néanmoins des généraux s'insurgent contre cette gabegie, chaque engin factice coûtant la bagatelle de 23 000 euros. « Nous dépensons des fortunes pour acquérir des gadgets inutiles, a déclaré l'un d'eux. Et, en cas de conflit, nous nous retrouverons avec un arsenal de ballons pour défendre nos frontières ! »

Le château fantastique du gangster repenti

Nicolas Sutyagin, un ex-millionnaire russe, a consacré plusieurs années à la construction d'un extravagant gratte-ciel en bois, d'aspect baroque et biscornu. Édifie à Arkhangelsk, une ville portuaire de 350 000 habitants située sur la mer Blanche, à environ 1 000 km au nord de Moscou, ce bâtiment qui ne ressemble à rien d'existant, devait à l'origine ne comporter que deux étages. Mais, stimulé par la visite de maisons traditionnelles en bois au Japon et en Norvège, Sutyagin a poursui son œuvre, lui ajoutant trois niveaux supplémentaires. « La maison s'était transformée en un monstrueux champignon, avoue aujourd'hui l'entrepreneur. Elle était si laide que j'ai été obligé de l'agrandir et de la surélever sans fin dans l'espoir de sauver les apparences. »

Arrêté pour escroqueries et braquages, Sutyagin a retrouvé son bien partiellement en ruines à sa libération de prison. En attendant des jours meilleurs, le gangster repenti se contente aujourd'hui d'occuper le rendez-de-chaussée de son château fantastique, en compagnie de son épouse.

NANO
la maison la moins chère du monde

Après la voiture à 2 500 dollars lancée en 2009, le groupe industriel indien Tata a annoncé la mise sur le marché de la maison la moins chère du monde : 509 euros (3 200 roupies) pour 20 m². À ce prix-là, l'acquéreur devra lui-même monter les éléments de ce logement, baptisé la Nano, fourni avec portes et fenêtres et dont les murs sont recouverts de jute ou de fibre de coco. Une semaine suffit pour monter le modèle de base, promet la firme. Quelques jours supplémentaires pour le modèle amélioré de 30 m^2, avec véranda et panneaux solaires, vendu pour quelque 200 euros de plus.

Dans un pays où 40 millions de personnes vivent sous le seuil de pauvreté, la Nano s'adresse aux catégories sociales les plus basses. Avec ce concept, le groupe Tata espère rendre les habitations en zone rurale « moins coûteuses et plus acceptables ». Il manquerait aujourd'hui environ 24 millions de logements en Inde, dont 70 % en dehors des villes. Le groupe Tata espère vendre sa maison à des particuliers mais aussi à des gouvernements d'État. À 509 euros, La Nano représente encore sept ans de salaire pour un Indien appartenant à la classe la plus pauvre.

L'avion du futur prépare son envol

Fenêtre ou couloir ? Dans l'avion du futur, cette question ne sera plus d'actualité. Il suffira aux passagers de lever la tête ou de la baisser, pour admirer le paysage à travers les parois transparentes de l'engin. C'est tout du moins la promesse qu'a faite Airbus en présentant son « Concept Plane », quelques jours avant l'ouverture du salon du Bourget. La société estime que l'avion pourra voir le jour d'ici 2050. Des équipes d'experts travaillent déjà sur le projet. Car en plus d'offrir une vue panoramique, le Concept Plane proposera bien d'autres innovations : des sièges qui s'adaptent parfaitement à la morphologie de l'usager, un espace technologique avec des écrans holographiques, une zone pour la vidéo-conférence, une autre pour la détente avec des activités au choix : massage, jeux vidéo ou shopping.

© AIRBUS S.A.S.

Un village autrichien « MADE IN CHINA »

Imaginez que vous soyez en vacances à l'autre bout du monde et que vous tombiez nez à nez avec une copie parfaite de votre maison dans une rue ressemblant à s'y méprendre à la vôtre. À votre balcon, un autochtone fumant une cigarette sur votre chaise, en toute décontraction… C'est à peu de choses près la drôle d'aventure qui est arrivée aux 800 habitants du village de Hallstatt, dans la région du Salzkammergut, en Autriche. En ouvrant leur journal un matin d'été comme les autres, ces villageois ont eu la mauvaise surprise d'apprendre que leur pittoresque bourgade, classée au Patrimoine mondiale de l'Unesco depuis 1997, s'apprêtait à être reproduite à l'identique dans la province du Guangdong, en Chine. C'est dans le plus grand secret que des architectes chinois avaient relevé, quelques mois auparavant, les cotes des bâtiments de la ville, croit savoir le maire de la bourgade, Alexander Scheutz. « Les gens n'apprécient pas qu'on ait fait ça derrière leur dos », a-t-il expliqué à l'agence de presse autrichienne APA. Il a immédiatement alerté l'Unesco et les autorités autrichiennes. Le sort de la copie chinoise de Hallstatt est désormais entre leurs mains.

L'UNIVERSITÉ DE LA MORT

Expérimenter la mort pour reprendre goût à la vie ? C'est l'étrange mission que s'est fixée l'Université de Sahmyook, en Corée du Sud, avec un séminaire d'un nouveau genre : la « Cercueil Academy ». Pour une somme équivalente à 17,50 euros, les cours, d'une durée totale de quatre heures, offrent aux participants d'assister à leur propre enterrement. Après avoir rédigé lettres d'adieux et épitaphes, les étudiants, vêtus du traditionnel habit funéraire, sont invités à écouter solennellement leur oraison. La mise en scène est ensuite poussée à l'extrême. Dans une chapelle éclairée à la bougie, les « apprentis défunts » sont enfermés dix minutes dans un cercueil qu'ils ont préalablement choisi. Le silence le plus total est bien sûr imposé.

Dans ce pays de l'OCDE qui détient le bien triste record du taux de suicide le plus élevé par habitant, la formule fait des émules. Face à des autorités incapables d'endiguer ce phénomène macabre, l'Académie du cercueil ne désemplit pas. Une compagnie d'assurance sud-coréenne a déjà encouragé ses 4 000 employés à poursuivre cette formation inédite.

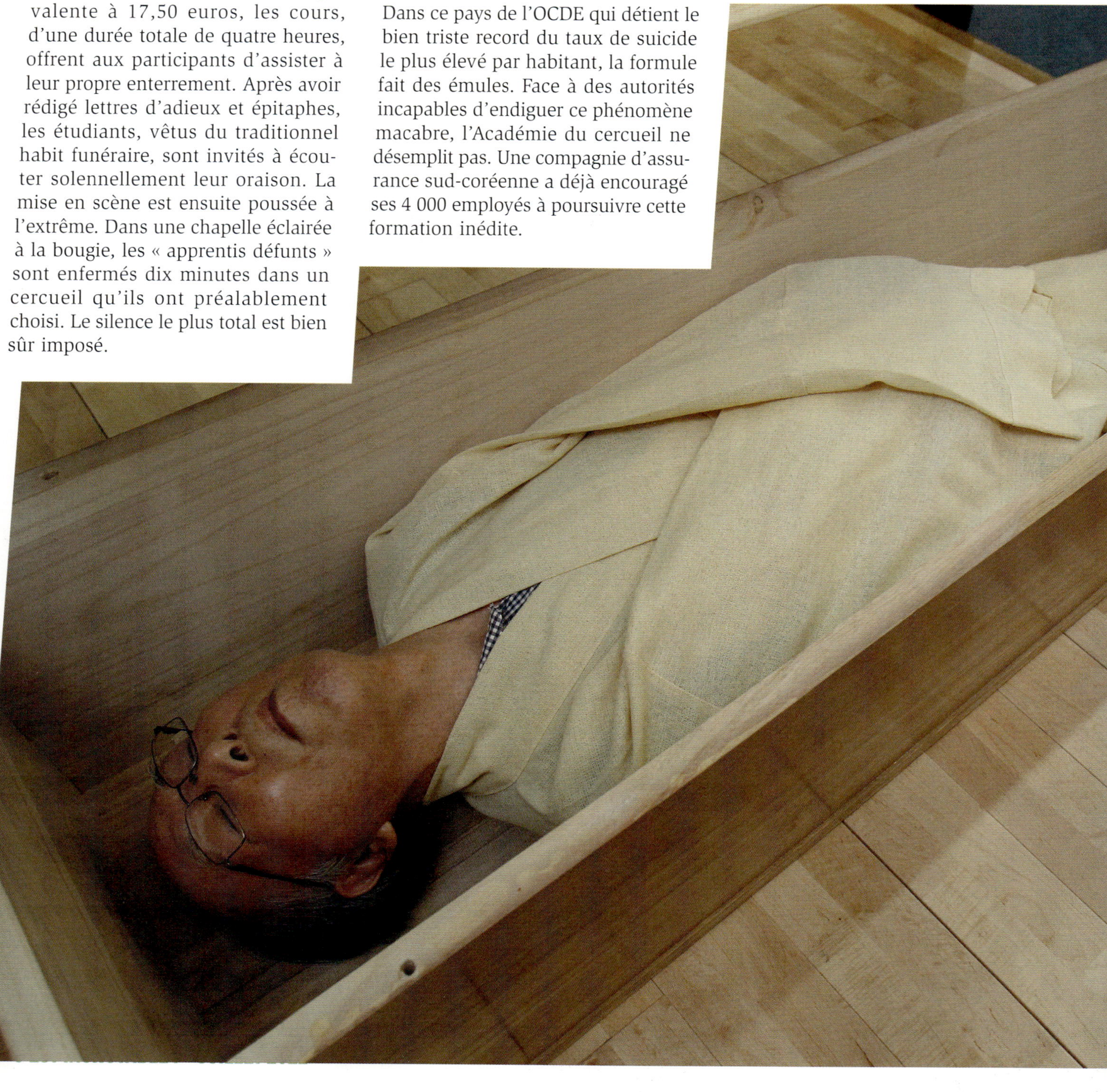

Une nuit en ATLANTIDE

Dormir à quinze mètres de profondeur, dans un lit douillet, avec une vue à 270° sur les fonds marins de l'Océan Pacifique, est désormais possible. Depuis décembre 2007, le Poséidon, un hôtel cinq étoiles à proximité d'une île privée des Fidji, reçoit des clients pour la coquette somme de 30 000 dollars par couple la semaine. À ce prix, les touristes ont la possibilité de plonger directement dans la mer grâce à un sas. La construction du Poséidon a coûté 80 millions de dollars, dont 33 uniquement pour la construction de la structure sous-marine. Le complexe sous marin, le premier du genre au monde, est composé d'acrylique en plastique supportant une pression qui équivaut à 100 tonnes. L'hôtel abrite, en plus des chambres, un restaurant, une salle de conférence, une bibliothèque, un spa et même une chapelle pour y célébrer des mariages. Le 7e ciel, en version 20 000 lieues sous les mers.

Syrie

un drapeau de 2 km de long en soutient au régime

Depuis qu'il a débuté le 15 mars dernier, le mouvement démocratique syrien est réprimé avec brutalité par l'armée et la police. Après avoir lancé une vaste opération dans le nord-ouest du pays, le président Bachar al-Assad a envoyé ses chars dans la ville d'Abou Kamal, à la frontière de l'Irak. Pour autant la contestation a gagné Damas.
Outre des affrontements sanglants entre forces armées et manifestants, une guerre de l'information oppose les deux camps, les journalistes étrangers ayant été expulsés du pays. Dans le but de contrer photos et séquences vidéo captées par les insurgés sur leurs téléphones portables et diffusées sur Internet, les autorités syriennes ont demandé à leurs supporters de confectionner et de déployer un drapeau géant dans les rues de la capitale. Longue de 2 300 mètres, large de 18, cette bannière – la plus grande du monde – a coûté 30 millions de livres syriennes, soit environ 443 000 euros. Est-ce le prix à payer pour assurer la propagande d'un régime à bout de souffle ?

DU TRICOT

Un peu de douceur dans un monde de brutes. Les tags, souvent rageurs et machistes des rappeurs, cèdent aujourd'hui le pas à des ouvrages très féminins en tricot, qui habillent de belles couleurs chaudes statues et mobilier urbain. Et la plupart des villes bénéficient à travers la planète de ce vandalisme artistique. Ainsi bouches d'incendie, boîtes aux lettres, sculptures monumentales, troncs d'arbre ou cabines téléphoniques se couvrent douillettement de tricots multicolores exécutés par des artistes de rue. À Mexico, Magda Sayeg, l'une d'entre elles, est parvenue à recouvrir un bus d'un ouvrage au crochet. À Londres, un collectif, Knit the City (Tricote la ville) habille de laine grilles et fontaines, tandis qu'à New York, Agata Oleksiak a paré de couleurs flasky le célèbre taureau en bronze qui symbolise la vitalité de la bourse, à l'entrée de Wall Street. Reconnaissance immédiate de cette nouvelle expression : aujourd'hui nombre de musées et de galeries accueillent ces œuvres new-look. Et de grandes entreprises passent commande aux tricoteuses pour assurer la promotion de leurs produits.
Ainsi pour la somme d'environ 14 000 euros, Toyota, Smart et Mini Cooper ont confié à des artistes de la maille le soin d'emmitoufler leurs nouveaux modèles au cours d'opérations promotionnelles.

POUR HABILLER LES VILLES

LES INCROYABLES D'AVANT

JUILLET
DE 1857 À 2008

JUILLET 1908

Va-t-il y arriver ?

La ligne d'arrivée est à deux cents mètres. Va-t-il y arriver ? Au marathon de Londres 1908, l'Italien Dorando Pietri est entré le premier, seul, sur la piste du stade où a lieu l'arrivée. Il est tombé d'épuisement une première fois. S'étant relevé, il est tombé une seconde fois. Une partie du public fasciné criait : « Aidez-le, aidez-le ! », d'autres horrifiés criaient : « Pitié, arrêtez-le… pitié arrêtez-le ! ». Relevé pour la troisième fois il est retombé quelques mètres plus loin. Un médecin lui a massé le cœur alors qu'il était étendu sur la piste, un autre lui a fait absorber des pastilles d'atropine et de strychnine. Quand il s'est relevé, le coureur Anglais Hayes entrait à son tour sur la piste. Dorando Pietri va s'effondrer une cinquième fois. Mais les spectateurs présents sur la pelouse vont l'aider à se relever encore, lui permettant d'atteindre le premier la ligne d'arrivée. Transporté à l'hôpital, il restera entre la vie et la mort pendant de longues heures, disqualifié pour avoir été aidé, mais célèbre au point de susciter un véritable engouement pour le marathon dans le monde entier et de faire entrer cette épreuve aux Jeux olympiques.

JUILLET 1857

La fontaine Bartholdi
lyonnaise d'adoption

Le Char de la Liberté, fontaine monumentale sur la place des Terreaux, est un des grands symboles lyonnais, avec ses quatre chevaux en bronze, créatures fantastiques dont les naseaux exhalent de l'eau pulvérisée. Pourtant cette sculpture prodigieuse avait été créée en 1857 pour une autre place, celle des Quinconces à Bordeaux. Le jeune sculpteur, Auguste Bartholdi, avait voulu par ce char imposant représenter la Garonne et ses quatre affluents. La ville trouva l'œuvre trop chère et ne donna pas suite au projet. Trente ans plus tard, l'artiste acquit la célébrité avec sa statue de la Liberté pour la ville de New York. Sa fontaine monumentale et spectaculaire fut présentée à l'exposition universelle de Paris en 1889, où elle séduisit les Lyonnais, alors la Ville s'en porta acquéreur. Le « Char triomphal de la Garonne » devint le « Char de la Liberté » et fut inauguré en 1892 sur la place des Terreaux.

JUILLET 1934

Qu'a-t-il fait de sa **roue ?**

Le cycliste, en difficulté, assis au bord de la route est René Vietto. Il avait été sélectionné pour ses qualités de grimpeur, à vingt ans, c'est son premier tour de France. Lors de l'étape Perpignan-Ax-les-Thermes le jeune sportif caracolait en tête au sommet des cols avec son leader, Antonin Magne. Mais dans la descente, ce dernier est accidenté, ce qui risque de lui

coûter son maillot jaune. Vietto lui cède une roue pour lui permettre de terminer l'étape et de sauver son titre. Ce jour-là René Lapébie est le vainqueur. Le geste magnanime de Vietto, qui témoignait d'une loyauté infinie, lui vaudra l'amour du public et une grande popularité dans le Tour de France qu'il ne remportera jamais.

JUILLET 1891

LA MACHINE À **TATOUER**

Perforer la peau et introduire des pigments colorés sous l'épiderme : le concept de la machine à tatouer est quasi le même depuis plus d'un siècle. En 1876 Thomas Edison invente un dispositif de gravure servant à perforer des feuilles de papier employées ensuite comme pochoirs pour l'imprimerie. Samuel O'Reilly s'inspire de cette invention et dépose en 1891 un brevet de machine électrique vibrante destinée à introduire l'encre dans la peau. À l'époque, toutefois, rares sont les femmes qui se font exécuter des motifs sur le corps comme cette Américaine, la pratique du tatouage étant plutôt réservée aux artistes de cirque et aux marginaux.

JUILLET 1889

L'ANNÉE DU FOUDRE et de la tour Eiffel

Ce gigantesque fût de 20 tonnes, mesurant 6,50 mètres de longueur et 5,50 mètres de diamètre permet enfin à Eugène Mercier de mener à bout son ambition de réaliser un assemblage de vins à grande échelle. Sa contenance est de 1 600 hectolitres, soit 213 000 bouteilles de 75 cl.

Il lança son projet en 1870. Son tonnelier Jolibois se mit en quête de cent cinquante chênes amenés de Hongrie. La construction et les contrôles d'étanchéité demandèrent 16 années de travail acharné. L'objectif d'Eugène Mercier : présenter « l'objet » à l'exposition universelle de 1889. Pour entreprendre son déplacement à Paris, le plus grand foudre du monde est supporté par quatre énormes roues fabriquées spécialement par les chemins de fer de l'Est. Il est tracté par un attelage de 24 bœufs. Et 18 chevaux suivent pour accompagner leurs efforts dans la montée des côtes les plus rudes. Sur son passage, l'équipée rocambolesque qui dure une semaine attire les foules et la presse. Il faut consolider les ponts et démolir les maisons gênantes dans les virages. Le succès est assuré en entrant dans Paris. Objectif atteint, le foudre, à l'exposition, aura pour seule rivale la tour Eiffel.

JUILLET 2008

C'est vrai
OU C'EST FAUX ?

Scène d'un réalisme stupéfiant, ce torrent qui dévale entre les rochers la rue principale de Geldern en Allemagne ! Il s'agit d'une illusion d'optique, œuvre d'Edgar Mueller. Cet artiste allemand s'est fait la spécialité de reproduire des motifs géants pouvant aller jusqu'à 250 m^2 sur une surface plane, en donnant une impression de profondeur et de relief. Ses œuvres exécutées à la peinture acrylique murale nécessitent plusieurs jours de travail.

JUILLET 1982

LE TRANSAT VOLANT

Pour ce conducteur de poids lourds de 33 ans, le moment est venu de réaliser enfin son rêve d'enfant… voler ! Sa mauvaise vue ne lui a pas permis de devenir pilote d'avion, alors Larry Walters imagine un autre moyen de s'élever dans les airs ; il conçoit une sorte d'aéronef « fait maison ». Dans la cour de son domicile à San Pedro, il procède avec méthode pour réaliser son plan. Quarante-cinq ballons météorologiques d'un mètre de diamètre sont accrochés à un banal siège de jardin qu'il arrime par des sangles au pare-chocs de son 4x4 avant de les gonfler à l'hélium. Son objectif : monter à trente mètres et « flâner » en apesanteur quelques heures au-dessus de la maison. Il poursuit son équipement par un parachute et un fusil à pompe pour crever quelques ballons lorsqu'il voudra regagner la terre ferme. Puis Larry s'installe dans son fauteuil, muni d'une radio CB, d'un appareil photo, de sandwiches et de canettes de bière. Bien calé et attaché dans son aéronef qu'il baptise « Inspiration 1 », il s'apprête à savourer le plus grand moment de son existence. À son signal, ses amis coupent la sangle qui lie le transat à la voiture… Aussitôt Larry est propulsé comme un boulet de canon à 4 600 mètres d'altitude, au lieu de s'élever comme prévu, en douceur et se stabiliser à 30 mètres ! À cette hauteur-là, il ne prend pas le risque de tirer sur les ballons, craignant de se déséquilibrer, et doit se résigner, terrifié et transi, à planer pendant trois quarts d'heure… Lorsqu'il dérive et atteint les couloirs d'atterrissage de l'aéroport de Long Beach, son étrange équipage est repéré par un pilote d'avion qui signale à la tour de contrôle la présence d'un homme armé d'un fusil dans un transat, ne semblant toutefois présenter aucun danger. Larry se décide enfin, la peur au ventre, à faire éclater quelques ballons. Lors de sa descente qui se fait en douceur, les attaches des ballons heurtent au passage une ligne de haute tension, provoquant un black-out de 20 minutes à Long Beach. À l'atterrissage, l'homme volant est immédiatement arrêté pour violation d'espace aérien et absence de licence de pilote. Lorsqu'un journaliste lui demande les raisons de son étrange exploit, il répond qu'« un homme ne peut pas simplement rester assis à ne rien faire ». Le conducteur de poids lourds aura été au bout de son rêve.

JUILLET 1958

CES DIX FRIGOS VALENT 2 MILLIONS D'EUROS

Une firme de réfrigérateurs offre deux millions d'euros à qui pourra réunir ces dix réfrigérateurs peints en 1958 par nos meilleurs artistes et vendus aux enchères pour une œuvre de bienfaisance. Sur la photo (1) Atlan, (2) Jean Cocteau, (3) Bott, (4) Bernard Buffet, (5) Carzou, (6) Terechkovitch, (7) Léonor Fini, (8) Félix Labisse, (9) Mathieu, (10) Capuletti.

JUILLET 1971

Cette nappe de GAZ brûle depuis 40 ANS

Dans le désert de Karakoum au Turkménistan, un feu ardent brûle sans discontinuer depuis près de quarante ans à ciel ouvert. Lors des travaux d'une prospection minière soviétique en 1971, le forage à la recherche d'un gisement de gaz provoqua l'effondrement de la plateforme d'extraction temporaire. À la place s'ouvrit une vaste cavité de 60 mètres de diamètre, d'où s'échappait le gaz. Pour prévenir les risques d'explosion et de pollution, les géologues décidèrent d'y mettre le feu, estimant que les gaz se consumeraient en quelques semaines. Mais la catastrophe est devenue incontrôlable, et le cratère est toujours incandescent. Il est surnommé « la porte de l'enfer ».

JUILLET 1938

LE PHARE du désert

Au cœur du Sahara, sur la carte du Ténéré, désert qui fait dix fois la superficie de la Suisse, un petit point signale toujours la présence de l'arbre le plus isolé de la terre. C'était un acacia, véritable symbole sacré pour les Touaregs, balise au milieu de l'immensité sur le chemin des caravaniers. Là où il se dressait, haut de trois mètres à peine, en 1938 fut creusé un puits ; on découvrit que ses racines descendaient jusqu'à 35 mètres de profondeur pour atteindre la nappe phréatique. Hélas, en 1973, un poids lourd a renversé l'arbre, le camionneur, ivre sans doute, n'avait pu l'éviter. Sa dépouille a trouvé place dans un mausolée, au Musée national de Niamey. L'acacia a été remplacé par une structure métallique plantée dans des bidons.

Un manteau d'**abeilles** de 26 kg ! - **39** / Pour faire respecter le règlement, le maire écrase une voiture avec un **tank** - **40** / En s'entraînant, des **retraités** ébranlent un gratte-ciel - **41** / Un **hold-up** pavé de bonnes intentions - **41** / Complètement **givré** – **7** / Au Pakistan, des toiles d'**araignées** géantes protègent les populations du paludisme – **42** / Les cercles de culture : phénomènes naturels, artistiques, ou **extraterrestres** ? - **46** / Il bat le record du monde de pêche en eau douce... et évite de justesse de se faire dévorer par un **crocodile** - **46** / L'**Ipad** le plus cher du monde - **46** / **Gaspacho** géant - **46** /Privé de bras et de jambes, un **nageur** va relier les cinq continents - **47** / **Naufrage** programmé - **49** / **Cadeau** empoisonné - **50** / Un **diamant** géant en orbite - **50** / **10e dan** pour une grande dame - **51** / Bain d'**algues** toxiques en Chine - **53** /

Août
2011

Un manteau d'abeilles

de 26 kg !

Comme chaque année, la Chine a accueilli le concours du plus « important manteau d'abeilles ». Munis d'une reine, deux apiculteurs, Wang Dalin et Lu Kongjang, devaient attirer sur eux le plus grand nombre d'abeilles possible en soixante minutes. Placé sur une balance, vêtu d'un short, de lunettes de plongée et de bouchons pour obstruer hermétiquement nez et oreilles, Wang Dalin, 42 ans, a remporté la compétition en totalisant un poids de 26,86 kg d'abeilles contre 22,9 à son adversaire.

Rappelons néanmoins que le record du monde est toujours détenu par l'Indien Vipin Seth qui, en 2009, avait réussi à se confectionner un manteau éphémère de 63 500 abeilles pesant 61,4 kg.

POUR FAIRE RESPECTER LE RÈGLEMENT, LE MAIRE ÉCRASE UNE VOITURE AVEC UN TANK

Pour lutter contre le stationnement sauvage dans le centre de la ville de Vilnius, capitale de la Lituanie, Arturas Zuokas, le maire, a imaginé une méthode radicale : il semblerait que, pour orchestrer cette campagne d'obéissance civique qui a été visionnée par plus de trois millions d'internautes à travers le monde, l'équipe municipale ait sacrifié une Mercedes hors d'usage et engagé un acteur pour jouer le rôle du propriétaire dépité de la voiture. Après son exploit, et afin de ne pas être pris en faute, le maire de Vilnius a lui-même balayé les débris de verre sur le trottoir.

EN S'ENTRAÎNANT, DES RETRAITÉS ÉBRANLENT UN GRATTE-CIEL

À Gwangjian, un quartier huppé de Séoul, le Techno Mart, un immeuble de 39 étages qui attire plus de 50 000 visiteurs par jour, s'est mis à trembler violemment. Au point de provoquer un début de panique et une évacuation générale. Une équipe d'inspection a cherché à déterminer la cause du tremblement : séisme, glissement de terrain, anomalie dans les structures ? Rien de tout cela. Les secousses ont été causées par un groupe d'une vingtaine de retraités qui, dans une salle de sport du 12e étage, s'exerçaient au tae bo, un sport martial mêlant boxe et taekwondo.

« Les mouvements, exécutés à l'unisson au rythme d'une musique electro, ont créé une résonance mécanique qui a fini par ébranler l'immeuble », a conclu Chung Lan, professeur d'ingénierie architecturale.

Complètement givré

Environ 500 000 personnes se déplacent dans les rues de Copenhague à vélo. Mais l'un d'entre eux attire tous les regards : le Sperm Bike. Long de 2,90 mètres, pesant 50 kg, doté d'un réservoir réfrigéré, cet engin en forme de spermatozoïde est utilisé pour transporter dans de bonnes conditions des paillettes de sperme, destinées aux centres de fécondité *in vitro* de la capitale danoise. Succès assuré. Depuis que le vélo est en circulation, le nombre des donneurs ne cesse d'augmenter et d'autres villes ont déjà passé commande. Une idée fertile. Et qui fait des petits !

UN HOLD-UP PAVÉ DE BONNES INTENTIONS

Ayant terminé son repas dans un restaurant de Vancouver-Nord, le *Browns Social House*, dans la soirée du 26 août, un canadien de 21 ans, Cory Henderson, se voit dans l'impossibilité de payer sa note d'un montant de 38 dollars, soit 29 euros environ. Qu'à cela ne tienne ! Il décide d'aller braquer la station-service d'en face pour honorer l'addition… et en avertit le personnel de l'établissement. Cory leur suggère même d'appeler la police, ce qu'ils s'empressent de faire. Le jeune homme traverse donc la rue, menace un employé de la dite station avec un simple tournevis et repart tranquillement avec l'argent de la caisse vers le restaurant. Il a le temps de payer son addition avant d'être interpellé par les forces de l'ordre. Cory Henderson a été accusé de vol, « d'obtention frauduleuse de nourriture » et de possession d'arme dans le but de commettre un acte violent. Une addition nettement plus salée qu'à l'origine !

AU PAKISTAN, DES TOILES D'ARAIGNÉES GÉANTES PROTÈGENT LES POPULATIONS DU PALUDISME

À la suite des dramatiques inondations qui ont endeuillé le Pakistan, un phénomène étrange est apparu sur les arbres du pays : ils ont été recouverts de gigantesques cocons constitués de soie d'araignée. Ne trouvant plus d'abri sur le sol détrempé, les araignées ont trouvé refuge à quelques mètres de hauteur et ont colonisé les branches.

Les populations locales, qui n'avaient jamais observé un tel phénomène, ont constaté, qu'en capturant les moustiques, les toiles d'araignée géantes avaient contribué à faire baisser le taux de paludisme.

Les cercles de culture : phénomènes naturels, artistiques, ou extraterrestres ?

Vue du ciel, quand vient le temps des moissons, la campagne anglaise se couvre d'étranges et gigantesques figures géométriques. Invisibles au niveau du sol puisque tracés uniquement par la flexion des épis réalisée dans les champs de céréales, ces dessins constituent une des attractions les plus prisées du Wiltshire, une région du sud-ouest de l'Angleterre.

Une cinquantaine d'agroglyphes nouveaux apparaissent ainsi chaque année, dont la plupart sont d'une ahurissante complexité. Le seul moyen d'apprécier leur beauté est de louer un avion de tourisme et de survoler la campagne.

Mais ces cercles de culture, sans cesse renouvelés, sont-ils des phénomènes naturels inexplicables, les œuvres d'artistes anonymes ou de mystificateurs farceurs ? Ou constituent-ils des messages extraterrestres ? Les avis sont partagés.

L'origine du premier cercle de culture, répertorié en 1976, ne fait plus mystère. Il a été revendiqué par Doug Bower et Dave Chorley, deux retraités de l'armée britannique. Après une soirée bien arrosée, les compères s'étaient armés de planches et d'un viseur pour tracer dans un champ de blé une première figure. Au fil du temps, quantité d'artistes champêtres les ont imités.

Aujourd'hui, la plupart des scientifiques s'accordent à penser que les agroglyphes sont des créations humaines, similaires à d'autres œuvres de *land art*. Ainsi, le quotidien *The Sun* a-t-il commandé, ce mois d'août, un dessin circulaire géant pour promouvoir l'organisation des Jeux olympiques de Londres, en 2012.

Néanmoins, d'autres passionnés restent persuadés que l'explication du phénomène est à rechercher dans les confins de l'univers. C'est du moins l'opinion d'un expert du ministère de l'Agriculture britannique : « Aux endroits où sont tracés les motifs, on observe une modification de la composition de la terre qui n'a rien de commun avec celle du reste du champ. Comme si elle avait été exposée à une puissante énergie. Il n'y a que deux explications scientifiques possibles : le passage d'un glacier ou une décharge de chaleur de même intensité qu'un impact direct d'éclair. Or, il est impossible que la foudre puisse créer par hasard des figures aussi belles et significatives. »

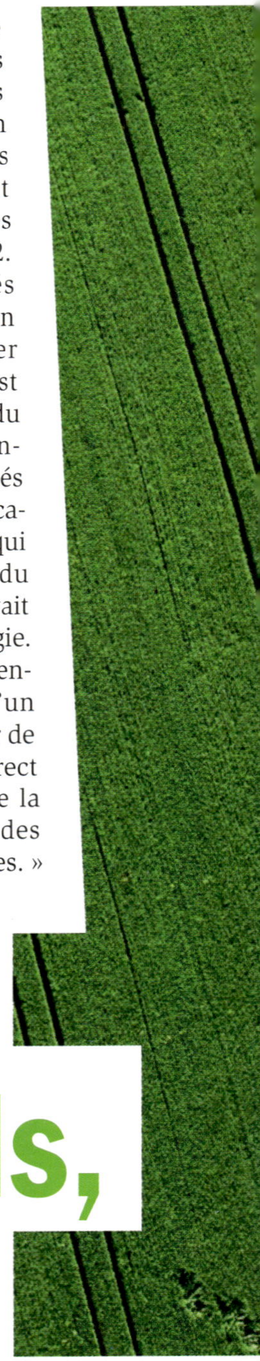

IL BAT LE RECORD DU MONDE DE PÊCHE EN EAU DOUCE… ***ET ÉVITE DE JUSTESSE DE SE FAIRE DÉVORER PAR UN CROCODILE***

Tim Smith, un touriste anglais, pêche en Ouganda, sur un lac, à bord d'une barque. Il s'aperçoit vite que la proie qu'il est parvenu à ferrer est une monstrueuse perche du Nil. Une lutte sans merci s'engage alors entre le pêcheur et le poisson géant. Au terme de quarante-cinq minutes d'effort, Smith, épuisé, sort vainqueur du combat. À cet instant, une violente secousse manque de faire chavirer son embarcation et la gueule béante d'un crocodile claque à quelques centimètres de son visage. « En une seconde, je suis passé du statut de chasseur à celui de proie », a déclaré plus tard le Britannique.
L'attaque du saurien se poursuit pendant de longues minutes. Jusqu'à ce que Smith parvienne à rejoindre les berges du lac sain et sauf, établissant un nouveau record du monde de pêche en eau douce (la perche ne pèse pas moins de 126 kg). En en sauvant sa vie d'extrême justesse !

L'IPAD LE PLUS CHER DU MONDE

La société Elite Luxury Gadgets vient de mettre en vente deux exemplaires de l'Ipad le plus cher du monde. Son prix : 8 millions de dollars. Baptisé Ipad 2 Gold History Edition, cette tablette tactile recouverte d'or 24 carats est décorée de 53 diamants et parée d'une ammonite, une pierre vieille de 75 millions d'années dans laquelle a été enchâssé un fragment d'os de tyrannosaure. Enfin, pour couronner le tout, le bouton fermoir est constitué d'un brillant pesant 8,5 carats.

Gaspacho géant

Obsessionnels de la propreté et dandy invétérés, la « Tomatina » n'est pas faite pour vous. Durant cette fête traditionnelle espagnole, qui se tient le dernier mercredi d'août dans le petit village de Buñol, à 40 km de Valence, pas moins de 120 tonnes de tomates sont déversées. Le but ? Se les envoyer joyeusement à la

figure dans une ambiance survoltée. En 2011, ils étaient 40 000 jeunes du monde entier à avoir répondu à l'appel de cette fête juteuse, teintant murs et rues de la localité d'un rouge tomate pendant près d'une heure. Dès le coup d'envoi, donné à onze heures, la foule de grands enfants, équipés de vieux vêtements, ou parfois torses nus, s'est précipitée vers un camion chargé à ras bord, sur la Plaza Mayor, pour faire le plein de munitions. Quatre autres véhicules ont ensuite pris le relais, sans interruption. Tout a commencé en 1945, lorsqu'une bagarre spontanée a éclaté entre jeunes gens du village, à proximité du stand d'un maraîcher. Depuis, le label de Fête d'intérêt touristique international a été décerné à la Tomatina, en août 2002. De quoi faire rougir de plaisir la municipalité de Buñol qui perpétue cette fête populaire dans le respect de la tradition.

Privé de bras et de jambes, un nageur va relier les cinq continents

Le 5 mars 1994, Philippe Croizon, 26 ans, un ouvrier de Châtellerault, grimpe sur le toit de sa maison pour réparer l'antenne de son téléviseur. Des câbles à haute tension de 20 000 volts passent à proximité. Un phénomène d'arc électrique le foudroie sous le regard effrayé de sa femme et de son fils. La première décharge provoque un arrêt cardiaque, la seconde le ranime. Grièvement brûlé, Croizon est amputé des bras et des jambes au niveau des genoux.

Au terme de deux ans de rééducation et grâce à des prothèses sophistiquées, il parvient à retrouver une autonomie inespérée. Il est dès lors capable de marcher, de s'alimenter, et de conduire une voiture spécialement équipée d'un manche en guise de volant. Pour autant, sa femme le quitte et des idées suicidaires l'amènent au bord du gouffre. Assisté d'un logiciel de dictée vocale, Philippe Croizon écrit et publie un livre, *J'ai décidé de vivre*, puis donne des conférences dans les écoles et dans des entreprises auprès de jeunes cadres démotivés.

Peu après, Croizon fait la connaissance d'Arnaud Chassery, un nageur spécialiste des longues distances. Les deux hommes s'entraînent à La Trinité-sur-Mer à raison de 35 heures par semaine et parcourent ainsi à la nage 280 km chaque mois.

Le 18 septembre 2006, âgé de 42 ans, Croizon accomplit l'exploit dont il rêvait depuis deux ans : traverser la Manche à la nage en utilisant des palmes en carbone et en titane adaptées à ses moignons. Accompagné un moment par des dauphins, il relie Folkstone au Cap Gris Nez en 13 heures et 26 minutes.

Philippe Croizon en août 2012 a réussi à relier symboliquement les cinq continents en traversant cinq détroits. En Papouasie entre l'Asie et l'Océanie ; entre l'Égypte et la Jordanie via la Mer Rouge ; le détroit de Gibraltar entre l'Afrique et l'Europe ; et le plus périlleux, le détroit de Béring, entre l'Alaska et la Sibérie.

Remarié à une femme rencontrée sur Internet et mère de trois enfants, cet « homme en kit » comme il aime se définir lui-même avec humour, avoue vivre en osmose avec son handicap et puiser dans le dépassement de soi une joie de vivre qu'il ne possédait pas avant son accident. Une belle leçon de courage à méditer !

Naufrage programmé

Voilà soixante ans qu'elles n'avaient pas revu leur milieu naturel. 250 amphores exhumées par l'équipe de Jean-Yves Cousteau, au large de Marseille, dans les années cinquante, ont rejoint le fond marin en cette fin de mois d'août. Ces pièces, conservées jusqu'à présent au département des recherches archéologiques subaquatiques et sous-marines, n'avaient plus d'intérêt scientifique. Aucune n'est complète : quelques-unes n'ont plus d'anses, d'autres plus de col. Déposées à 14 mètres de fond près de l'archipel de Frioul, selon une disposition en forme de bateau, elles feront désormais le bonheur des plongeurs amateurs et professionnels. La faune aquatique a en effet déjà trouvé un refuge confortable dans ces poteries de 20 kg chacune.

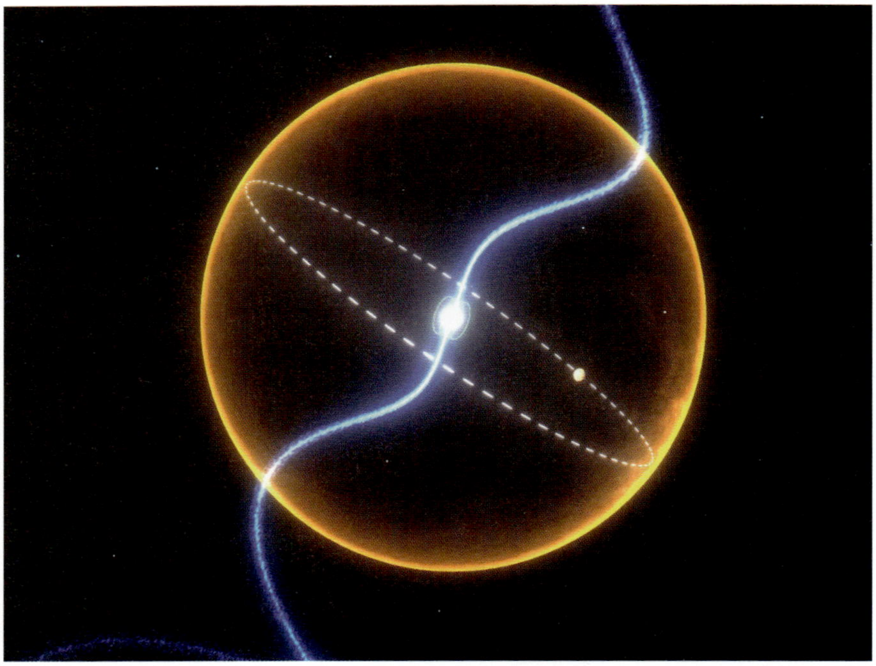

Un diamant **géant** en orbite

Cinq fois la Terre, c'est la taille approximative d'une planète composée de diamant, découverte par les astronomes de l'université de technologie de Swinburne à Melbourne, en Australie. Depuis 2009, l'équipe de scientifiques tentait de localiser le compagnon d'une pulsar milliseconde, étoile que l'on appelle généralement naine blanche. Pour les scientifiques, nul doute n'est possible : la planète-diamant est cette naine blanche qu'ils ont cherchée pendant près de trois ans. L'étoile aurait subi des transformations, se mutant en une masse de carbone cristallisé, suite à son rapprochement de la pulsar. Cette précieuse découverte ne rendra pas riches les scientifiques pour autant : à 4 000 années-lumière de la Terre, il est impossible d'exploiter ce gisement cosmique.

Cadeau **empoisonné**

Madame voulait une pierre précieuse pour son anniversaire ? Son ex-mari, le maire du petit village de Saint-Théodore-d'Acton, au Québec, lui a fait parvenir une pierre, certes, mais d'un tout autre genre. « Un 18 carats-tonnes ou un 24 carats-tonnes », ironise le maire québécois. Il s'agit en réalité d'une pierre de 20 tonnes délicatement enrubannée qu'il a déposée, en pleine nuit, devant l'entrée principale de la résidence de son ancienne épouse. Le maire a profité de son entreprise d'excavation pour réquisitionner un chargeur sur roues. Interpellé par la police lors du convoi, il a pu montrer des papiers en règle et poursuivre son chemin. On imagine la réaction de l'intéressée qui a découvert, au petit matin, son cadeau avec l'inscription « Bonne fête Isa – Pour tout ce que tu fais pour moi ». Mais l'ex-conjointe a trouvé qu'il en faisait trop et la pierre a dû être déplacée assez rapidement.

10e dan pour une grande dame

À 98 ans, Keiko Fukuda, frêle dame d'à peine un mètre vingt-quatre, a été honorée de la ceinture noire dixième dan, le plus haut grade de judo ! À ce jour, seuls sept judokas dans le monde peuvent se prévaloir de cette récompense. Elle n'avait encore jamais été attribuée à une femme. L'octroi de cette ceinture noire dixième dan vient saluer une vie entière dédiée à la discipline. Au temps où les Japonaises ne pouvaient pas montrer leur mollet, Keiko, 21 ans, faisait fi des convenances et les exhibait déjà sur le tatami, sous le regard bienveillant du créateur du judo, maître Kano Jigoro. Aujourd'hui, elle enseigne toujours dans son club de San Francisco. Sa devise ? « Soyez fort, soyez gentils, soyez beaux. »

Bain d'algues toxiques en Chine.

Durant l'été, une gigantesque nappe d'algues vertes d'environ 460 km² s'est répandue le long de la côte orientale de la Chine, faisant peser des menaces sur l'écosystème et la saison touristique. Favorisée par des températures élevées, la prolifération de l'algue polluante est due aux rejets industriels et agricoles.

Plus de 6 000 personnes ont été mobilisées pour nettoyer les plages. Quand bien même ; en dépit de l'odeur fétide et des gaz toxiques, des dizaines de vacanciers n'ont pas renoncé aux joies de la baignade. À leurs risques et périls !

LES INCROYABLES D'AVANT

AOÛT

DE 1921 À 1977

AOÛT 1944

MÉPRISE SUR LA 5e COLONNE

Sur cette photo prise place de la Concorde pendant la libération de Paris, la 5e colonne en partant de la droite du ministère de la Marine vient d'être détruite – la première est masquée par un drap noir. En 1936, pendant la guerre d'Espagne, 4 colonnes de forces nationalistes s'approchaient de Madrid. Mais un général faisant référence aux nationalistes infiltrés dans la ville déclarait qu'une 5e colonne était déjà sur place. Depuis ce jour la « 5e » colonne désigne un groupe d'adversaires infiltrés. Le 26 août 1944 le général de Gaulle lors de la libération de Paris, essuie des tirs sporadiques lorsqu'il traverse la place de la Concorde. « C'est la 5e colonne » crie un résistant. Le chef d'un char d'assaut comprend que les tirs viennent de la 5e colonne du bâtiment et la détruit au canon. Si vous l'observez aujourd'hui, vous constaterez qu'elle est d'une couleur différente car elle a été reconstituée en béton.

Le Petit Journal

Le Petit Journal
CHAQUE JOUR — SIX PAGES — 5 CENTIMES
Le Supplément illustré
CHAQUE SEMAINE 5 CENTIMES

5 Centimes — SUPPLÉMENT ILLUSTRÉ — 5 Centimes
Huit pages
L'AGRICULTURE MODERNE, 5 cent. —*— LA MODE du Petit Journal, 10 cent.

ABONNEMENTS

	SIX MOIS	UN AN
SEINE ET SEINE-ET-OISE	2 fr.	3 fr. 50
DÉPARTEMENTS	2 fr.	4 fr.
ÉTRANGER	2 50	5 fr.

Quatorzième année — DIMANCHE 23 AOUT 1903 — Numéro 666

TERRIBLE CATASTROPHE DU MÉTROPOLITAIN

84 PERSONNES PÉRISSENT DANS LE MÉTRO POUR AVOIR VOULU SE FAIRE REMBOURSER LEUR BILLET

Le 10 août 1903, trois ans seulement après l'inauguration du métro de Paris, et alors que la ligne Dauphine-Nation vient juste d'être mise en service, un incendie, causé par un court-circuit, enflamme la rame à la station Barbès. Bien que les wagons soient en bois, le feu est rapidement maîtrisé et la rame, poussée à vide, est évacuée. Mais à la station Ménilmontant, l'incendie redémarre.

Le convoi suivant, dans lequel se sont entassés plus de 300 personnes, s'arrête à Couronnes, la station précédente. L'ordre d'évacuation est donné. Mais, tandis que certains passagers se dirigent vers la sortie, d'autres demandent le remboursement de leur billet. Le mouvement de protestation prend de l'ampleur.

Pendant que la foule s'énerve, le feu a eu le temps de se propager à travers le tunnel et commence à envahir la station. Pris de panique, les voyageurs se précipitent à l'autre bout du quai. Malheureusement, ce dernier est sans issue. Une épaisse fumée toxique asphyxie 84 personnes, désespérément entassées les unes sur les autres.

À la suite de cette catastrophe, plusieurs modifications sont apportées au métro parisien. En 1906, l'acier remplace le bois dans la construction des wagons. Et les réseaux électriques sont dorénavant séparés, un pour l'alimentation des tractions, l'autre pour l'éclairage des stations. Cela afin que les gares ne soient plus plongées dans l'obscurité en cas d'incident technique survenu sur les voies.

AOÛT 1944

Un policier, le corps criblé de **14 BALLES,** *survit à ses blessures.*

19 août 1944. Prêts à prendre part à l'insurrection générale, 20 000 policiers parisiens se sont mis en grève. Parmi eux se trouve Armand Bacquer. Comme nombre de ses camarades, ce Breton de 24 ans fait partie d'un réseau de résistance et s'apprête à participer à la libération de Paris. À sept heures du matin, Bacquer quitte l'hôtel où il s'était caché et, muni de son pistolet, se rend rue de Grenelle pour rejoindre un groupe de combattants. Trop tard. Il est intercepté par une patrouille allemande, fait prisonnier, et incarcéré dans un cagibi de l'hôtel *Williams*, square Montholon, en compagnie d'un autre policier français, Maurice Guinoiseaux. Bacquer n'ignore pas que son destin est dès lors scellé : dans quelques heures il sera exécuté sans autre forme de procès.

Au cœur de la nuit, les deux hommes sont conduits sur les quais de la Seine, sous le pont de la Concorde, et fusillés. Bacquer est touché à la jambe droite, au genou, à la cuisse, au col du fémur et au poumon gauche. Son corps est criblé de 14 balles de fusil-mitrailleur. Guinoiseaux est quant à lui tué sur le coup.

Peu après, un terrible orage éclate sur Paris. Au contact de la pluie diluvienne, Bacquer reprend connaissance par intermittence. Le jour se lève lorsqu'il voit comme dans un rêve le visage d'un prêtre penché sur lui. Persuadé qu'il va mourir, ce dernier lui donne l'extrême-onction. Puis, avant qu'il ne sombre à nouveau dans le coma, un casque de pompier apparaît dans son champ de vision. Bacquer sort du coma huit jours plus tard dans une chambre de l'hôpital Necker. Un éminent chirurgien l'a opéré à de nombreuses reprises. Et, est parvenu contre toute attente à le sauver.

Au terme de huit mois de convalescence, Armand Bacquer reprend du service. Il est affecté au commissariat de police de la rue de Bourgogne, à 200 mètres de l'endroit où il avait été fusillé. Où il avait été laissé pour mort, le corps criblé de balles.

AOÛT 1924

JACQUES INAUDI

Cette photo est un contresens. Pourquoi ? Elle nous montre Inaudi, le plus célèbre calculateur prodige des années trente, alors qu'il était enfant, tournant le dos à la solution mathématique du problème qui lui est posé… et qu'il va résoudre en quelques secondes tout en parlant d'autre chose ! S'il avait fait face à cette solution cela ne lui aurait servi à rien. En effet sa façon de calculer, qui nous échappe complètement, ne reposait pas sur les principes mathématiques que nous connaissons.

Dans un petit village piémontais, en 1872, Jacques a cinq ans lorsqu'il commence à calculer instinctivement comme l'enfant normal commence à marcher. À sept ans, ne sachant ni lire ni écrire et ne connaissant pas la table de multiplication, c'est par l'oreille qu'il apprend le nom des chiffres et qu'il se met à jongler avec eux.
Orphelin de mère il part sur les routes avec son frère, s'exhibant dans les foires comme « montreur de marmottes ». Il propose aux paysans sur les marchés de les aider à faire leurs comptes. Très vite il se fait remarquer par son étonnante capacité à résoudre mentalement des calculs même difficiles. Un voyageur de commerce décide de diriger la carrière de l'enfant et l'emmène à Paris. Jacques entreprend des tournées à travers le monde, et les savants commencent à étudier son cas.
Le calculateur était essentiellement un auditif. Alors qu'il avait la faculté de retenir des centaines de chiffres, le jeune prodige était incapable de répéter plus de cinq à six lettres énoncées dans un ordre quelconque ou de réciter deux lignes de vers ou de prose.
En 1924, un concours est organisé opposant Jacques Inaudi aux machines à calculer de l'époque. Il fut vainqueur de l'appareil dans la plupart des opérations. C'est à partir des multiplications de cinq chiffres que la machine se révéla plus agile que l'homme.
En 1934, le plus célèbre et le plus populaire des calculateurs prodiges se retire presque pauvre et oublié, à Champigny-sur-Marne, où il cultive des poireaux et des choux.

AOÛT 1901

UN VOYAGE DANS LE TEMPS : les fantômes de Versailles

Dans l'après-midi du 10 août 1901, deux touristes anglaises, Charlotte Moberly et Eleonor Jourdain, se promènent à Versailles où elles ne sont jamais venues auparavant. Elles appartiennent au corps enseignant. L'une dirige le collège Hugh, à Oxford ; l'autre une institution de jeunes filles à Watford. Après avoir parcouru les salles du château, les Anglaises se sentent fatiguées, mais elles décident de ne pas quitter Versailles sans avoir visiter les jardins du Trianon.

Dans le parc presque désert, miss Moberly et miss Jourdain croisent deux hommes qu'elles prennent pour des jardiniers, car ils portent de longues vestes vertes et des tricornes. Quelques minutes plus tard, elles ressentent une impression bizarre, un malaise indéfinissable qu'elles ne se confient pas l'une à l'autre. Soudain, un inconnu, vêtu d'une cape et d'un chapeau à larges bords, leur fait signe de rebrousser chemin. Les promeneuses obtempèrent et l'une d'elles aperçoit sur une terrasse une jolie femme qui dessine des arbres. Elle porte une robe d'été démodée et un chapeau en paille protège son visage. Tandis que miss Moberly hésite à lui adresser la parole, un nouvel inconnu en redingote vient à leur rencontre et leur intime une nouvelle fois l'ordre de s'éloigner. À peine les visiteuses ont-elles franchi une petite porte donnant sur l'avenue des deux Trianons qu'elles ont aussitôt le sentiment de sortir d'un monde mystérieux et de se retrouver dans le présent, en compagnie de touristes, vêtus, eux, à la mode de l'époque.

De retour en Angleterre, les deux femmes, troublées, échangent leurs impressions et décident, l'année suivante, de retourner à Versailles pour revoir les lieux. Ils sont méconnaissables : les allées empruntées lors de leur promenade ont disparu et, à l'endroit où la femme solitaire dessinait, se dresse maintenant un massif de rhododendrons. Les Anglaises consacrent dix ans de leur vie à tenter d'éclaircir le mystère et y consacrent un livre.

Pour les spécialistes du paranormal, Miss Moberly et Jourdain auraient effectué un voyage à travers le temps et auraient été témoins des derniers instants de bonheur de la reine Marie-Antoinette.

Interrogé sur le sujet, Albert Einstein se contenta de déclarer que, compte tenu de la loi de la relativité générale qu'il venait de concevoir, « ce voyage dans le temps et dans l'espace n'avait rien d'irrationnel ou d'impossible » !

AOÛT 1921

LA CHAPELLE AMBULANTE

La Ford modèle T créée en 1908 était une voiture à la portée de presque toutes les bourses et pouvait s'adapter à toutes les exigences. En 1921, le Révérend Brandford Clarke basé à Brooklyn la fit convertir en chapelle ambulante avec des vitraux, équipée d'un petit orgue dont se servait son épouse ; le clocher pouvait se rabattre lorsque son véhicule entrait au garage. Après la Seconde Guerre mondiale, le Révérend avec sa chapelle sillonnait toujours les rues du quartier de Broadway.

AOÛT 1936

LE TRAIN FANTÔME DU BUGEY

Dix-huit tunnels dont sept à flanc de falaise avec un dénivelé de 500 mètres et près d'un quart de siècle de travaux pour une voie ferrée qui n'aura jamais vu passer un train !
La France de la Belle Époque voit le développement de moyens de transports en commun. Un chantier titanesque est entrepris pour un chemin de fer local, qu'on appelle « le tram », une petite ligne du Bugey destinée à relier Tenay à la station hospitalière de Hauteville avec ses sanatoriums, et à désenclaver les zones rurales. Pour ce projet datant de 1880, les travaux commencent en 1909, sont stoppés du fait de la guerre et de la réquisition des rails par l'armée. Lorsque le percement reprend, les problèmes d'éboulement, d'infiltration, et de financement repousseront l'achèvement à 1933. La voie est inaugurée sur quelques kilomètres par le passage d'une locomotive et deux wagons occupés par les autorités locales. Le projet est abandonné en 1936. Les autorités se sont rendues compte que l'exploitation de la ligne reviendrait plus cher que le transport en car. La distance de Tenay à Hauteville est de 17 kilomètres !

AOÛT 1937

Le fabuleux destin ***d'une carotte***

En 1937, le professeur Roger-Jean Gautheret a tenté de démontrer que la cellule constitue l'unité de base de tout être vivant, animal ou végétal, et réussit à déclencher la prolifération de fragments de carotte de façon autonome. La culture indéfinie des tissus végétaux était démontrée. Voilà pourquoi elle croupit depuis tant d'années, verdâtre, dans sa fiole. Cette première souche de tissus végétaux a été sauvegardée grâce à la vigilance du professeur. La fiole a quitté le laboratoire de Paris lors des troubles de 1968 ; la précieuse culture a trouvé sa place à la faculté du Mans et figure au patrimoine mondial de la science.

AOÛT 1977

UN PLAYBOY en braille

Le magazine *Playboy* ne connaît pas les frontières, au sens propre comme au figuré. Il le prouve encore ce mois-ci en lançant, aux États-Unis, un magazine spécialement conçu pour les personnes malvoyantes. L'idée a été soufflée à Hugh Hefner, fondateur et propriétaire du fameux magazine, par la National Library Service for the Blind and Physically Handicapped (NLS) qui s'est fait une spécialité de traduire des périodiques afin de les rendre accessibles à un public atteint d'une déficience visuelle. En quatre feuillets de 98 pages, recto verso, le magazine se compose essentiellement de texte. L'imagination se chargera du reste.

AOÛT 1937

IRADIA

Cette affiche annonçait un grand progrès ! Crèmes de beauté au radium, dentifrices au radium, eaux minérales au radium… il a existé des centaines de produits qui se disaient volontairement radioactifs. « La science a créé Tho-Radia pour embellir les femmes. À elles d'en profiter. Reste laide qui veut ! » « Irradions-nous parce qu'on le vaut bien » ; « Il faudrait favoriser l'installation des fontaines de radium à domicile. Ça ravigote ».
On a aimé à la folie les produits radioactifs durant les années trente. Ils répondaient, ainsi que les slogans qui les accompagnaient, aux normes pharmaceutiques de l'époque.

AOÛT 1974

L'homme qui dansait **dans les airs**

7 août 1974, New-York. Le quartier du World Trade Center, dans le Lower Manhattan, a été inauguré il y a tout juste un an. Les Twin Towers s'érigent, au-dessus des gratte-ciel, comme le symbole d'une puissance américaine aux pieds d'argile, encore fortement marquée par le choc pétrolier de 1973. Une foule pressée de fonctionnaires déambule à leurs pieds, dans ce quartier alors occupé par des organisations gouvernementales variées.

Soudainement, les têtes se lèvent. Une jeune femme crie aux passants, avec un accent étranger : « Regardez, un funambule dans les airs ! » Phillipe Petit, français de 25 ans, avance sur un câble tendu entre les deux tours jumelles, à plus de 400 mètres au-dessus du sol. Sans harnais ni aucune sécurité exceptée un balancier, il n'effectue pas moins de huit traversées, narguant à chaque fois la police, présente sur les toits des deux tours, qui veut procéder à son arrestation. Après 45 minutes dans les airs et un dernier salut à la foule, le funambule touche finalement le sol.

« Il dansait plus qu'il ne marchait », déclare un policier interrogé par la télévision. L'installation du câble a demandé beaucoup de malice aux complices, n'hésitant pas à se faire passer pour des journalistes d'un magazine d'architecture, afin d'atteindre les toits des bâtiments quelques jours avant l'exploit.

D'abord menotté, Philippe Petit échappera à toute poursuite et continuera de défier la gravité sur les plus grands monuments d'Europe.

Septembre 2011

HOMME VOLANT

NON IDENTIFIÉ

Le vendredi 16 septembre, pour la première fois au monde, un homme a volé en formation avec deux avions, dans le ciel Valaisien, lors du Breitling Sion Airshow, en Suisse. Muni d'une aile de 2,4 mètres d'envergure à quatre réacteurs sanglée sur le dos, le Suisse Yves Rossi, a sauté d'un hélicoptère Écureuil pour se positionner, à plus de 2 000 mètres d'altitude, dans le sillage de deux biplans Boeing Stearman. « J'ai ressenti une grande émotion », a-t-il confié au journal suisse *Le Matin* après s'être posé en parachute, sous les applaudissements du public du Breitling Sion AirShow.

Celui que l'on surnomme Jetman, Fusionman, Airman ou encore le mutant n'en était pas à son coup d'essai. Inventeur de cette aile qui lui permet d'atteindre une vitesse de 300 km/heure, il avait déjà traversé la Manche, survolé le Grand Canyon et l'Arizona.

Le royaume

des personnes de petite taille

En 2010, un entrepreneur chinois lance un projet saugrenu, à la limite de la décence : un parc d'attractions dont les employés ne peuvent pas dépasser les 1m 30. Installé dans des collines à 40 km de la capitale du Yunnan, Kunming, « le royaume des personnes de petites tailles », connaît depuis un véritable succès. Ballets, concerts, tours de magie et acrobaties sont proposés aux visiteurs arpentant les allées de cette drôle de ville où pullulent des maisons en forme de champignons. Les plus de 120 salariés du parc touchent chacun un salaire de 1 000 yuans par mois. Ils sont logés et nourris sur place. Interrogés par la presse, tous se déclarent heureux de leur nouveau travail. Depuis l'ouverture du parc, une bagarre a pourtant déjà éclaté, quelques mois plus tôt, entre un employé et des spectateurs, à cause de moqueries. L'homme avait été licencié.

UN CROCODILE GÉANT capturé aux Philippines

Il a été baptisé Lolong. Et pour cause... C'est probablement le plus grand crocodile de mer jamais capturé. 6,4 mètres de long et 1 075 kg : telle est la prise impressionnante réalisée ce 4 septembre par un groupe de trente hommes sur l'île de Mindanao, près de Bunawan, au sud des Philippines. Après trois semaines de chasse, ils sont enfin parvenus à immobiliser l'animal à l'aide d'un câble d'acier passé autour de ses mâchoires. « Selon les comptes-rendus, le plus gros crocodile capturé jusqu'à présent faisait 5,48 mètres de long », a déclaré à l'AFP Josefina de Leon, membre du PAWB (Protected Areas and Wildlife Bureau), service de protection de la vie sauvage. Lolong, mâle âgé de plus de 50 ans, qui vit aussi bien dans l'eau de mer que dans l'eau douce, sera probablement exposé dans un parc naturel, a indiqué le maire de Bunawan.

Un scientifique « MIS EN BOÎTE » survit grâce à l'oxygène libéré par des PLANTES

Les 16 et 17 septembre, afin de démontrer qu'il pouvait survivre en respirant uniquement l'oxygène produit par des végétaux, Iain Stewart, professeur de géoscience à l'université de Plymouth, au Royaume-Uni, s'est fait enfermer pendant 48 heures dans une boîte hermétique transparente de 2 m X 6 m X 2,5 m.

L'expérience, filmée par la BBC, s'est déroulée à l'Eden Project, un parc d'attractions écologiques abritant un million de plantes. Alistair Griffiths, en charge de l'horticulture, a passé trois mois à faire pousser dans la boîte de 30 mètres cubes quelque 160 plantes, choisies en fonction des grandes quantités d'oxygène qu'elles libèrent.

Avant que le Pr Stewart entre dans la boîte, la quantité d'air a été réduite de moitié, afin que le taux d'oxygène s'abaisse à 12 %. Puis de puissants projecteurs ont été allumés afin de démarrer la photosynthèse. Le cobaye a disposé d'un hamac et de toilettes chimiques. Des médecins se sont par ailleurs relayés pour contrôler les capteurs fixés sur le corps du chercheur. La démonstration s'est déroulée sans incident.

Une expérience menée par Joseph Priestley en 1772 avait démontré qu'une souris pouvait survivre dans une boîte hermétique remplie de plantes, mais qu'elle décédait rapidement dans une boîte vide de même taille.

Des portables **amoureux**

On connaissait les portables caméscopes ou téléviseurs, lecteurs MP3 ou GPS. Saluons aujourd'hui l'arrivée des portables qui respirent et embrassent.

Présentés par le chercheur Fabian Hemmert à la conférence Mobile HCI, à Stockholm, quatre prototypes de mobiles sont capables de restituer physiquement et à distance le souffle de votre interlocuteur ou l'ardeur d'un baiser.

Ainsi si votre amoureux vous susurre des mots doux dans son combiné, des microjets d'air restituent son souffle haletant sur votre joue.

Un autre téléphone vous fait ressentir l'étreinte de l'être aimé grâce à une sangle reliée à l'appareil et que l'on se fixe autour de la main. En pressant fébrilement son portable, votre correspondant envoie une impulsion qui actionne un micromoteur qui serre la sangle.

Plus réaliste et plus torride encore : des capteurs mesurent l'intensité des baisers de l'amoureux et vous les transmettent à travers une éponge humide motorisée qui exerce une pression sur une membrane poreuse. L'intensité des vibrations de l'éponge vous permet de distinguer entre bise nonchalante et baiser fougueux.

Équipés de leurres aussi sophistiqués, les amoureux du futur éprouveront-ils encore le besoin de se rencontrer ?

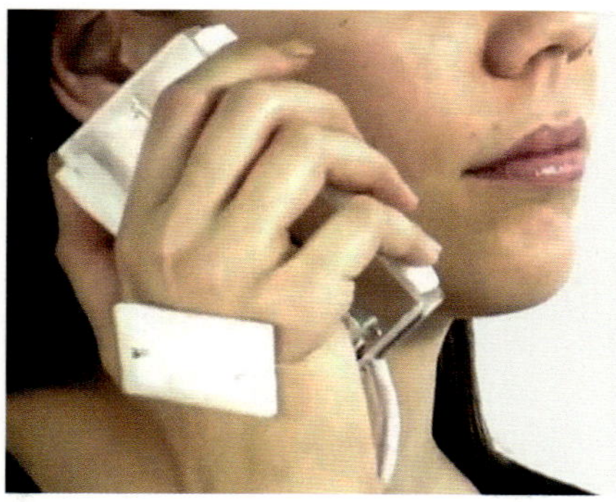

Retour au « **casse-départ** »

Racketté pendant ses vacances à Moscou en août 2010, un habitant de Vladivostok, dans l'Extrême-Orient russe, est enfin rentré chez lui, après avoir parcouru près de 9 200 km à pied. Démuni de son argent et de ses papiers d'identité, l'homme de 47 ans a dû enchaîner les petits boulots de toutes sortes pour survivre lors de son périple, qui aura duré une année entière. Il ramassait notamment des bouteilles vides sur son chemin afin de les revendre à des points de recyclage. Après douze mois de ce dur régime, le malchanceux a rejoint sa ville, sur la côte Pacifique de la Russie… pour y être attaqué à nouveau. Volé et battu, l'homme, qui a souhaité garder l'anonymat, a cette fois-ci porté plainte. Son agresseur a rapidement été interpellé par la police. Le courageux marcheur a ainsi pu récupérer le peu qu'il avait gagné sur la route.

EXPLOIT : UN CHINOIS SE « **SUICIDE** » DE 11 COUPS DE COUTEAU

Xie Yexin, un inspecteur de la brigade anticorruption de Guangan, une ville de la province du Hubei, a été retrouvé mort dans son bureau, le corps lardé de 11 coups de couteau, dont un porté à la gorge. Après deux jours d'enquête, la police criminelle a conclu à un « suicide » et a accordé le permis d'inhumer, sans qu'une autopsie soit pratiquée.

Sachant que Xie était sur le point d'accuser de corruption le secrétaire du Parti communiste de Guangan, sa mort pour le moins douteuse a entraîné plus de 130 000 contributions d'internautes sur Weibo, l'équivalent chinois de Twitter. « Tout est possible en Chine. Quel pays merveilleux ! » s'est extasié l'un d'eux. « Les Chinois sont vraiment stupides, a ironisé un autre. En finir avec la vie par 11 coups de couteau, on est toujours à la traîne du Japon. Là-bas, ils se tuent en se poignardant une seule fois ! »

En juin dernier, un rapport confidentiel de la Banque centrale avait annoncé que 18 000 hauts fonctionnaires corrompus avaient détourné à leur profit des caisses de l'État plus de 88 milliards d'euros de pots-de-vin, entre 1995 et 2008. Seuls les esprits mal intentionnés verront sans doute un lien entre cette information et le « suicide » de M. Xie !

Les « grosses têtes » facétieuses du MIT

L'excellence intellectuelle n'exclut pas l'humour. C'est du moins ce que démontrent depuis plus d'un demi-siècle les étudiants du MIT (Massachusetts Institute of Technology), l'une des plus prestigieuses universités du monde. Il est, en effet, de tradition que, chaque année, les élèves de première année réalisent en secret une mystification spectaculaire et originale. Rivalisant d'ingéniosité, les hackers (pirates) conçoivent et fabriquent des objets géants qu'ils vont percher au sommet du dôme de l'université, à cinquante mètres au-dessus du sol. Ainsi, après avoir accroché sur le toit de l'édifice une réplique géante du biplan des frères Wright, une échelle rappelant celle ayant permis à Armstrong de poser pour la première fois un pied sur la Lune, ont-ils hissé, en 2006, une énorme maquette de camion de pompiers afin de rendre hommage à leur manière à l'héroïsme des soldats du feu new-yorkais qui s'étaient sacrifiés, le 11 septembre 2001, pour tenter de secourir les victimes des attentats du World Trade Center. Effet garanti : le rutilant camion rouge, long d'une dizaine de mètres, est apparu un matin à la stupéfaction générale. Tradition oblige, les services de sécurité de l'université ferment les yeux sur les facéties des étudiants, et aucune sanction disciplinaire n'est retenue contre eux. Il est par ailleurs plaisant de penser que nombre d'anciens hackers sont devenus des scientifiques et chercheurs de renommée mondiale. Tels Richard Feynman et George Smoot, tous deux lauréats du prix Nobel de physique.

Des **baleines** fabriquent des **filets de bulles d'air** pour capturer leurs proies

En plaçant des balises sur une dizaine de baleines à bosse, ces cétacés qui peuvent atteindre 14 mètres de long, des biologistes de la NOAA, l'agence américaine responsable de l'étude de l'océan et de l'atmosphère, ont découvert que, pour se nourrir, elles étaient capables d'encercler un banc de harengs dans un filet de bulles.

Pour confectionner sa nasse, la baleine plonge en profondeur puis remonte à la surface en décrivant des spirales et en libérant l'air qu'elle a accumulé dans ses poumons. Après avoir construit une barrière autour de ses proies, elle plonge à nouveau et remonte, gueule grande ouverte cette fois, pour engloutir les poissons piégés.

Selon les biologistes auteurs de l'étude, cette technique de chasse d'une grande complexité prouve que les baleines à bosses possèdent une intelligence qui n'a rien à envier à celle des grands singes, capables, eux, de confectionner et d'utiliser des outils.

DES ENGINS DE CHANTIER COULEUR ROSE BONBON POUR DÉFIER LES VOLEURS

En Grande-Bretagne, le coût hebdomadaire du vol de matériel de chantier est estimé entre 1,2 et 1,5 million d'euros. « Les vols sont monnaie courante sur les chantiers de BTP et de génie civil, explique David Edwards, professeur d'innovation industrielle à l'université de Birmingham. Et ce n'est pas seulement le fait de voleurs à la petite semaine, mais aussi de bandes organisées. »

Une pelleteuse de 20 tonnes peut se revendre jusqu'à 110 000 euros, soit l'équivalent d'une cinquantaine de voitures d'occasion. Outre leur valeur marchande, les engins volés sont fréquemment utilisés pour commettre d'autres délits, comme l'attaque de distributeurs de billets par exemple.

Pour remédier à ce fléau, le Groupe d'action contre le vol de matériel de chantier, qui réunit des chercheurs universitaires, des assureurs, des représentants de la police et des fabricants de matériel, a imaginé des parades : suspendre les engins à des grues, verrouiller les pelles ou les bras articulés dans des positions peu propices au transport, ou les tapisser de logos de l'entreprise propriétaire. Néanmoins, à l'usage, une solution plus pratique a été retenue : peindre les engins en rose fluo. En effet, pourquoi voler un engin voyant, donc facilement repérable, quand il en existe des milliers d'autres de couleur jaune qui passent inaperçus ?

Pour l'instant, l'effet est dissuasif. Pelleteuses, scrapers et bulldozers repeints en rose bonbon n'attirent plus la convoitise. Jusqu'au jour où l'ensemble du parc d'engins de chantier britannique aura adopté cette couleur !

5 kilos de fierté

Il faut faire une longue route sur des chemins cabossés pour accéder aux villages des « Miaos à longues cornes », dans les montagnes de la province du Guizhou. Habitant dans des villages pour la plupart inaccessibles en voiture, ce peuple rebelle a su rester à l'abri des influences du monde moderne. Les femmes de l'ethnie continuent ainsi à se coiffer selon une tradition ancestrale. Pendant près de trois heures, elles s'appliquent à créer ces coiffures imposantes pouvant peser jusqu'à 5 kg. Après s'être fixées deux cornes en bois sur la tête, elles y enroulent un mélange de laine, crin et de vrais cheveux mesurant plusieurs mètres. Alors que, pendant la période impériale, le port de la natte était imposé aux hommes et celui du chignon aux femmes mariées, la coiffe des Miaos à longues cornes exprimait un réel acte d'indépendance politique. Une indépendance que cette ethnie revendique toujours aujourd'hui.

sur la tête

LES RUGBYMEN QUI N'ONT PAS FROID AUX YEUX

C'est à un haka abracadabrant qu'ont pu assister des centaines de spectateurs réunis à Dunedin, ville hôtesse de la Coupe du monde de rugby, dans le sud de la Nouvelle-Zélande, le 10 septembre 2011. L'équipe néo-zélandaise des Nude Blacks, jouant depuis 2002 avant chaque matchtest de la compétition officielle dans le plus simple appareil, a défié les « Spanish Conquistadores », de Barcelones. Devant leurs adversaires entamant la danse rituelle, les demoiselles espagnoles ne sont pas tombé des nus. Un éventail à la main, elles ont assisté, impassibles, au ballet viril maori. Prêtes à en découdre, les filles, en short et tee-shirt, ont aussi donné de leur personne, enlevant un vêtement à chacun de leur essai marqué. Elles n'ont pas hésité à plaquer leurs adversaires au sol, devant les rires et les encouragements d'un public de tout âge. Sans leur avoir infligé une totale déculottée, les Spanish Conquistadores ont tout de même rhabillé les Nude Blacks pour l'hiver en s'imposant par un score de 20 à 25.

Le zoo de Munich s'éclaire aux
crottes d'éléphant

Sachant que les énergies renouvelables ne représentent aujourd'hui que 18 % de la production mondiale d'électricité et que plusieurs pays ont décidé de fermer leurs centrales nucléaires à la suite de la catastrophe de Fukushima, chacun s'emploie à développer des solutions alternatives. Y compris celles qui semblent les plus farfelues !

Ainsi, pour célébrer le centième anniversaire de sa création, la direction du zoo de Munich a-t-elle décidé de transformer en électricité et en chaleur les déjections des éléphants et de ses autres pensionnaires végétariens.

Les excréments – 2000 tonnes par an – sont stockés dans trois hangars de 100 mètres cubes. Mélangés à de l'eau pour accélérer leur décomposition, ils fournissent du biogaz composé de méthane et de dioxyde de carbone, facilement transformable en électricité. Et rien n'est perdu dans le processus. Ni la chaleur résiduelle qui sert à chauffer l'enclos des gorilles, ni les dépôts solides utilisés comme engrais pour nourrir les plantes destinées aux animaux.

À ce jour, les crottes d'éléphants fournissent 5 % des besoins en électricité du zoo, soit l'équivalent de la consommation électrique annuelle de cent foyers munichois.

Certains l'aiment...
sculpturale

Marilyn Monroe fait encore des émules. Une statue géante de l'égérie hollywoodienne, en acier et aluminium, a été installée à Chicago dans le secteur du Magnificent Mile, sur la plaza de Pioneer Court. Mesurant 8 mètres de haut et pesant 13 tonnes, elle représente l'actrice dans la scène mythique du film *Sept ans de réflexion*, sa robe blanche soulevée par l'air, au-dessus d'une bouche de métro. À peine installée, l'oeuvre de l'artiste Steward Johnson, intitulée *Forever Marilyn*, suscitait déjà la polémique. Certains critiques l'ont jugée « affreuse », à l'instar de l'éditorialiste du *Chicago Sun Times*, Richard Roeper. Dans un article daté du 17 juillet, il s'offusque. « Il y a pire que la sculpture elle-même : c'est le comportement compulsif de prise de photo qu'elle inspire. Les hommes (et les femmes) jettent un regard libidineux en montrant du doigt ses dessous géants et rigolent (...). Ce n'est pas un progrès. » Cette Marilyn monumentale est restée a été présenté sur la plaza de Pioneer Court jusqu'au printemps 2012, année des 50 ans de la disparition de la star.

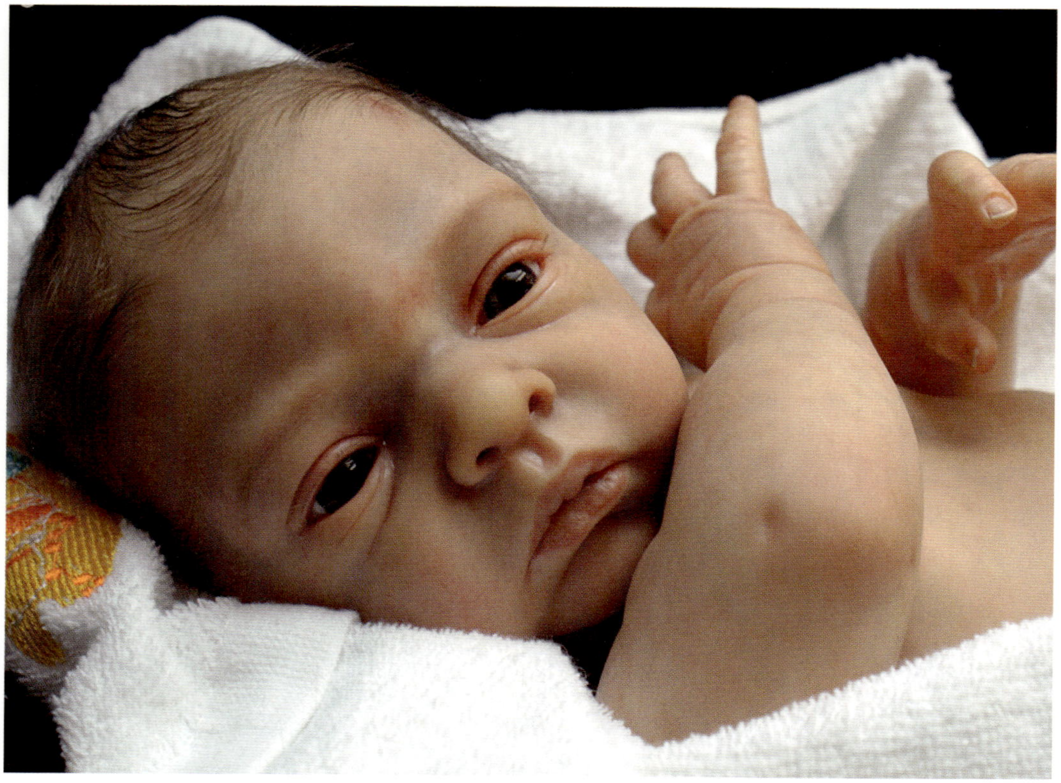

De **faux** bébés plus **vrais** que nature

D'étranges bébés sont apparus dans nos rues depuis une dizaine d'années. À première vue, rien ne les distingue des nourrissons ordinaires : teint de porcelaine, petites joues roses et fraîches, nez retroussés, duvet couvrant le crâne, poings serrés et bave aux lèvres. Pourtant, si on s'attarde à les regarder, ils provoquent rapidement étonnement et malaise. Car ces *reborns* (littéralement re-nés) sont en réalité des poupées hyperréalistes destinées aux adultes.

Conçus et confectionnés à l'origine par des artistes d'Hollywood pour suppléer, dans les studios, les enfants de moins de trois ans interdits de tournage, les *reborns* ont progressivement traversé l'Atlantique et sont aujourd'hui en vente sur Internet pour des sommes variant de 100 à 300 euros. La tête et les membres sont en vinyle cuit au four, les cheveux, plantés un à un, sont en mohair, et leur ventre rebondi sont bourrés de granulés de plastique, de sacs de congélation froissés et de ouate. Des sages-femmes ont été les premières à les utiliser pour donner des cours d'accouchement aux femmes enceintes. Puis, succès aidant, d'autres utilisatrices en ont fait l'acquisition, le plus souvent dans un but thérapeutique : femmes ne pouvant pas avoir d'enfant, mères ayant perdu leur bébé à la naissance, ou grand-mères atteintes de démence sénile et revivant par poupée interposée les joies de la maternité.

Pour autant, certaines femmes se les approprient par pur plaisir esthétique. « Je suis mère de cinq enfants, dit l'une d'entre elles. Je ne suis pas en manque. Je collectionne les *reborns* parce que ce sont des œuvres d'art. J'en ai une vingtaine. J'ai passé l'âge de jouer à la poupée. Je ne change pas régulièrement leurs tenues. Je ne les emmène pas au parc. »

CHERCHEZ L'ERREUR

Au palais de l'Indépendance d'Astana, capitale du Kirghihstan, une immense toile représente une investiture du président Noursoultan Nazarbaev, au pouvoir depuis 1991. Dans une salle au décor fastueux, le chef de cette ancienne république soviétique y avance sur un tapis rouge, sous le regard bienveillant de ses homologues étrangers, parmi lesquels on reconnaît Blair, Bush, Poutine, ou encore Chirac. Le tableau est parfait, à un détail près : la scène n'a, en réalité, jamais existé. Plusieurs des chefs d'État représentés n'ont, en fait, jamais assisté à une cérémonie d'investiture de l'autocrate. Mais Noursoultan Nazarbaev n'est plus à un geste de mégalomanie près. Proclamé « chef de la Nation » et « Héros du peuple », il dispose d'un musée à sa gloire à Astana. Lors de sa ré-élection, en avril 2011, avec pas moins de 95 % des suffrages, l'OSCE a constaté des manquements à la démocratie.

La voiture
QUI RECYCLE L'AIR POLLUÉ

Voiture électrique, moteur hybride ou à hydrogène, les indus-triels de l'automobile rivalisent sur le terrain des énergies alternatives, tentant de réduire au maximum les émissions de gaz à effet de serre de leurs véhicules. La Viera va encore plus loin. Cette voiture électrique, développée par deux universitaires sud-coréens, non seulement ne pollue pas, mais purifie en plus l'air environnant. Grâce à un filtre intégré, la Viera lorsqu'elle circule, traite les particules polluées et rejette par l'arrière un air plus propre. Ce biplace de 3,9 mètres aux formes futuristes a été présenté pour la première fois au « Michelin Challenge Design » de mai 2011. À l'état de prototype, le véhicule ne devrait pas être commercialisé avant plusieurs années.

AVANT DE TAPINER,
prenez un ticket à l'horodateur !

Crise oblige, certaines municipalités allemandes ont ajouté le proxénétisme à leurs sources de revenus. Ainsi la ville de Bonn vient-elle d'inaugurer une nouvelle taxe sur la prostitution qui devrait lui rapporter 300 000 euros par an.

Ce prélèvement fiscal concerne les péripatéticiennes indépendantes, leurs consœurs employées dans les maisons closes, les saunas et les « eros centers », étant déjà assujetties à l'impôt. Dorénavant pour exercer le plus vieux métier du monde de 20 heures 15 à 6 heures du matin, les belles de nuit devront s'acquitter d'un ticket forfaitaire de 6 euros, distribué par un horodateur modifié. Et cela quel que soit le nombre de clients qu'elles parviendront à racoler.

Des contrôleurs veillent au respect de ces nouvelles dispositions, les contrevenantes risquant une amende suivie d'une expulsion du quartier chaud en cas de récidive.

Pour justifier la mise en place de l'appareil, le conseil municipal a argué que, maîtrisant mal l'allemand, la plupart des prostituées, venues d'Afrique ou d'Europe de l'Est, sont incapables de remplir correctement leur déclaration de revenus !

VINGT MILLE ENFANTS SOUS CONTRÔLE

Comment vont vivre et se comporter 20 000 enfants, de leur naissance jusqu'à leurs 20 ans ? Pour répondre le mieux possible à cette question, l'Institut national d'études démographiques et l'Institut national de santé et de la recherche médicale viennent de créer un ambitieux projet, Elfe (Étude longitudinale française depuis l'enfance).

Pour mener à bien cette vaste enquête, 20 000 bébés ont été recrutés dans 350 maternités françaises. Les parents, tous bénévoles, s'engagent à répondre à une douzaine de questionnaires très détaillés, échelonnés sur toute la durée de l'étude qui prendra fin en 2031. Les recherches, menées par une soixantaine d'équipes, porteront sur tous les aspects de la vie sociale de l'enfant : santé, acquisition du langage, pratiques culturelles et sportives, scolarisation, impact des frères et sœurs, nourriture, influence de la télévision, goûts musicaux, valeurs de la famille… L'ensemble des réponses constituant une banque de données unique sur la formation de la nouvelle génération de Français.

Christian Baudelot, sociologue spécialiste de l'école, insiste sur la « chance exceptionnelle » que représente ce projet pour décortiquer la société de demain, en suivant pas à pas et dans leurs moindres détails « les chemins de la vie ».

DES RAILS QUI GUÉRISSENT ?

Spectacle insolite : en Malaisie il n'est pas rare de voir des dizaines de personnes allongées en travers des voies de chemin de fer, au péril de leur vie, dans l'espoir que le faible courant électrique qui circule dans les rails les guérisse des maladies dont elles souffrent.

Cette « électrothérapie », dont aucun médecin n'a jamais confirmé l'efficacité, a pris naissance en Indonésie, dans un village proche de Jakarta. Selon une rumeur, un homme paraplégique se serait couché sur des rails dans le but de se suicider, avant de recouvrer l'usage de ses membres inférieurs. Attribuant sa guérison au courant électrique circulant sur la voie ferrée, le miraculé fit des émules jusqu'en Malaisie. Selon certains adeptes, le passage du courant à travers le corps atténuerait la douleur et réduirait les symptômes de maladies comme l'arthrose ou le diabète.

Pour éviter que le phénomène ne se développe, des agents de la compagnie ferroviaire malaisienne KTMB ont décidé d'intensifier les contrôles le long des voies. Et la police a menacé d'infliger aux imprudents de lourdes amendes, voire des peines de prison.

La sculpture des mots

Une pince à épiler dans une main, un scalpel dans l'autre, l'artiste Brian Dettmer donne un nouveau souffle à de vieux livres, passés à la trappe de l'ère numérique. Dans son atelier d'Atlanta, il ponce, découpe, plie, tord, creuse des ouvrages, page après page, pour faire « ressortir des images et des idées » et « raconter des histoires alternatives ». Sous ses mains habiles, le livre devient une sculpture en trois dimensions, aux plans innombrables. Aucun élément des exemplaires utilisés n'est déplacé. Rien n'est ajouté. L'artiste ne fait que découper certains passages pour mieux mettre en valeur certains extraits. « Une grande partie de mon travail marche à l'intuition. Je ne sais jamais où cela va me mener », raconte-il. Une fois le résultat souhaité, il fixe sa sculpture-livre à l'aide d'un vernis.

L'œuvre originale de Brian Dettmer a déjà fait le tour du monde. L'artiste américain a trouvé là une belle façon de se livrer.

Des kilomètres de bonheur

Une fois n'est pas coutume. Le 22 septembre, la ville de Casal di Principe, fief d'un puissant clan de la Camorra, dans le sud de l'Italie, était tapissée de blanc, en symbole de paix et d'espoir. Sur l'initiative du créateur italien Gianni Molaro, une traîne de 2,8 km de long a été réalisée pour la robe du mariage d'Elena de Angelis et Ferdinando Pucci. Pas moins de 600 personnes ont été nécessaires pour porter le voile de la jeune femme jusqu'à l'Église. C'est une histoire qui finit bien pour la jeune mariée, dont le desin difficile a ému toute la ville. Née avec une pathologie héréditaire, Elena bénéficie en 1999 d'une greffe de moelle osseuse qui lui rendra l'existence plus simple. Mais le sort s'acharne. Après la mort de son père, la jeune femme est infectée par le virus H1N1 et contracte une broncho-pneumonie. C'est à ce moment qu'elle décide, avec son compagnon, de s'engager devant l'autel. 20 000 personnes sont venues célébrer le bonheur retrouvé du couple. Un compte de fées moderne.

« Ce **biscuit** valait tous les **trésors** »

Un biscuit de plus d'un siècle, sorti des fabriques de Huntley and Palmer, a été acquis pour 1 250 livres (1 433 euros) dans la salle des ventes de Christie's à Londres ! Plus qu'un petit beurre, c'est un symbole de bravoure et de générosité que l'acquéreur ramène chez lui. Le petit-beurre était en effet l'un des nombreux fabriqués spécialement pour l'expédition « Nimrod » (1907-1909) menée par l'Irlandais Ernest Shackleton, dont l'objectif était d'atteindre le pôle Sud pour la première fois. Saturés en protéines de lait, les biscuits devaient apporter le maximum d'énergie à l'équipe. Mais après deux années d'exploration de l'Antarctique et une marche finale de près de 3 000 km en 73 jours, les aventuriers doivent rebrousser chemin à 160 km seulement de leur but. Les provisions viennent en effet à manquer. Il faudra se contenter de peu pour le retour. Alors que tous les hommes sont épuisés, Ernest Shackleton offre son dernier biscuit du petit déjeuner à Frank Wild, alors atteint de dysenterie. « Par Dieu, je ne l'oublierai jamais, écrit Frank dans son journal de bord. Des milliers de livres n'auraient pas acheté ce simple biscuit ». 1 250 livres auront finalement suffi au collectionneur privé pour acquérir le lot.

C'était la pomme de trop pour cet élan... En rentrant du travail le soir du mardi 6 septembre, Per, un habitant de Särö, en Suède, a eu la surprise de trouver, dans le jardin de son voisin, le cervidé dans une position bien inconfortable. La femelle s'était retrouvée coincée dans un pommier avec seulement une patte touchant le sol. En état d'ébriété, cet élan avait certainement voulu prendre une dernière pomme fermentée, et donc alcoolisée, pour la route. L'homme a tout de suite appelé la police qui s'est révélée impuissante. Ce n'est qu'avec l'arrivée des pompiers que l'animal a finalement pu être libéré, au terme d'une bien longue journée. Per a expliqué à un journal local qu'une voisine avait reconnu l'animal. Il avait failli se jeter sous sa voiture quelques heures plus tôt. « Elle était pratiquement sûre que l'élan était déjà sous l'emprise de l'alcool », a-t-il ajouté.

UN VIF ÉLAN D'ÉBRIÉTÉ

LES INCROYABLES D'AVANT

SEPTEMBRE DE 1900 À 2010

SEPTEMBRE 1900

LE PLUS GRAND BANQUET DE FRANCE

Lors de l'Exposition universelle de 1900, le président Loubet prit la décision de célébrer de manière grandiose l'anniversaire de la proclamation de la République. Il convia en ce 22 septembre tous les maires de France sous les tentes montées au jardin des Tuileries. Sept kilomètres de tables dressées pour 29 695 convives ! 125 000 assiettes, autant de couverts, autant de verres. Cuisiniers et maître d'hôtel étaient au nombre de 3 000. Au menu les produits issus de différentes régions du terroir :

– 400 saumons
– 6 000 livres de filet de bœuf
– 2 500 canetons
– 3 500 poulardes
– 2 500 faisans en pâtés

Les raviers de hors-d'œuvre étaient accompagnés de 2 500 litres de mayonnaise montée à la main !

– 1 500 camemberts
– 1 400 litres de glace à la vanille
– 2 800 compotiers de petits-fours

À noter qu'il n'y avait que 9 000 bouteilles d'eau pour 33 000 bouteilles de vin ! preignac blanc, saint-julien, haut-sauternes, margaux calvet, champagne... et « gros rouge » !

Le service était orchestré par six responsables à bicyclette transmettant les ordres, tandis qu'un véhicule automobile de Dion exerçait le contrôle en circulant entre les tables.

Le service de ce banquet républicain se fit en 1 h 25 comme convenu.

SEPTEMBRE 1969

LION

Cette photo prise en 1969 a marqué son époque. Elle a été parmi les premières à démontrer que les félins les plus redoutables étaient doués d'affectivité. Le lion qu'on y voit, a été adopté et élevé en Angleterre puis réinséré vers douze mois au Kenya dans son milieu naturel où il est retourné à l'état sauvage. Pourtant il se jette au cou de l'homme qui l'a élevé et qu'il n'avait pas revu depuis un an.

SEPTEMBRE 1942

LE LAC DES squelettes

À plus de 5 000 m d'altitude dans l'Himalaya, gisent des centaines de squelettes sur les bords du lac gelé Roopkund découverts en 1942 par un garde forestier britannique. Le mystère qui planait sur leur identité et sur les causes de leur mort allait fasciner les historiens et les scientifiques pendant des décennies. Une possible incursion stratégique des soldats japonais en territoire indien suggérée par les Anglais fut vite écartée, les ossements n'étant manifestement pas récents. Les différentes théories de suicides collectifs rituels, épidémies, éboulements de terrains, ne pouvaient se vérifier. En 1960 les premiers tests au carbone 14 indiquent que les victimes ont vécu au IXe siècle. Grâce à la mise à jour de bijoux, d'objets en cuir, d'armes ainsi que de tissus organiques extraordinairement préservés grâce au climat glacial, en 1964 les tests ADN révèlent l'existence de deux groupes distincts. Le moins important était composé sans doute de porteurs accompagnant une communauté de 500 pèlerins. Tous marqués de coups à la tête et aux épaules avaient succombé à une attaque de grêlons gros comme des balles de cricket et exterminés par eux. Ils ont été piégés par la tempête dans ce site inhospitalier sans aucun endroit où s'abriter. Quelle était leur destination ? La question reste entière.

SEPTEMBRE 1947

LES TRUCAGES DE L'HISTOIRE

De ces deux photos de Staline en promenade le long de la Volga, laquelle a été retouchée ? Pas besoin de réfléchir longtemps, Staline opérait toujours par soustraction. Mais s'il était facile d'exécuter un personnage comme Nicolaï Lejov commissaire des transports fluviaux, trucidé quelques mois après cette photo, il était beaucoup plus difficile à l'époque de l'effacer d'un cliché. Ce sont donc de véritables artistes en laboratoire qui se livrèrent à ce travail sur un grand nombre de documents, afin de réécrire l'histoire.

SEPTEMBRE 1983

LA GUERRE NUCLÉAIRE N'A PAS EU LIEU

Dans la nuit du 25 au 26 septembre 1983, à 12 h 15 précises – heure de Moscou –, Stanislas Petrov aurait pu, d'un simple geste, déclencher une guerre nucléaire. Cet officier soviétique était de garde sur la base d'alerte stratégique, lorsque le satellite de surveillance signala un tir en provenance des États-Unis, puis quatre autres tirs de missiles. En cas d'attaque nucléaire américaine sur le territoire de l'URSS, son devoir était d'appuyer sur le bouton. Mais Stanislas Petrov ne le fit pas. Il a ainsi contribué à éviter une riposte soviétique fatale en cette période d'extrême tension entre les deux pays. L'officier russe n'avait disposé que de quelques instants pour analyser la situation. Il estima que les missiles n'étaient pas en nombre suffisant pour annoncer un début d'attaque nucléaire américaine sur le territoire de l'URSS. Il suspecta une erreur technique que l'enquête mit en évidence. Le système avait fait une interprétation erronée du réfléchissement des rayons du soleil sur les nuages ; cette donnée n'avait pas été intégrée dans le logiciel du détecteur. Petrov avait ignoré le protocole militaire. Il fut interrogé longuement, faisant l'objet de suspicion quant au dysfonctionnement du système. Il fut mis à la retraite anticipée, sans un remerciement.

SEPTEMBRE 1967

Principauté à vendre

À peine plus grande qu'un terrain de foot, cette plateforme métallique de 550 m² perchée sur deux tours de béton en mer du Nord au large de l'Angleterre a été proclamée principauté indépendante de Sealand le 2 septembre 1967.

Construite en 1943, elle faisait partie des forts destinés à la défense antiaérienne. Mais l'un d'eux, le Fort Royal Rough avait été implanté par erreur en dehors des eaux territoriales. Il attira l'attention d'un ancien major de l'armée, Paddy Roy Bates. Ce businessman, après avoir consulté des spécialistes de droit maritime international, et s'être assuré qu'aucun texte ne mentionnait les installations artificielles de haute mer, en prit possession avec sa femme. Bates devint le « prince Roy », chef d'une micronation dont la population n'excède que rarement cinq habitants.

Les tentatives de la marine anglaise pour déloger le prince échouèrent, leurs unités essuyant quelques coups de semonce en toute impunité, le tribunal anglais se déclarant incompétent de le juger pour détention d'armes.

En 1975 Sealand se dote d'une constitution, avec son drapeau, sa devise, ses timbres, un hymne national et des passeports. Elle a des avocats à La Haye, des diplomates en Autriche, siège de la principauté. Mais un état n'est pas à l'abri des coups d'État ! Le premier ministre tente de prendre le pouvoir et enlève le fils, qui réussira à reprendre la forteresse depuis un hélicoptère d'assaut ! Les kidnappeurs sont tous faits prisonniers de guerre, mais libérés par la suite.

Lorsque la Grande-Bretagne élargit ses eaux territoriales en 1987, la mesure n'est pas rétroactive. La principauté de Sealand continue à vivre et à exploiter un flou juridique en créant des entreprises ne dépendant d'aucune législation nationale, ce qui engendre des activités illicites. Juridiquement incertaine, elle n'est pas reconnue par l'ONU. Toutefois son existence ne peut être ignorée.

Lorsque le prince quitte le fort il transmet la couronne à son fils Michael qui devient le chef de la micronation. La famille princière met la plateforme en vente en 2000 pour la somme faramineuse de 10 millions de livres. Il n'y a pas encore eu preneur. Les propriétaires vantent les qualités premières de l'île de fer accessible uniquement par bateau ou par hélico :

La vue infinie sur la mer, la garantie d'une tranquillité totale et l'absence d'impôts.

SEPTEMBRE 1957

LES ÉNIGMATIQUES **trous terrestres**

Le 1er juin 2010, les portes de l'enfer semblent s'ouvrir en plein milieu de la capitale du Guatemala, lorsqu'une maison de trois étages et un carrefour s'effondrent accompagnés d'un bruit assourdissant. Ils disparaissent en un instant, engloutis littéralement dans un trou géant de 70 mètres de profondeur et 30 mètres de diamètre. Ces trous inquiètent par l'instantanéité de l'effondrement, leur saisissante ampleur, l'absence de tout déblai et généralement la forme parfaitement cylindrique de la cavité aux parois lisses… Il s'agit pourtant d'un phénomène géologique naturel. Certains terrains sont de nature calcaire. Sous l'effet des eaux souterraines, ceux-ci se dissolvent, se décomposent. Si la couche de roche en surface au-dessus est fragilisée par l'érosion ou par le poids des constructions, il peut y avoir rupture ; la voûte s'effondre d'un coup à la verticale, le sol est aspiré vers le fond en un « entonnoir de soutirage » ou « doline ». Mais ce phénomène spectaculaire n'a pas livré tous ses mystères.

MYSTIFICATION RÉUSSIE

Au Salon des indépendants de 1910, le tableau *Coucher du soleil sur l'Adriatique*, obtint un succès considérable auprès des critiques en raison du caractère abstrait de sa facture. Cette œuvre unique de Joachim-Raphaël Boronali, artiste jusqu'alors totalement inconnu, partit à prix d'or à l'issue de l'exposition. La toile allait mettre en question la « valeur » que chacun attribue à l'œuvre d'art. C'était le but recherché par l'écrivain Roland Dorgelès qui révéla au journal le Matin la manière dont le tableau avait été peint. L'auteur en réalité s'appelle « Lolo »... qui est l'âne de Frédé, le patron du cabaret *le Lapin agile*. Sous contrôle d'huissier, Dorgelès et deux de ses amis avaient attaché un pinceau à la queue de l'animal et son maître lui présentait des carottes pour qu'en remuant la queue, il barbouille la toile. Un photographe avait immortalisé la scène : un canular qui obtint le triomphe du fou rire. Le nom du peintre avait été inventé ; Boronali est l'anagramme d'Aliboron, le nom que La Fontaine donne à l'âne dans ses fables. *Coucher du soleil sur l'Adriatique* figure au musée de Milly-la-Forêt.

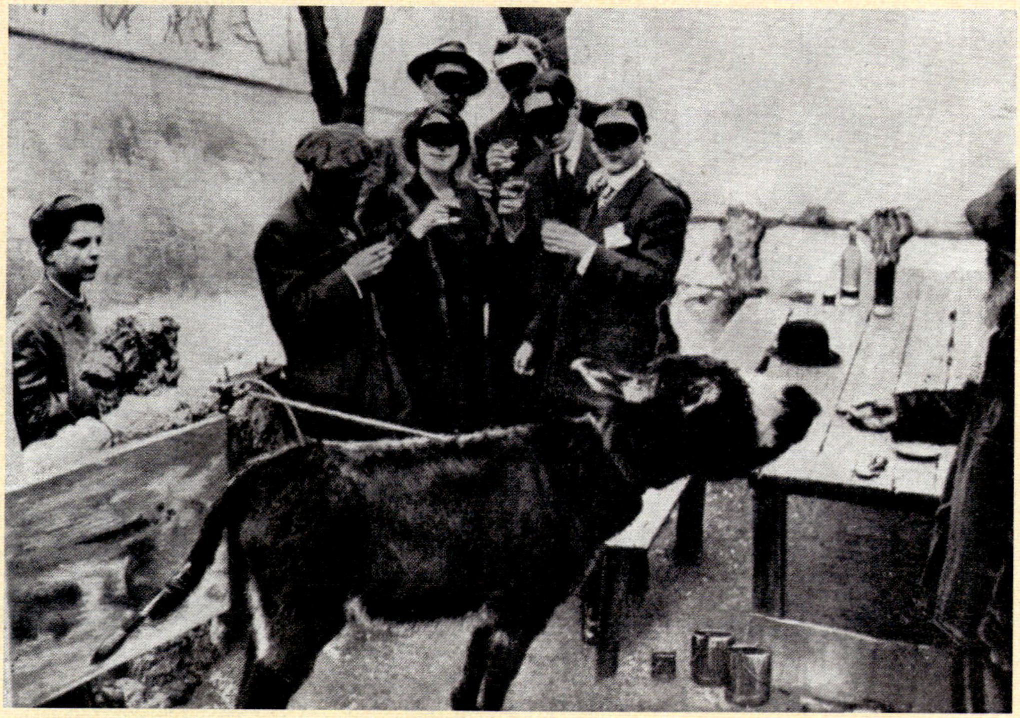

SEPTEMBRE 1957

Une île éphémère

Surgissant de l'océan au milieu de l'archipel des Açores, l'Ilha Nova n'aura existé que quatre semaines. Le 28 septembre 1957, quelques légères secousses sismiques créent une zone de remous à la surface de l'eau, puis des bouillonnements desquels se dégagent des vapeurs et des gaz.

Soudain, une explosion fait jaillir des abîmes une colonne volcanique s'élançant à 4 km d'altitude. Les scories projetées s'accumulent autour de la cheminée pour constituer un monticule en forme de fer à cheval : une île était née. Mais autour du 29 octobre, elle s'était déjà évanouie dans l'océan, laissant derrière elle vapeurs et fumées enveloppant un rocher à fleur d'eau. Le phénomène s'était déjà produit dans le passé en ce lieu. Un jour peut-être y apparaîtra une autre île à éclipse.

La « **tornade** en turban » - **103** / **Séisme** en Turquie : un bébé de 15 jours retrouvé sous les décombres - **104** / Maison **vole** - **105** / **Autopsie** d'un grille-pain - **106** / Les **piranhas** aboient lorsqu'ils sont capturés - **107** / **Carton** pour aller aux toilettes : les employés voient rouge - **107** / Un atelier de peinture vieux de **100 000 ans** - **107** / Un million de personnes dans le monde ont été opérées par des **robots** - **108** / Une tour en **Lego** de 31,60 mètres - **109** / La **guitare** : les armes pour la paix, pour la liberté - **110** / Une machine à détecter les **émotions** - **112** / Un **verre** à boire et à manger - **112** / Un champion de **17 cm** de haut - **113** / Une **harpe** géante fait résonner le théâtre de Shanghai - **113** / Une **plongée** dans l'art - **114** / 2011, l'Odyssée de l'**espace** ? - **116** / **Dream Big :** un monstre à deux roues - **116** / Une **maison** à l'écoute - **117** / Le **conteur** géant de Dubaï : au commencement était le Verbe - **118** / Van Gogh : la thèse du **suicide** remise en cause - **119** / Chine : la police arrête un **fugitif**... marié à sa victime - **119** / Un **livre** vendu 9 millions d'euros - **120** /

Octobre
2011

adidas
Baba Fauja Singh

La « tornade en turban »

Pour Fauja Singh, une nouvelle vie a commencé à 88 ans. Après la perte de sa femme et de l'un de ses fils au cours de la même année, ce Britannique d'origine indienne a décidé de se tourner vers le sport. Douze ans plus tard, à l'âge de 100 ans, son entraînement quotidien lui a permis de rafler pas moins de neufs records du monde dans sa catégorie d'âge, et ce, durant le seul mois d'octobre 2011. Celui que la presse a surnommé la « tornade en turban » a achevé cette série de succès par une participation au marathon de Toronto, le 16. Comme aucun homme âgé de 100 ans ou plus n'avait jamais achevé une telle épreuve, il suffisait à Fauja Singh de franchir la ligne d'arrivée, 42 km plus tard, pour établir un nouveau record du monde. Ainsi, en 8 heures, 25 minutes et 16 secondes, le marathonien enturbanné, avec son éternelle barbe blanche, est devenu le centenaire le plus rapide et endurant de tous les temps. Son secret ? Une quinzaine de km par jour, du curry au gingembre, du thé et « être heureux ».

SÉISME EN TURQUIE :

UN BÉBÉ DE 15 JOURS

RETROUVÉ SOUS LES DÉCOMBRES

Âgé seulement de 15 jours, ce nouveau-né est déjà un miraculé. 48 heures après le tremblement de terre de magnitude 7,2 qui a frappé le sud-est de la Turquie le dimanche 23 octobre, la petite Azra Karaduman a été retrouvée saine et sauve, sous les décombres d'un immeuble de 7 étages, dans la ville d'Ercis, une des plus touchées par la catastrophe. Les secouristes ont applaudi le retour de cette petite fille à la lumière. Azra, entièrement nue, a été enveloppée dans une couverture et transportée à l'hôpital de campagne d'Ercis. Quelques heures plus tard, la mère de la petite fille, Semiha, 24 ans, et sa grand-mère, Gülzade, 74 ans, ont, à leur tour, été extraites vivantes des décombres. Transférée à l'hôpital d'Ankara pour cause de déshydratation, Semiha n'a pu contenir sa joie lorsqu'une infirmière lui a amené son enfant. Au total, 231 personnes ont été extraites des décombres dans toute la Turquie. Les derniers bilans faisaient état de près de 600 morts et 4 150 blessés.

Maison vole

S'inspirant du film d'animation des studios Pixar, *Là-Haut*, une équipe d'ingénieurs, de scientifiques et de pilotes vient de réaliser aux États-Unis une maison volante pour les besoins d'une émission de télévision produite par le magazine *National Geographic*. Arrimée à 300 ballons géants gonflés à l'hélium, la maison, construite avec des matériaux ultralégers, a pris l'air dans le désert de Mojave et s'est élevée sans passager à l'altitude de 3 000 mètres. Puis elle s'est reposée délicatement sur le sol, après une heure de voyage dans le ciel californien.

Autopsie d'un grille-pain

Nous sommes tant habitués à utiliser des objets manufacturés complexes que nous sommes devenus incapables d'imaginer le nombre de matériaux différents qui entrent dans leur composition.

Dans le but de nous faire prendre conscience de notre environnement technologique, Thomas Twaites, un étudiant anglais en design, a réalisé une étonnante expérience. Il s'est attaché à construire un grille-pain à partir de ses matériaux d'origine. « Le projet est parti de l'idée que tout ce qui nous entoure, télévision, ordinateur ou four à micro-ondes a commencé sa vie dans les cailloux et les sédiments. Je voulais comprendre la magie de cette transformation », a raconté Twaites dans un livre relatant sa démarche.

Dans un premier temps, ce professeur Nimbus new-look achète un grille-pain bon marché et le démonte entièrement. Il découvre que 400 pièces faites de 40 matériaux différents ont été nécessaires à sa fabrication, notamment de l'acier pour les pièces métalliques, du plastique pour la coque et la prise électrique, du cuivre pour les fils, et du nickel pour la résistance chauffante.

Twaites extrait ensuite 40 kg de roches ferrugineuses dans une mine abandonnée à 200 km de Londres, fabrique un four rudimentaire, et parvient à obtenir ce qui ressemble à de l'acier. Les montagnes écossaises lui fournissent quelques feuilles de mica. À partir d'amidon de pomme de terre, il obtient un ersatz de plastique et, dérogeant à son éthique, il fond des pièces de monnaie canadiennes pour obtenir du nickel.

Au terme de 9 mois de travail et après avoir dépensé 1 360 euros, Twaites branche son engin sur une batterie de voiture et parvient non sans mal à griller une tranche de pain, avant que l'engin prenne feu. Si le résultat n'est peut-être pas à la hauteur de ses ambitions, l'étudiant est néanmoins parvenu à son but : dénoncer une société de consommation faite de gaspillages et redonner du sens aux innombrables objets technologiques dont nous nous servons au quotidien. CQFD.

Les piranhas aboient lorsqu'ils sont capturés

Nous aurions tort de croire que les profondeurs aquatiques sont un monde de silence. « Sur 800 familles de poissons, 109 sont capables de produire des sons », précise à ce sujet Éric Parmentier, directeur du laboratoire de morphologie fonctionnelle et évolutive de l'université de Liège. Ayant pris pour objet d'étude les piranhas à ventre rouge, l'équipe de chercheurs belges est parvenue à enregistrer des aboiements lorsque les poissons sont retenus prisonniers au fond d'une épuisette. Quand deux piranhas se disputent la nourriture, ils produisent un autre son, plus sourd et bref que leur cri de détresse. Enfin, lors de la chasse, les poissons carnivores émettent des cris aigus qui résultent de claquement de mâchoires. « Claquer des mâchoires pour effrayer un ennemi coûte sans doute moins cher que mordre et risquer de se faire mordre », expliquer Éric Parmentier.

Carton pour aller aux toilettes : ***les employés voient rouge***

Indigne, scandaleux, dégradant, humiliant, inhumain... Les adjectifs manquent pour qualifier le comportement de la société familiale El Ciruelo (Le Prunier) de la région de Murcie, dans le sud-est de l'Espagne. Pendant plusieurs mois, de mai à août 2011, les 400 employées femmes de l'usine de conditionnement de raisin de table et de prunes de l'entreprise étaient obligées de porter un carton rouge autour du cou comportant l'inscription Aseo (« toilettes » en français) pour s'y rendre. Une employée a expliqué : « Nous devions attendre que la collègue qui portait la pancarte accrochée au cou revienne. Parfois, nous devions nous retenir jusqu'à cinq heures. » Le syndicat UGT (Union générale des Travailleurs) a alerté l'Inspection du travail dès le mois d'août. Selon Encarna Perez, responsable du syndicat, quatre salariées ont été licenciées parce que l'entreprise les suspectait d'avoir fourni des preuves. La société n'a pas souhaité répondre aux journalistes.

Un atelier de peinture **vieux de 100 000 ans**

La découverte d'un atelier de peinture dans la grotte de Blombos, en Afrique du Sud, a permis à l'histoire de l'art de faire un bond prodigieux dans le passé. Mis à jour par des chercheurs de l'université de Johannesbourg, ce site vieux de 100 000 ans a révélé des ossements, du charbon, des pièces utilisées comme pilon et grattoir et des coquillages servant de récipients pour contenir une mixture pigmentaire. « Ces reliques démontrent que les homo sapiens de cette époque lointaine possédaient une connaissance élémentaire de la chimie et la capacité de faire de la planification sur le long terme, a conclu le professeur Christopher Henshilwood. Les pigments étaient utilisés pour la décoration et servaient sans doute de cosmétiques. » La preuve que nos lointains ancêtres chasseurs-cueilleurs étaient aussi des artistes !

Le 7 septembre 2001, Jacques Marescaux, un célèbre chirurgien français, parvenait à opérer de New York une patiente se trouvant dans un hôpital universitaire à Strasbourg, à une distance de 7 400 kilomètres. Cet exploit avait été rendu possible grâce à l'utilisation de Da Vinci, un robot télécommandable ultra-performant. À l'aide de lunettes binoculaires et de joysticks, le chirurgien avait pu actionner d'un côté à l'autre de l'Atlantique, en utilisant une simple ligne téléphonique, les deux éléments d'un automate dont la caméra et les bras articulés plongeaient dans l'abdomen de la patiente à travers de minuscules incisions.

Après le succès de cette intervention spectaculaire, l'emploi des robots chirurgicaux s'est banalisé à travers le monde. Aujourd'hui près de 2000 établissements en sont équipés et, aux États-Unis, huit prostatectomies sur dix, soit plus de 70 000 actes, sont réalisés chaque année par robots interposés.

Cette technologie révolutionnaire offre plusieurs avantages. Elle permet aux patients des pays en développement de bénéficier à distance du savoir-faire des chirurgiens les plus expérimentés. En minimisant la taille des incisions et donc du traumatisme opératoire, elle limite saignements et douleurs et réduit donc la durée des hospitalisations. Enfin, elle constitue un formidable outil pédagogique. En 2010, les hôpitaux strasbourgeois ont, par exemple, accueilli plus de 4 000 chirurgiens de 94 nationalités et formé 500 équipes en chirurgie robotique.

Seul inconvénient : le coût encore élevé du dispositif. Détentrice d'un quasi-monopole, la firme américaine Intuitive Surgical vend en effet ses automates Da Vinci entre un et deux millions d'euros l'unité en fonction du nombre de ses options. Si ce tarif inclut un cycle de formation de l'équipe chirurgicale, il faut y ajouter les frais de maintenance et le coût des instruments et accessoires consommables, qui s'élèvent à environ 1 000 euros par intervention.

À l'heure actuelle, en octobre 2011, un million de personnes ont déjà été opérées par un robot. « Dans les années qui viennent, la chirurgie ouverte va quasiment disparaître dans les pays développés », prédit l'urologue Guy Vallancien.

Un million de personnes dans le monde ont été

OPÉRÉES PAR DES ROBOTS

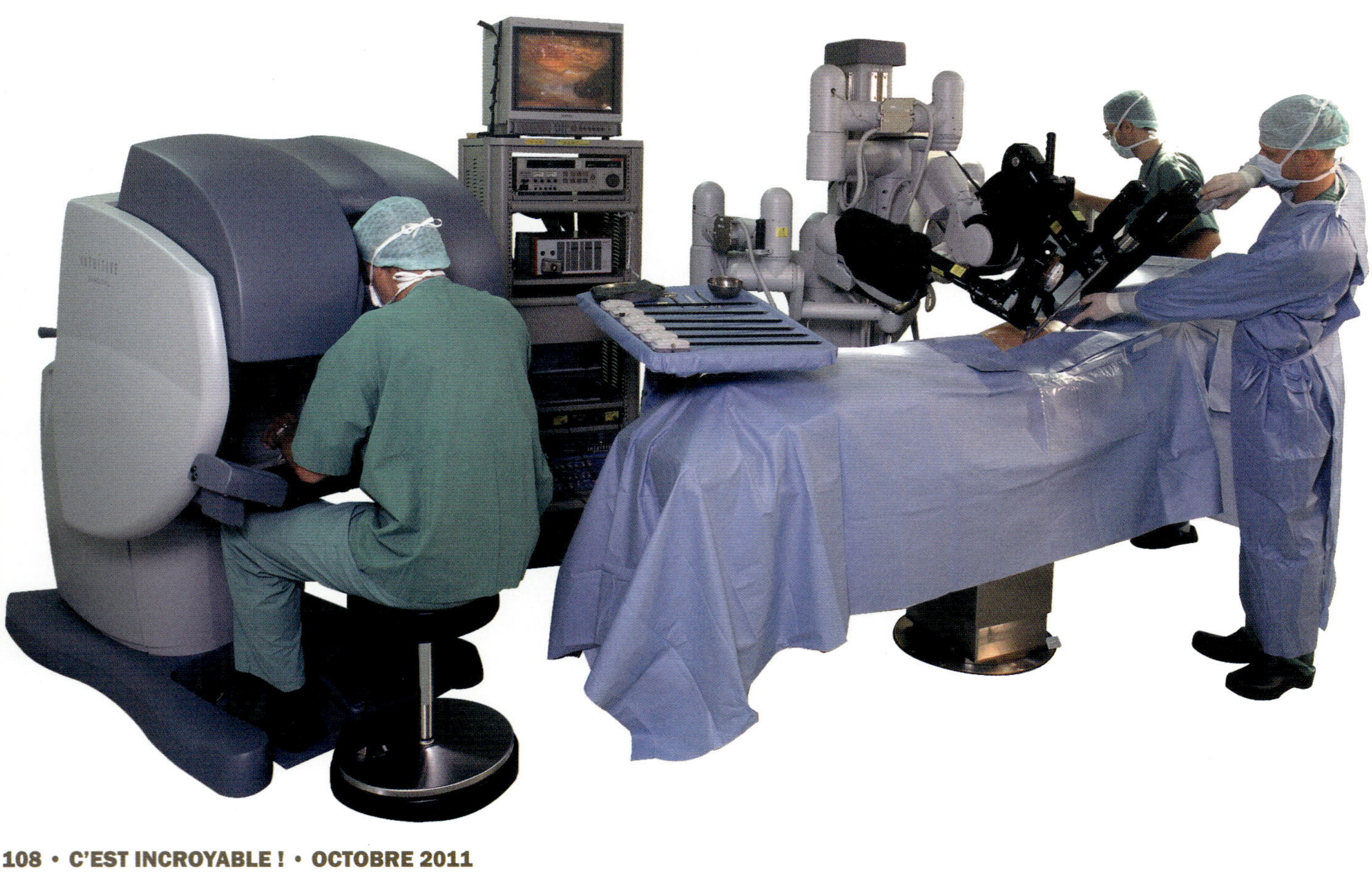

UNE TOUR EN LEGO
DE 31,60 MÈTRES

Saviez-vous qu'un certain nombre de pays rivalisent dans la construction de la plus haute tour du monde en Lego ? Après l'Autriche, le Danemark et le Brésil, détenteurs successifs du record, la France vient de ravir le titre, ce 24 octobre à la porte de Versailles, à Paris.

Réalisée par les enfants venus visiter le salon Kidexpo, la construction a atteint 31,60 mètres, soit un immeuble de plus de dix étages. Posée sur une plaque de base de près de 5 m² et pesant 500 kg, la tour, qui a nécessité l'assemblage de 500 000 briques, s'est élevée en toute sécurité grâce à quatre points de lestage de plus d'une tonne chacun. Poids total de l'édifice éphémère : 1,5 tonne !

La guitare pour la paix, les armes pour la liberté

Le 10 octobre, les forces du Conseil national de transition (CNT) progressent dans les rues de Syrte, dernier bastion pro-Kaddafi. Révolutionnaires et hommes du colonel s'affrontent à l'arme lourde. Dans le centre de la ville, au milieu des tirs croisés, un photographe de l'AFP, Aris Missinis, assiste à une scène étrange. Parmi un groupe d'insurgés, un combattant en tenue militaire joue de la guitare. Photomontage ? L'AFP certifie que non. Aris Messinis était à 50 mètres de la scène quand il a pris le cliché. Le son de la guitare était couvert par les tirs, mais, « de ce que je voyais, il jouait et chantait pour encourager les autres combattants pro-CNT », a expliqué le photographe. Un journaliste de Radio France avait interviewé, quelques semaines auparavant, dans la ville de Bani Walid, à 360 km de Tripoli, un révolutionnaire armé d'une kalachnikov d'une main et d'une guitare de l'autre. Le rebelle avait dit se servir de sa guitare « pour envoyer la paix » et de son arme « pour gagner notre liberté ».

Une machine à détecter les émotions

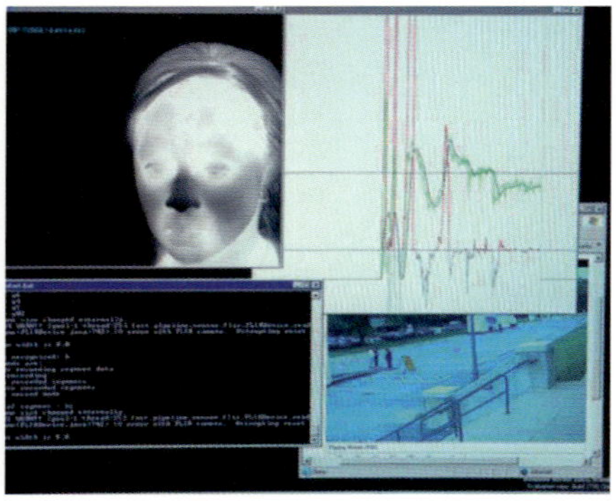

Au XIXe siècle, les pionniers de la criminologie rêvaient d'être un jour capables d'anticiper les crimes et de neutraliser leurs futurs auteurs, avant qu'ils ne passent à l'acte.

Le programme américain FAST (pour Future Attribute Screening Technology), la machine à prédire le crime, se propose aujourd'hui de remplir cette fonction. Sorte de détecteur de mensonges ultra-sophistiqué, le FAST est un appareil bourré de capteurs infrarouges qui mesurent à distance le pouls, la température du visage, la fréquence cardiaque, le clignement des yeux, les variations de la posture et le timbre de la voix.

Partant du postulat que les paramètres physiologiques et comportementaux d'un terroriste potentiel se modifient avant qu'il commette un attentat, les inventeurs de la machine ont réalisé des séries de tests en laboratoire dont le taux de réussite a d'ores et déjà atteint 70 %. Le programme achoppe néanmoins sur un point de droit : comment peut-on arrêter et juger un terroriste pour un crime qu'il n'a pas commis ?

Un verre à boire **et à manger**

Finie la corvée de vaisselle ! Le studio de design new yorkais *The way we see the world* (La façon dont nous voyons le monde) vient de mettre sur le marché un verre écologique biodégradable. Fabriqué à base d'agar-agar, un produit lénifiant obtenu à partir d'algues rouge parfumées à la menthe ou au citron, il permet de boire et d'être entièrement mangé après usage.

Un champion de 17 cm de haut

Sur la ligne de départ d'un des triathlons les plus difficiles de la planète, l'Iron Man d'Hawaï (États-Unis), un candidat pas comme les autres défiait les athlètes. Du haut de ses 17 cm, le robot Evolta de Panasonic s'était fixé comme objectif d'avaler les 230 km de la compétition en une semaine. Équipé de piles rechargeables, et d'accessoires changeants pour chaque épreuve de la compétition (natation, cyclisme, course à pied), l'humanoïde est entré dans la course le 23 octobre, un jour avant le coup d'envoi officiel, pour prendre de l'avance sur ces compétiteurs. Il a finalement franchi la ligne d'arrivée à 10 h 56 le 30 octobre. Il lui aura fallu 166 heures et 56 minutes, soit près de dix fois plus de temps que les derniers du classement, pour venir à bout de la compétition. L'opération reste un joli coup de pub pour les concepteurs d'Evolta qui souhaitaient montrer, preuves à l'appui, les progrès réalisés sur leurs batteries.

Une harpe géante

fait résonner le théâtre de Shanghai

Le 22 octobre, dans le cadre du Festival international d'arts de Shanghai, le plus long instrument à cordes au monde a investi la salle du Grand Théâtre de la ville. Inventée en 1999 par le musicien et architecte William Close, la « Earth Harp » a déployé ses cordes géantes d'une vingtaine de mètres, de la chambre de résonance, placée sur la scène, jusqu'au balcon du deuxième étage, juste devant le public. Le théâtre de Shanghai s'est ainsi transformée en véritable boîte à musique, les éléments de l'architecture de la salle participant directement aux sons émis. Les mélomanes ont pu entendre un concert mêlant chansons traditionnelles chinoises et répertoire original de l'ensemble MASS (Music Architecture Sculpture Sonore), orchestre dirigé par William Close. La Earth Harp se joue à l'aide de gants en coton. Les cordes sont caressées vers le bas, créant un type de vibration similaire à celui des bols chantants tibétains. Plus les cordes sont longues, plus la tonalité est grave. Lors de la première installation de l'instrument, à travers une importante vallée au sud de Chicago, en 1991, le cordage, relié à la roche, atteignait une longueur de plus de 300 mètres.

Au large de Cancun, au Mexique, des plongeurs s'affairent au milieu de grues en action dans ce qui ressemble à une opération de sauvetage d'une épave. Pourtant, rien ne remonte du fond. C'est que les ouvriers mettent la dernière touche à ce qui s'annonce comme le plus grand musée sous-marin du monde, dont l'inauguration est annoncée pour le mois de novembre. Les dernières des 400 statues de touristes hyperréalistes, réalisées par l'artiste britannique Jason de Caires Taylor, sont en train d'être immergées à neuf mètres de profondeur dans la mer des Caraïbes. Composant l'œuvre *L'évolution silencieuse,* ces sculptures représenteront la pièce maîtresse de l'exposition permanente du musée, accessible gratuitement à un public muni de palmes et de tuba. Les statues ont été conçues pour devenir un refuge de la faune et de la flore aquatique, dans une zone où la vie marine est encore inexistante. Elles ont surtout pour but de détourner l'attention des quelque 750 000 touristes annuels qui abîment les récifs coralliens naturels du parc maritime national.

Une plongée

dans l'art

2011 l'Odyssée de l'espace ?

En créant un robot d'un nouveau genre, Osamu Hasegawa, professeur agrégé de l'Institut de technologie de Tokyo, a encore fait un pas vers l'intelligence artificielle. Son humanoïde Hiro a en effet la capacité d'apprendre au fil de ses expériences et ce, sans aucune intervention humaine. Doté de connaissances basiques lors de sa fabrication, Hiro peut rapidement les dépasser, grâce à une observation intelligente de son environnement et à un recours autonome à Internet. « La plupart des robots existants sont capables d'exécuter des tâches préprogrammées, mais ils savent peu de chose sur le monde réel » explique Osamu Hasegawa. Hiro, quant à lui, sait analyser son environnement. Il pourra, par exemple, se concentrer sur la voix de l'interlocuteur lui donnant un ordre, parmi un brouhaha ambiant. Le robot est doté d'un « réseau incrémental auto-organisé » (SOINN), directement inspiré du système neuronal humain. Cette structure lui permet de trouver, stocker puis exploiter des connaissances qu'il va sélectionner selon les tâches demandées.

Dream Big : un monstre à deux roues

Suite à un pari stupide, Greg Dunham, le propriétaire d'un salon de beauté de Stockton, en Californie, a consacré trois ans pour concevoir et construire Dream Big, la plus grosse moto du monde. Haut de 2,5 mètres, long de 6 mètres, le monstre pèse plus de trois tonnes et a coûté 300 000 dollars. Doté d'un moteur V8 de 8,2 litres de cylindrée, l'engin, qui consomme environ 40 litres d'essence aux 100 kilomètres, peut atteindre des vitesses de pointe de 105 km/h.

UNE MAISON À L'ÉCOUTE

Comment s'interpeller dans une maison, avoir une conversation d'une pièce à l'autre ou encore surveiller ses enfants à l'étage supérieur lorsque l'on est sourd ? C'est la question à laquelle a répondu l'architecte japonais Takeski Hosaka, sur une demande d'un couple de personnes malentendantes, parents de deux enfants n'ayant pas hérité du même trouble. L'architecte a réalisé une maison-gruyère de deux étages dans le quartier Itabashi de Tokyo. 100 fenêtres ou ouvertures de 20 cm chacune ont été percées aux murs, au plafond ou dans le toit afin de permettre une communication permanente entre les membres de la famille, même s'ils ne se trouvent pas dans la même pièce. Le japonais Takeshi Hosaka s'était déjà fait connaître en réalisant un restaurant en forme d'igloo au pied du Mont Fuji.

Le conteur géant de Dubaï : au commencement était le Verbe

Dominant en majesté le parc Zabeel de Dubaï, une statue monumentale, l'une des plus hautes du monde, rend hommage à Al-Hakawati, le conteur mythique de l'antiquité arabe qui, à l'instar de Shéhérazade inventant les contes des *Mille et Une nuits*, ensorcelait son auditoire en lui donnant à entendre des légendes merveilleuses. Construits en acier et muni de vérins, contrôlés par ordinateur, la

tête et les bras de la statue peuvent s'animer et accompagner les récits du conteur, transmis par haut-parleurs à travers le parc.
Entièrement dédié au verbe, l'édifice comporte à sa base une immense bibliothèque pour enfants. Des salles de jeux et de lecture sont accessibles par ascenseurs. L'intérieur des yeux de la statue contient un espace entièrement doré dans lequel les enfants peuvent s'ébattent en contemplant, le soir, les lumières de la ville. Une caverne de cristal, une salle verte et un aquarium géant complètent le dispositif ludique.
À l'heure où l'image sous toutes ses formes est en train de reléguer les livres au rayon des accessoires, il est réconfortant de penser que, dans un émirat du Golfe Persique, le Verbe est encore célébré avec la grandeur qu'il mérite !

Van Gogh : la thèse du suicide remise en cause

Deux auteurs ébranlent le monde de l'art. « Je dois dire que nous sommes pris dans un véritable tourbillon », confesse Steven Naifeh à l'AFP, auteur, avec Gregory White Smith, de « Van Gogh : la vie », publié en ce mois-ci. Le livre avance l'hypothèse selon laquelle le peintre ne serait pas mort en se tirant une balle dans la poitrine dans un champ d'Auvers-sur-Oise, comme il était communément admis, mais qu'un adolescent du nom de René Secrétan serait à l'origine du coup fatal. Steven Naifeh et Gregory White ont enquêté pendant dix ans sur le peintre néerlandais, consultant quelque 28 000 notes inédites. Plusieurs faits troublants les ont mis sur la piste de l'homicide. D'abord, la trajectoire de la balle qui a frappé Van Gogh était oblique et non droite, comme supposé dans le cas d'un suicide. Ensuite, ils ont retrouvé des témoignages d'habitants d'Auvers-sur-Oise qui soutenaient la thèse de l'assassinat par deux adolescents. Enfin, en 1956, René Secrétan lui-même reconnaissait avoir tyrannisé l'artiste sans relâche, avec son frère, lorsqu'ils étaient adolescents.
Mais alors pourquoi Van Gogh aurait-il déclaré sur son lit de mort : « N'accusez personne, j'ai voulu me suicider » ? Selon les biographes, le peintre voulait protéger ses agresseurs, avec qui il avait l'habitude de boire des verres.

Chine : la police arrête un fugitif... marié à sa victime

28 ans que la police chinoise le recherchait, pour finalement le retrouver, le 3 octobre, marié à sa victime. Dans les années quatre-vingt, Chen Zonghao avait été accusé d' « attentat aux bonnes mœurs » pour avoir enlacé une collègue de travail contre son gré sur l'île d'Hainan. Les parents de la victime avaient porté plainte au commissariat de police de Wanning, sur l'île, sans savoir que leur fille dirait oui à son « agresseur » quelques années plus tard. Craignant une interpellation dans une Chine alors extrêmement conservatrice, Chen avait pris la fuite et rejoint sa ville natale dans le Guangdong. Il gère aujourd'hui une chaîne de magasins de vente en gros, avec son épouse, qui lui a donné trois enfants.

UN LIVRE VENDU 9 MILLIONS D'EUROS

Un des rares exemplaires du chef-d'œuvre de Jean-Jacques Audubon, *Les Oiseaux d'Amérique*, vient de trouver acquéreur lors d'une vente aux enchères chez Sotheby's, à Londres, pour la somme record de 6 millions d'euros.

Ce livre au format 90 cm sur 60 cm remarquable par l'exactitude des détails et la beauté de son exécution a été publié en quatre volumes, à une centaine d'exemplaires, entre 1830 et 1839. Il contient 435 planches grandeur nature peintes à la main.

Né en 1785 à Haïti d'une immigrée française et d'un capitaine au long cours d'origine bretonne, Audubon s'intéresse très jeune à l'histoire naturelle. En 1803, son père lui obtient un faux passeport qui lui permet de se rendre aux États-Unis et d'échapper ainsi à la conscription en vigueur en cette période de guerres napoléoniennes. Devenu contremaître dans une ferme de Philadelphie, Audubon se passionne pour l'ornithologie, la peinture et le dessin. Pour se procurer ses modèles sans les déchiqueter, il abat avec du petit plomb les oiseaux qu'il traque inlassablement dans la campagne. Il utilise ensuite du fil de fer pour les maintenir en place et les peint en décors naturels. « Je dis qu'il y a peu d'oiseaux quand j'en abats moins de cent par jour, écrit l'artiste dans ses *Biographies ornithologiques*, sans se soucier du fait que tuer des spécimens rares pouvait précipiter l'extinction des espèces.

Considéré comme le premier ornithologue du Nouveau Monde, Audubon figure également en bonne place dans l'histoire de l'art américain.

Bien qu'ayant atteint une somme considérable, *Les Oiseaux d'Amérique* n'est pas le livre le plus cher du monde, le record appartenant toujours au *Codex Leicester* de Léonard de Vinci, acheté en 1994 par Bill Gates pour la somme record de 24 millions d'euros. Cet ouvrage d'écrits scientifiques et philosophiques, qui comporte 72 feuillets, est dans un remarquable état de conservation. Datant de 1500, il a la particularité d'être composé à l'envers, ce qui oblige le lecteur à utiliser un miroir pour le déchiffrer.

OCTOBRE
DE 1895 À 1983

OCTOBRE 1895

UN SPECTACLE SAISISSANT

Ce 22 octobre 1895, le train part avec 9 minutes de retard de Granville. Toutefois, le conducteur, un cheminot d'expérience, veut mettre un point d'honneur à arriver à l'heure à Montparnasse. Mais il ne ralentit pas suffisamment en entrant en gare, et le frein d'urgence actionné par le chef de train ne fonctionne pas. À 4 heures précises, le train traverse les quais et fracasse complètement le fronton de la gare. La locomotive s'écrase sur la station de tramways 10 mètres plus bas, presque à la verticale, et toujours accrochée aux wagons restés dans la gare. Cet accident spectaculaire fait cinq blessés graves, mais la marchande du kiosque de journaux sur la place est tuée par un morceau de maçonnerie tombé des murs. La locomotive, « suspendue » au reste du convoi, n'a pratiquement pas été endommagée. Le conducteur sera condamné à deux mois d'emprisonnement et 50 francs d'amende, et le chef de train à 25 francs d'amende. Les Chemins de Fer paieront l'enterrement de la marchande de journaux et verseront une rente aux enfants.

OCTOBRE 1929

L'autre rocher de la baie

Tapi dans l'ombre de son imposant voisin, le petit îlot granitique et désert de Tombelaine aurait pu éclipser le Mont Saint Michel, si l'année 1929 n'avait eu son jeudi noir et son krach financier. Un projet pharaonique avait germé dans l'esprit d'un journaliste-éditeur-avocat. Georges Anquetil voulait associer décors moyenâgeux et installations de confort ultramodernes pour créer une station mondaine de pointe haut de gamme vouée aux plaisirs et au luxe.

OCTOBRE 1908

LA VILLE DES DIAMANTS

En plein désert de Namibie ces maisons délaissées par les habitants s'enlisent toujours plus dans le sable du désert. Kolmanskupp a été fondée en 1908 par les Allemands lorsque le premier diamant a été trouvé. La ville a connu une prospérité fulgurante jusqu'en 1920. Ici les exploitants de la mine connaissaient l'opulence : écoles, théâtres, salles de jeux… Ils bénéficiaient du premier hôpital d'Afrique équipé d'une machine à rayons x ; on importait l'eau potable depuis Le Cap, distant de plus de 1 000 km. Lorsque le cours du diamant s'est effondré, lentement la ville a été désertée ; en 1956 il n'y avait plus un seul habitant à Kolmanskupp

OCTOBRE 1942

Couilles de bouc

On a estimé que, dans ce magnifique hôpital de l'Arkansas, le docteur Romulus Brinkley avait greffé en 16 ans selon les évaluations de 5 000 à 16 000 paires de testicules de boucs à des hommes. Est-ce possible ? En effet, dans les années trente, où auraient eu lieu ces opérations, on ne maîtrisait ni les greffes humaines ni l'action des anticorps, surtout s'agissant d'une greffe de l'animal sur l'homme.

Romulus Brinkley, né en 1885 dans, une petite ville des États-Unis, passait pour médecin en référence aux études médicales auxquelles il avait en réalité échoué. Employé comme « docteur » dans un abattoir, il avait été stupéfait par l'extraordinaire vigueur sexuelle des boucs. Installé comme pharmacien dans une petite ville dont il était maire, il reçut un fermier qui se plaignait d'être sexuellement diminué depuis une douzaine d'années. Romulus Brinkley suggéra en plaisantant de lui greffer des testicules de bouc : « Pourquoi pas, j'ai un bouc » répondit le fermier. Un vrai docteur aurait ignoré cette acceptation, mais pas Romulus Brinkley. Vérité ou légende commerciale, le fermier greffé put satisfaire sa femme et devenir papa d'un petit garçon.

Inutile de dire que la carrière de Romulus Brinkley fut dès cet instant jalonnée d'extraordinaires succès et de violentes critiques.

Il construisit un hôpital de 50 lits et embaucha 6 chirurgiens. L'AMA, l'ordre des médecins du Kansas, l'accusa de fraude et de charlatanisme. Romulus Brinkley créa une radio lui permettant de faire la publicité de son hôpital. L'AMA ouvrit une enquête officielle. La greffe coûtait 750 dollars ou le double s'il s'agissait de glandes de jeunes boucs. Il n'y en eut d'ailleurs plus assez au Kansas et il fallut les acheter dans les États environnants. Le gouvernement fédéral révoqua son permis d'émettre sur les ondes. Romulus Brinkley faisait alors défiler des centaines de témoins affirmant leur « réjuvénation ». Les médecins du Kansas déposèrent devant le tribunal 42 certificats de décès signés par Romulus Brinkley, prouvant que ces patients étaient morts dans son hôpital. Romulus Brinkley installa une nouvelle radio au Mexique, la plus puissante du monde, qu'on pouvait entendre sur toute l'Amérique du Nord. Le gouvernement fédéral lui interdit de pratiquer la médecine. Romulus Brinkley prodigua alors ses conseils médicaux sur sa radio et posa sa candidature au poste de gouverneur du Kansas. Battu aux élections, il quitta le Kansas et ouvrit un hôpital au-delà de la frontière. Immensément riche, il possédait un avion, des voitures gravées à son nom, deux yachts, un voilier de 50 mètres… alors que l'Amérique vit la Grande Dépression.

Mais en 1934, le gouvernement mexicain fermait sa radio, des patients insatisfaits obtenaient des dédommagements devant les tribunaux. Les greffes de testicules de boucs se faisaient moins fréquentes. En 1942, le docteur Romulus Brinkley, ruiné, incapable de se soigner lui-même était amputé d'une jambe et mourait à 56 ans d'une banale maladie cardiaque.

OCTOBRE 1910

LE GÉNIAL «emmerdeur»

Comment pourrait-on imaginer la suite stupéfiante de cette photo... Le pilote a de quoi sourire. Il s'appelle Chevrolet et c'est la sortie d'usine de sa première Chevrolet, « la Classic Six ». Né en Suisse à la Chaux-de-Fonds, devenu coureur cycliste en France, Louis Chevrolet s'est rendu très célèbre aux États-Unis comme pilote automobile « le plus casse-cou du monde ». Non seulement il vient de concevoir cette voiture mais il a créé la firme Chevrolet, firme d'immense avenir dont il est pour moitié propriétaire. Or la Chevrolet sera la voiture la plus vendue dans le monde. De quoi sourire en effet. Hélas il se querelle quelques jours plus tard avec son associé et s'en sépare en lui vendant ses parts ainsi que le nom « Chevrolet ». Il redevient pilote de course, participe à Indianapolis sans jamais gagner. Mais son frère Gaston atteint, lui, la première place avec une nouvelle voiture qu'ils ont créé ensemble la « Frontenac ». Cette nouvelle marque gagnera 2 fois les 500 miles d'Indianapolis. Suite de l'histoire : son frère se tue dans une épreuve en Californie, ce qui incite Louis, qui a lui-même au total passé trois années dans les hôpitaux, à mettre un terme à sa carrière et par là même à l'essor de sa firme. Il monte alors avec son autre frère Arthur une entreprise de moteurs d'avion. Mais Louis Chevrolet, de caractère entier, se fâche avec son frère et met fin à l'entreprise. Le reste de sa fortune s'envole avec la « grande crise » de 1930. Ne reste à Louis Chevrolet que la solution de trouver un travail... chez Chevrolet. C'est parce que l'on s'y méfie de son mauvais caractère qu'il n'aura qu'un petit boulot de mécanicien jusqu'à sa mort en 1941.

OCTOBRE 1970

SACRÉ À TITRE POSTHUME

« Je remporte le titre, puis je prends ma retraite. » Au début de l'été 1970, le pilote autrichien Jochen Rindt a adressé cette promesse, en forme de déclaration, à sa femme Nina, très inquiète des conditions de sécurité en Formule 1. Le couple n'aura pas le temps de savourer sa victoire. Le 4 octobre, lorsqu'il est officiellement sacré champion du monde, Nina pleure déjà sa mort depuis un mois. Mais que s'est-il passé dans la tête de Rindt ce 5 septembre 1970 ? Alors que le pilote autrichien est presque assuré de remporter le championnat, tant son avance est importante, il va prendre, ce jour-là, des risques inconsidérés. Déçu par la performance de sa Lotus 72 lors des essais libres du Grand Prix de Monza (Italie), il demande aux mécaniciens de retirer les ailerons du bolide. Mais la voiture n'est plus stable et Rindt perd le contrôle du véhicule à l'entrée de la Parabolique, une courbe redoutée des pilotes. Sa Lotus heurte violemment un rail de sécurité. Transporté à l'hôpital en urgence, Jochen Rindt meurt pendant le trajet. Il avait 28 ans. Son avance et la victoire de son remplaçant aux États-Unis, lors de l'avant-dernier grand prix de la saison, le consacrent malgré tout champion du monde à titre posthume, cas unique dans les annales de la Formule 1.

OCTOBRE 1983

Le bon coup de **Konrad Kujau**

Peintre des plus doués, Konrad Kujau allait également devenir un faussaire hors du commun en fabriquant les faux *Carnets* de Hitler. L'idée lui vient lorsqu'il entre en contact avec Gerd Heinemann, un passionné du IIIe Reich. Ce journaliste apportera au magazine allemand *Stern* un formidable scoop : 62 volumes du journal tenu par Hitler entre 1932 et 1945. Ils auraient été récupérés dans l'épave d'un avion près de Dresde par un militaire de l'armée de la RDD. Celui-ci les aurait fait passer à l'Ouest dissimulé dans un piano. L'homme qui les détient, un certain docteur Fischer – en réalité Konrad Kujau -, réussit à les vendre au journal 9,3 millions de marks lorsque deux ou trois experts, historiens et graphologues, les auront déclarés authentiques. En 1983, le magazine publie les premiers extraits des notes personnelles et politiques de Hitler. D'autres journaux mordent à l'hameçon, avides eux aussi de scoops. Mais quelques sceptiques commencent à douter... Des invraisemblances apparaissent dans les faits relatés. Une expertise approfondie démontrera enfin que les matériaux utilisés pour la fabrication de ces carnets datent de l'après-guerre. Kujau, dans son atelier, s'était exercé à imiter l'écriture du Führer et avait vieilli artificiellement le papier. Mais la science a parlé. Les responsables du *Stern* s'étaient laissés berner, à l'affût de documents à sensation. Ce fut le plus grand scandale de la presse allemande.

Les deux protagonistes de cette supercherie furent condamnés à quatre ans de prison. Kujau sera libéré au bout de trois ans pour raisons de santé. Mais le scandale lui aura apporté la célébrité et la reconnaissance de son talent. Le peintre de génie sait reproduire avec une précision incroyable et la maîtrise de toutes les techniques de peinture les tableaux de Rembrandt, Picasso ou Monet. Dans sa boutique, il vendra en toute légalité « des contrefaçons originales signées Kujau » !

OCTOBRE 1967

LA FLEUR ET LE FUSIL

Confrontation ultime, lors des manifestations du 21 octobre 1967, à Washington, devant le Pentagone. Des millions de personnes protestent contre l'implication de l'Amérique dans la guerre du Vietnam, qui cause tant de pertes. Alors que les soldats bloquent l'accès au bâtiment, prêts à utiliser des gaz lacrymogènes et à arrêter les protestataires, une jeune lycéenne de 17 ans, Jan Rose, se détache de la foule et avance seule face aux baïonnettes, un chrysanthème à la main. Son regard d'une extrême douceur et d'une infinie tristesse s'accompagne d'un geste de la main exprimant mieux que les paroles un effort de persuasion pour rallier les gardes à la cause des indignés, des protestataires.

Cette photo de Marc Riboud fera le tour du monde, symbole de la volonté de communication et de non-violence.

OCTOBRE 1922

STATION FANTÔME SUR LIGNE PERDUE

Cette station située sous le boulevard Sérurier dans le XIXe arrondissement de la capitale n'a jamais vu passer le moindre voyageur. Dans les années 1920, la ville de Paris propriétaire du réseau décide d'intensifier la desserte du secteur Est. Bien que l'exploitant, – la Compagnie du Métropolitain parisien –, estime cette construction peu rentable, les travaux sont entrepris pour relier la place des Fêtes à la porte des Lilas par une ligne complémentaire : la voie des Fêtes. Les tunnels sont creusés, les voies posées et au milieu du trajet on construit la station Haxo, dépourvue de tout accès vers l'extérieur ! Ce tronçon ne sera jamais mis en service.

OCTOBRE 1940

Des vélos astucieux en sous-sol

C'est un monde étonnant et méconnu que les Parisiens ont sous leurs pieds au détour des 300 km de galeries souterraines. Ici un ancien abri de défense passive de la Deuxième Guerre mondiale, sous le boulevard Lefèbvre, devenu aujourd'hui abri antiatomique. Un système ingénieux permettait à ces vélos de renouveler l'air, il est toujours opérationnel. Seules les catacombes sous la place Denfert-Rochereau représentant 3 % de l'ensemble sont ouvertes aux visiteurs. Le labyrinthe secret mène à d'anciennes carrières qui servirent de refuge aux populations en temps de guerre et aux chefs de la résistance ; ailleurs, des bunkers allemands, des salles secrètes pour groupuscules politiques ; mais aussi lieux de fêtes clandestines avec bar et cinéma ; des artistes y ont laissé leur œuvre et l'école des mines y peint une fresque chaque année... Les initiés « hors la loi » sont des cataphiles. Pour éviter toute intrusion, les entrées sont gardées secrètes, et des « cataflics » exercent leur surveillance.

OCTOBRE 1903

LE CHEVAL DU PAUVRE

Au début du XXe siècle, les jeunes filles qui sont allées jusqu'au certificat d'études ambitionnent de devenir « demoiselles de la poste » ; elles effectuent souvent cette fonction en voiture à chien.

Tout au long du XIXe siècle, cet attelage fait partie de la vie quotidienne des « gagne-petit » : paysans, poissonniers, laitiers, maraîchers, colporteurs...

En général, le chien est un bon corniaud puissant et râblé, ayant la corpulence et la force nécessaires de tirer des charrettes de type maraîchères, le plus souvent à deux roues. Il peut tracter selon sa taille de 60 à 100 kg à une vitesse de 8 km/h ; avec deux chiens on peut multiplier la charge par deux.

Équipé d'une bricole ou d'un collier rembourré et d'un surdos, le chien porte une muselière.

Bien qu'interdit en 1824 par le préfet de police de Paris pour des raisons d'encombrement et de sécurité, ce mode de traction persiste encore pendant un siècle. La loi Grammont de 1850 visant à la protection animale tente de faire disparaître une pratique jugée discutable.

Aujourd'hui le chien d'attelage n'est plus utilisé pour aider son maître à gagner son pain, mais comme chien sportif, capable de performances, participant à de grandes compétitions nordiques en hiver.

Quatre millions de **serpents** dans un village chinois - **134** / **Las Vegas** en pleine Alsace - **136** / 18 000 candidats se disputent une **élection** - **136** / De l'or et des diamants au **distributeur** - **137** / Beaubourg : **préservatifs** à tous les étages - **137** / Des **éclairs** bleus géants touchent le ciel réunionnais - **138** / 22 700 euros pour une **dent** pourrie de John Lennon - **139** / « Par-dessus l'**épaule** du général de Gaulle » - **139** / 19 prostituées et 100 coqs de combat cachés dans une **prison** - **139** / Surf sur un **volcan** actif - 140 / Il surfe une **vague** de 27 mètres de haut - **141** / Un écran haute définition sur une **lentille** de contact - **142** / **HLM** du futur : un joyeux entassement de maisons, d'immeubles et de pavillons - **142** / Un **vélo** dépasse les 100 km/h - **143** / **Éléphants** savants - **146** / Pérou : des **montagnes** peintes en blanc pour sauver les glaciers - **146** / Y a-t-il un **pilote** dans l'avion ? **146** / Une **sucette** pour soulager les blessures de guerre - **147** / Des **bactéries** mélomanes - 147 /

Novembre 2011

Quatre millions de serpents dans un village chinois

Le village de Zisiquiao, en Chine, compte 800 habitants et 4 millions de serpents extrêmement venimeux. Soit un être humain pour 5 000 reptiles. Véritable usine de produits pharmaceutiques, le village dispose d'environ 150 enclos en béton dans lesquels grouillent couleuvres de jade et d'amour, kraits et cobras royaux. Ne se contentant plus d'exporter le venin de ses dangereux locataires vers les laboratoires du monde entier, les édiles de Zisiquiao ont donné leur accord pour la construction d'une clinique qui s'étendra sur trois hectares et qui sera exclusivement consacrée aux traitements thérapeutiques à base de serpent.

Les grands défis de la médecine moderne : cancer, maladie d'Alzheimer, arthrite, sida ou thrombose cérébrale résisteront-ils à la « poudre des trois serpents » ou aux gélules de vésicule biliaire de cobra ? Localement, la demande a augmenté de 75 % et les tarifs ont grimpé en flèche. Comptez 33 euros pour une poignée de comprimés destinés à combattre le mal de dos.

Quoi qu'il en soit, charlatanisme à grande échelle ou panacée du futur, les médicaments à base de reptiles sont encore loin d'avoir démontré leur efficacité.

18 000 CANDIDATS SE DISPUTENT UNE ÉLECTION

L'exercice de la démocratie peut, dans certains cas, se révéler d'une extraordinaire complexité. Ainsi, après dix ans de crise et de guerre civile, la République démocratique du Congo, le deuxième pays d'Afrique par la taille, a-t-elle organisé, ce 28 novembre, des élections présidentielle et législative. Vaste entreprise qui a mobilisé 62 000 bureaux de vote et un milliard de dollars de budget.

Les millions de votants ont ensuite dû faire leur choix en consultant des bulletins de vote de 54 pages comportant la liste de 18 000 candidats ! Au terme de ce marathon, pour lequel la Mission des Nations unies a fourni un soutien aérien pour la distribution du matériel électoral, Joseph Kabila, le président de la République sortant, a été désigné vainqueur par la Commission électorale nationale indépendante. Décision qu'Étienne Tshisekedi, son principal rival, s'est empressé de dénoncer, s'autoproclamant « président élu ». Affaire à suivre.

LAS VEGAS EN PLEINE ALSACE

Kirrwiller, petit village de quelque 600 âmes au nord de Strasbourg, a tout de la bourgade typique du Hanau : ses vergers, ses houblonnières, ses basses-cours, ses cerisiers. Une vie campagnarde paisible en somme. Mais de drôles d'oiseaux de nuit viennent troubler cette tranquillité. Munies de plumes et d'apparats, les danseuses du cabaret de Pierre Meyer, le *Royal Palace*, font déplacer des cars de touristes bondés. Chaque année, près de 200 000 spectateurs viennent assister à la revue. Quand Pierre Meyer hérite de l'auberge familiale en 1980, il nourrit déjà ouvertement le rêve de transformer le lieu en cabaret. Et le jeune homme va s'accrocher à son projet. En 1989, il fait construire une première scène de 200 m² et se lance dans une activité de production de spectacles. Contre toute attente, le succès est au rendez-vous. En 1996, de retour d'un séjour à Las Vegas, l'homme d'affaires se lance dans le chantier d'un théâtre moderne de 1 000 places. Avec des tarifs deux fois moins chers qu'à Paris, cet enfant du village a su attirer une clientèle internationale dans ce bout de campagne alsacienne, faisant du *Royal Palace* le troisième cabaret de France.

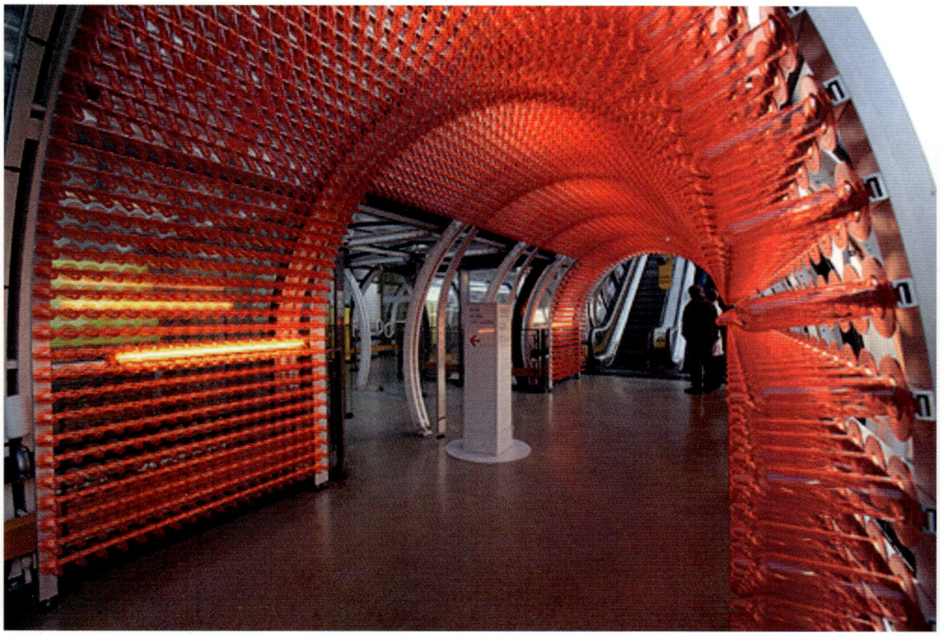

DE L'OR ET DES DIAMANTS au distributeur

L'Inde ne connaît pas La crise. Du moins la petite frange la plus fortunée de sa population. C'est ainsi qu'un distributeur d'or et de diamants vient d'être installé dans un luxueux centre commercial de Bombay. Haute de deux mètres, capable de résister à des explosifs militaires, cette machine à écran tactile propose 36 produits. Des minuscules bracelets pour nourrissons, aux pièces d'or de 10 grammes et aux petits pendentifs en diamants en forme de cœur, les prix varient de 14 à 430 euros. Un ordinateur actualise toutes les dix minutes le cours du métal précieux.
Compte tenu du succès remporté par le premier distributeur, le groupe Gitanjali, géant indien de la joaillerie, prévoit d'installer 75 autres machines dans les aéroports, les galeries marchandes et les temples hindous !

BEAUBOURG : PRÉSERVATIFS À TOUS LES ÉTAGES

Les visiteurs qui ont emprunté l'escalator du Centre Pompidou entre le 22 novembre et le 5 décembre ont été plongés dans une expérience unique. À chaque palier, des milliers de préservatifs en plastique coloré avaient été fixés sur les parois vitrées, créant un tube fluo, aux couleurs de l'arc-en-ciel. Pas moins de 80 000 préservatifs ont été nécessaires pour créer l'œuvre de l'artiste irlandais Bryan Mc Cormak, *Les Sons de ma vie. Preservation is life*. À chaque étage correspondaient sa couleur mais aussi sa sonorité. À l'étage rose, le premier, résonnaient les battements du cœur d'un fœtus dans le ventre de sa mère. Au niveau supérieur, c'était ceux d'un enfant de sept ans. Enfin, au sixième, sur le belvédère, le cœur de l'artiste lui-même, âgé de 39 ans, se faisait entendre. L'œuvre éphémère a été inaugurée lors du dîner de gala de la Fondation Aides, dans l'enceinte du Centre Pompidou.

DES ÉCLAIRS BLEUS GÉANTS TOUCHENT LE CIEL RÉUNIONNAIS

La scène a le surréalisme d'un tableau de Dali et la poésie d'un conte pour enfants. Mais ici, tout est vrai. Pour la première fois au monde, des vidéos couleur de cinq éclairs bleutés remontant vers le ciel ont été prises sur l'île de la Réunion, par le photographe Patrice Huet, de la Maison du Volcan. Appelés « jets géants », ces éclairs appartiennent à la catégorie des « phénomènes lumineux transitoires » (TLE en anglais), soit des éclairs ascendants. Depuis 1989, des TLE de différents types avaient pu être observés mais il s'agissait toujours d'elfes (en forme de disques), et de sylphes ou farfadets (en forme d'entonnoirs). Les images du photographe réunionnais, prises en 2010, font enfin connaître au monde entier ce phénomène particulier.

22 700 euros pour une dent pourrie de John Lennon

Vingt-deux mille sept cents euros : c'est la somme déboursée par Michaël Zuk, un chirurgien-dentiste canadien, pour acquérir une molaire gâtée de John Lennon, vendue aux enchères le 5 novembre par Omega Auctions. La dent avait été donnée par le Beatles à Dorothy Jarlet, sa gouvernante entre 1964 et 1968, afin qu'elle puisse l'offrir à son tour à sa fille, fan du groupe.
En 2009, une mèche de cheveux, prélevée sur le crâne d'Elvis Presley lors de son incorporation, en 1958, avait été adjugée 13 300 euros à Chicago. Ô fétichisme, quand tu nous tiens !

« Par-dessus l'épaule du **Général de Gaulle** »

Gérard Lhéritier, président du musée des Lettres et Manuscrits a d'abord cru à une plaisanterie. En novembre 2010, un parfait inconnu l'informe, au téléphone, qu'il détient 313 messages de guerre rédigés de la main du général de Gaulle, à Londres, entre 1940 et 1942. Si elle est avérée, la découverte historique se révélerait inestimable. Selon Gérard Lhéritier un seul de ces documents vaudrait des dizaines de milliers d'euros dans les ventes aux enchères. Et pourtant, c'est bien 313 messages secrets envoyés aux cadres de la France libre mais aussi à Churchill ou Staline, que lui apporte un peu plus tard un certain Jean-Claude Chalumeau, 70 ans. À la mort de sa mère, Marie-Thérèse Guinet-Desseignet, en 1996, il découvre, au fond d'une armoire, une chemise, avec les documents en ordre, rythmés du souffle du Général à travers ratures, ajouts et corrections. C'est Charles de Gaulle lui-même qui les avait confiés à Marie-Thérèse, directrice de son équipe de dactylos durant quatre années. Il n'a jamais pensé à les récupérer. Si les messages ne contiennent pas de révélations historiques – plus de la moitié ayant servi à la rédaction des *Mémoires de guerre* du Général – ils font toucher du doigt la personnalité du chef de la France Libre. « Les chercheurs pourront comprendre comment le Général les rédigeait, avec toutes ses hésitations. Ces pages sont très émouvantes. On a vraiment l'impression d'être par-dessus son épaule. »

19 PROSTITUÉES ET 100 COQS DE COMBATS CACHÉS DANS UNE PRISON

Lors d'un contrôle surprise, les autorités mexicaines ont eu la surprise de découvrir dix-neuf prostituées, cent coqs de combat, et deux perroquets, vivant clandestinement dans la prison d'Acapulco. Arturo Martinez, porte-parole de l'État de Guerrero où se trouve la prison, a déclaré ne pas savoir comment femmes et oiseaux avaient pu pénétrer dans l'enceinte de la geôle.
Depuis 2010 et l'arrestation du chef de cartel Edgar Valdez Villareal, alias « La Barbie », l'insécurité règne à Acapulco. Les autorités se révèlent impuissantes face à la lutte sanglante que se livrent les gangs pour le contrôle du territoire.

SURF SUR UN VOLCAN ACTIF

Amateurs de sensations fortes, le « surf des volcans » est fait pour vous. Cette nouvelle discipline, inventée en 2005 par le snowboarder australien, Darryn Webb, consiste à dévaler les pentes d'un volcan actif, le Cerro Negro (Nicaragua) sur une planche en bois, spécialement développée pour ce sport extrême. Avec une vitesse maximum de 80 km/h, la descente de 20 minutes, avec port d'une combinaison protectrice obligatoire, a déjà provoqué quelques suées à 10 000 adeptes. Sur les pentes d'une inclinaison de 41°, pas question de se la couler douce. Des traînées de lave sont régulièrement observées sur le Cerro Negro, dont la dernière éruption date de 1999.

Il surfe une vague de 27 mètres de haut

27 mètres de haut, l'équivalent de neuf étages, c'est la hauteur de la plus grosse vague jamais surfée au monde. L'exploit a été accompli ce mardi 8 novembre par le surfeur irlandais Garrett McNamara. Celui qui parcourt le monde à la recherche de vagues extraordinaires a finalement trouvé son graal à Praia do Norte, sur les côtes du Portugal. Le spot n'a pas été choisi au hasard. Situé à proximité du canyon de Nazare, un trou dans le plateau continental de 5 km de profondeur et de 170 km de long, Praio do Norte a la réputation d'abriter des vagues anormalement grosses. Al Mennie, surfeur et ami de McNamara, n'a rien perdu du spectacle : « C'était incroyable. La plupart des gens seraient terrorisés devant un tel monstre, mais Garrett, lui, semblait tout contrôler. J'ai assisté à un ride inspiré par un surfeur inspiré. »

UN ÉCRAN HAUTE DÉFINITION

sur une lentille de contact

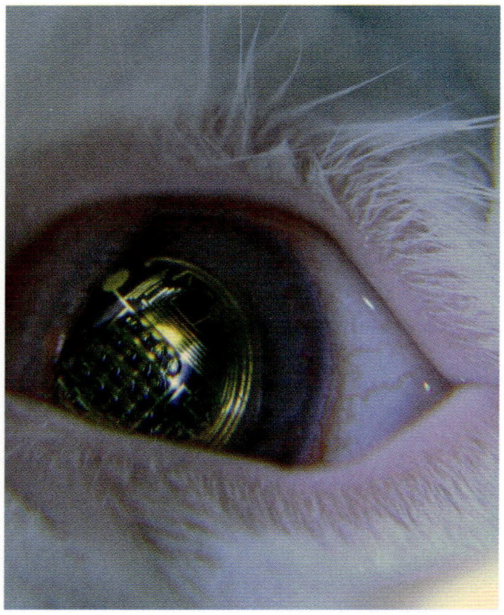

Lire directement des informations grâce à une lentille de contact posée sur l'œil ne sera plus, dans quelques années, une chimère de science-fiction. Ce dispositif dont les applications sont prometteuses a été testé avec succès sur la cornée d'un lapin vivant par une équipe de chercheurs des universités de Washington et d'Aalto, en Finlande.

Constituée d'une micro-antenne sur son pourtour, d'un circuit intégré et d'une diode électroluminescente, la lentille permet pour l'instant à l'animal cobaye de recevoir une unique information. L'antenne reçoit les ordres et fournit l'énergie nécessaire à l'émission de lumière, les informations s'imprimant sur la diode. Une expérience plus élaborée a déjà vu le jour en Suisse, l'entreprise Sensimed ayant commercialisé une lentille de contact permettant de mesurer pendant vingt-quatre heures la pression à l'intérieur de l'œil et de diagnostiquer ainsi l'évolution des glaucomes.

« Le rêve est d'avoir un jour un écran complet à haute résolution et en couleurs, intégré sur une lentille de contact. Mais il faudra plusieurs années et beaucoup d'argent pour y parvenir », a déclaré Babak Parviz, le responsable de l'étude à l'université de Washington.

Ainsi n'est-il pas inimaginable de penser que nous pourrons, un jour, voir s'afficher directement sur nos yeux prévisions météorologiques, titres des journaux, paramètres médicaux ou cours de la bourse. Un pas de plus vers la fabrication de l'homme biotechnique !

HLM du futur : un joyeux entassement de maisons, d'immeubles et de pavillons

Le projet urbanistique de l'architecte Édouard François va-t-il renvoyé au rayon des accessoires les sinistres barres HLM qui ont défiguré nos banlieues dans les années 1960 ? On pourrait le croire si on en juge par l'audacieux empilage de maisons de ville, d'immeubles et de pavillons individuels que cet ancien élève des Beaux-Arts vient de réaliser sur le plateau de Champigny-sur-Marne, en région parisienne. Ce mille-feuille improbable de six étages offre au total une centaine de logements à loyers modérés. « La qualité de la ville n'est pas l'harmonie mais la complexité, s'explique l'architecte. On peut donc accepter de grands écarts de vocabulaire, de hauteur et de style. »

Combinant des matériaux nobles comme la tuile rouge, le cuivre, le zinc, le bois et le crépi aux tons chauds, cette construction composite répond aux critères économiques du logement social, soit un coût de 1 700 euros le mètre carré.

L'humour et la poésie seront-ils suffisants pour réconcilier la banlieue avec l'image qu'elle se fait d'elle-même ?

UN VÉLO DÉPASSE LES 100 km/h

Conçu par le Slovène Damjan Zabovnik, l'Eiviestretto est un drôle de vélo qui se pilote couché sur le dos, tête en avant, dans un habitacle caréné. Testé par le Suisse Francesco Russo, l'engin a battu le record du monde en parcourant 91,556 kilomètres en une heure, avec une pointe de 106 km/h sur 200 mètres. Confiné à l'intérieur de la coque en carbone et résine, le cycliste dispose de deux tubes. Le premier lui permet d'expulser le CO_2 hors de la cabine, le second apporte de l'air frais. Autre détail technique : une fois la troisième vitesse enclenchée, un coup de pédale propulse le bolide quinze mètres et demi plus loin.

Depuis 1960, le 3e samedi de novembre, le petit village tranquille de Surin, sur la route du Cambodge, au nord-est de la Thaïlande, est l'hôte d'un événement national : le Festival des Éléphants. Quelque 200 pachydermes affluent vers la bourgade qui attire alors des milliers de spectateurs, venus célébrer l'animal emblématique du pays, pendant deux jours. C'est l'occasion pour les éléphants de montrer l'étendue de leurs talents. Au programme : démonstrations de dressage en pleine rue, reconstitution de batailles historiques, et même partie de fléchettes et match de football !

Éléphants savants

Pérou : des **montagnes peintes en blanc** pour sauver les glaciers

Peindre en blanc les sommets de la cordillère des Andes pour provoquer la réverbération de la lumière solaire et donc abaisser la chaleur afin de stopper la fonte des glaciers, c'est le pari fou tenté par Eduardo Gold, un scientifique péruvien autodidacte, fondateur de l'ONG Glaciers du Pérou.

Avec l'aide des habitants du village de Lipaca, Gold a fabriqué une peinture blanche écologique à base de citron, de blanc d'œuf et d'eau et a badigeonné 70 hectares du massif de Chalon Sombrero. Les premiers résultats ont été étonnants puisque la température a baissé de plus de douze degrés centigrades et que de la glace a commencé à réapparaître entre les roches. « Nous n'avions plus d'eau ici, mais depuis que nous avons blanchi les montagnes, elle revient, parfois même en quantité », témoigne un berger de la vallée. « Le but aujourd'hui est de recouvrir l'équivalent de 500 000 terrains de football », ajoute Eduardo Gold, dont le projet a été soutenu financièrement par la Banque mondiale, après avoir été sélectionné dans le cadre du concours Cent idées pour sauver la planète.

Y a-t-il un pilote dans l'avion ?

Début de panique dans un avion de ligne qui fait route vers l'aéroport de La Guardia, à New York : le commandant de bord a mystérieusement disparu et un individu doté d'un fort accent étranger tambourine à la porte du cockpit. Le copilote alerte la tour de contrôle. Un aiguilleur du ciel lui ordonne un atterrissage d'urgence et informe un colonel de l'US Air Force de tenir ses chasseurs prêts à intervenir.

Quelques minutes plus tard, une fois les choses rentrées dans l'ordre, l'appareil se pose sans encombre. Que s'est-il passé durant ce quart d'heure de tous les dangers ? Bloqué dans les toilettes de l'avion, le pilote avait bien essayé d'avertir les hôtesses. En vain. Jusqu'à ce qu'un passager avec un accent moyen-oriental entende ses appels de détresse et tente de prévenir le copilote, en toquant à la porte du cockpit. Sans plus de succès. Finalement, exaspéré d'être abandonné de tous, le commandant de bord avait défoncé la porte des toilettes et reprit sa place aux commandes de l'avion.

Des **bactéries** mélomanes

Les vertus attribuées à la musique semblent infinies. Utilisée dans l'Antiquité pour calmer la douleur lors des accouchements, elle serait tour à tour capable d'apaiser l'esprit, de stimuler le plaisir, et même de rendre plus intelligent, comme l'ont prouvées diverses études scientifiques. Ce que l'on ne savait pas encore c'est qu'elle pourrait aussi rendre plus productives… des bactéries. Pendant un an, la station d'épuration de Treuenbrietzen, à 70 kilomètres de Berlin, a passé en boucles d'une demi-heure *La Flûte enchantée* de Mozart. Résultat ? Les bactéries ont mieux digéré les eaux usées. « Nous nous sommes retrouvés avec 6 000 mètres cubes de déchets au lieu de 7 000. La chose nous fait économiser dans les 10 000 euros », a expliqué Roland Meinusch, le directeur. Aucune explication scientifique n'est pour l'instant avancée. La seule certitude vient de Mr Meinusch qui, au vu des résultats, a décidé de poursuivre l'expérience.

Une sucette ***POUR SOULAGER LES BLESSURES DE GUERRE***

Pas toujours facile de traiter la douleur sur les champs de bataille, dans l'urgence infligée par les tirs croisés, avec des conditions d'hygiène souvent déplorables. Une réponse inédite vient d'être apportée par l'armée américaine à travers une friandise goût fruits rouges : la sucette au fentanyl, un antidouleur environ 80 fois plus puissant que la morphine. Le corps d'élite des Marines est le premier à tester la sucrerie pharmaceutique. Au contact des muqueuses de la bouche, l'agent actif passe dans le sang, et ce de manière plus rapide que lors d'une injection de morphine, méthode utilisée par l'armée américaine depuis la Seconde Guerre mondiale. Loin d'être un gadget, la sucette présente de réelles avancées médicales. Elle limite notamment les cas d'état de choc dus à un surdosage, ce qui était impossible avec la piqûre de morphine. Si le personnel soignant se rend compte que la posologie n'était pas adaptée, il suffira de retirer la friandise de la bouche pour limiter la diffusion du fentanyl.

LES INCROYABLES D'AVANT

NOVEMBRE DE 1870 À 1973

NOVEMBRE 1915

SOSIE DE SOI-MÊME

Après le succès remporté par Charlie Chaplin avec son personnage de « Charlot » le vagabond, dès 1915 et pendant de longues années, les concours de sosies de Charlot deviennent très populaires. L'acteur racontera bien plus tard à un journal qu'il s'est amusé à se présenter incognito à l'une de ces compétitions. Costumé en « Charlot » il a échoué et ne fut pas même sélectionné pour aller en finale !

NOVEMBRE 1889

Cette femme gagnera un pari EXTRAORDINAIRE

Tout a commencé pour Elisabeth Cochrane en 1882, le jour où elle a lu dans le « Dispatch » de Pittsburgh un article intitulé « A quoi servent les filles ». Révoltée par ces propos sexistes, cette toute jeune fille de 18 ans élevée dans une puritaine et conservatrice famille de magistrats, va faire preuve d'un caractère bien trempé. Elle envoie au journal une lettre dont les propos virulents et le style remarquable impressionnent le rédacteur en chef qui l'engage. Sous le nom de Nellie Bly elle mène des enquêtes sur la misère des ouvriers et bien entendu des femmes. Très vite, son ambition la porte à se rendre à New York où elle pose sa candidature au journal à sensation *World*. Joseph Pulitzer la recrute aussitôt. En se livrant à des enquêtes en immersion totale, elle a l'occasion de dénoncer les conditions épouvantables des patientes dans un asile de fous pour femmes. À 21 ans, cette pionnière du journalisme d'investigation se sent mûre pour la grande aventure : faire le tour du monde, et battre Phileas Fogg, le héros du *Tour du monde en 80 jours* de Jules Verne. Le 14 novembre 1889, elle embarque sur *l'Augusta-Victoria* à 9 h 40 minutes et 6 secondes exactement. Avant de partir Pulitzer a fait ciseler spécialement pour elle une montre-bijou dont le cadran est divisé en 24 heures ; une petite aiguille indique le nombre de jours écoulés depuis son départ. Sous le titre « Le grand rêve de Jules Verne va-t-il être réalisé ? » le *World* publie la carte de son itinéraire. Première femme à voyager autour du monde sans être accompagnée par un homme, Nellie Bly passera par Londres, Paris, Brindisi, Suez, Ceylan, Singapour, Hong Kong, Yokohama, San Francisco pour revenir à New York. Durant son périple elle fait un détour par Amiens pour rencontrer Jules Verne et l'informer qu'elle a l'intention de boucler son tour du monde en 75 jours, et même moins si c'est possible. Son journal attend des informations à toutes ses étapes par câble. Partout cette belle Américaine est bien accueillie, elle consigne tout ce qu'elle

vit dans son petit carnet qui ne la quitte jamais et vérifie sur sa montre-bijou le nombre de jours écoulés... Ultimes étapes Hong Kong puis Yokohama, où elle désespère de rester dans les délais. Lorsqu'elle débarque à San Francisco, le 25 janvier 1890, un train spécial l'attend pour la conduire à New York. C'est l'apothéose. Elle a bouclé son tour du monde en 72 jours, 6 heures, 10 minutes et 11 secondes. Philéas Fogg est battu ! Jules Verne enverra un câble pour féliciter Nellie Bly de son intrépidité et de son courage.

NOVEMBRE 1965

FAUT-IL DÉMOLIR OU ACHEVER CETTE CATHÉDRALE ?

Car il s'agit bien d'une cathédrale, inachevée, construite par un homme, seul, à mains nues, en partie avec des matériaux de récupération sans plans ni permis de construire sur un pré d'un demi-hectare à 20 km de Madrid. Justo Gallego 86 ans, y travaille depuis 1965 à raison de 6 jours par semaine et 10 heures par jour. Il a consacré sa vie entière et ses très maigres ressources à cette construction haute de 30 mètres qui s'étend sur 8 000 mètres carrés. Alors… l'aider à l'achever ? Est-ce possible ? Peut-on imaginer que Justo, paysan illettré, ignorant tout de l'architecture, ait pu construire de façon approximative en utilisant des matériaux médiocres, 4 presbytères, une salle capitulaire, une bibliothèque, une sacristie, une crypte, une coupole de 25 mètres de haut, 2 tours de presque 30 mètres, 26 voûtes de cloître, sans craindre qu'ils vous tombent un jour sur la tête ? Ajoutons que l'ensemble est à la fois très désordonné et de l'avis général très laid. Mais peut-on la détruire ? Elle est le produit quasi miraculeux d'une foi ardente et respectable. Le résultat démesuré d'un effort désintéressé de toute une vie. Le seul sujet d'intérêt de cette banlieue de Madrid attirant des milliers de curieux. Les musées ne sont-ils pas remplis d'œuvres ou d'objets qui n'ont d'autres mérites que d'être exceptionnels ?

NOVEMBRE 1902

En l'honneur du **PRÉSIDENT**

Ce jour de novembre 1902, le président des États-Unis Théodore Roosevelt parti à la chasse dans le Mississippi avec ses amis, ne rencontre pas un seul animal sauvage. Pour qu'il ne rentre pas bredouille, un de ses compagnons capture un ourson noir et l'attache à un arbre. Mais Roosevelt, attendri par ce petit être sans défense, refuse de tirer, et déclare qu'il ne pourrait plus jamais regarder ses enfants dans les yeux s'il commettait un tel acte de cruauté.

L'histoire a été relatée dans la presse et a largement contribué à la popularité de Roosevelt.

L'année suivante un commerçant de Brooklyn aura l'idée de fabriquer un ours en peluche. Il demandera au président l'autorisation de l'appeler par le diminutif de Théodore : le « Teddy bear » était né. Au même moment en Allemagne une couturière crée, elle aussi, un ours en peluche qu'elle présente à la foire du Jouet de Leipzig en 1903.

NOVEMBRE 1916

SIX VILLAGES « MORTS POUR LA FRANCE »

Un maire, deux adjoints… zéro habitant depuis 90 ans ! Voici Bezonvaux dans la Meuse.
Autour de Verdun en 1916, six communes situées au cœur de la zone de combats, ont été anéanties, parsemées de milliers de trous d'obus ; toute trace de vie s'est évanouie dans ces petits villages qui comptaient entre 130 et 718 habitants – laboureurs, manœuvres, bûcherons, artisans. Classés en « zone rouge », interdits d'accès en raison des risques liés aux sols pollués et criblés de munitions, ils n'ont jamais été reconstruits. : Beaumont, Bezonvaux, Cumières, Fleury, Haumont, Louvemont… Toutefois pour conserver leur mémoire après la Grande Guerre, – fait unique en France,– ces villages ont été déclarés « Morts pour la France » et conservent une existence légale : un maire et deux adjoints sont nommés par le préfet de la Meuse. Leur domicile est établi à Verdun. Chacun de ces villages martyrs est signalé par une pancarte, et compte une chapelle et un monument aux morts.

NOVEMBRE 1880

C'est la femme la plus embrassée de tous les temps !

Qui est-ce ? L'écrivain allemand Rainer Maria Rilke parle d'un « sourire si trompeur, comme s'il savait tout ce que nous ne savons pas ». Vladimir Nabokov lui consacre un poème. Man Ray la prend en photo. Aragon l'utilise comme modèle dans son roman *Aurélien*. Jules Supervielle raconte son histoire dans un recueil de contes. Mais est-ce son histoire ? D'aucuns affirmeront que toute une génération de filles allemandes a modelé son apparence sur la sienne, d'autres prétendront qu'elle fut un idéal érotique comme Brigitte Bardot le fut dans les années 1950. Son visage fut reproduit aux États-Unis sur les milliers de mannequins utilisés à partir de 1960 pour le bouche à bouche lors de l'apprentissage des premiers secours, d'où la conclusion qu'il fut le plus embrassé de tous les temps. Mais qui est-ce ? En 1880, le corps d'une jeune Parisienne repêché dans le canal de l'Ourcq est déposé à la morgue. Le médecin légiste ensorcelé par ce visage au sourire énigmatique en fait faire un moulage. Le visage angélique de cette jeune femme dont on ne saura jamais rien, ni le nom, ni l'âge, ni les circonstances de son trépas, va frapper les poètes et les écrivains de l'époque. Beaucoup auront une reproduction de son masque mortuaire de celle qu'ils appelleront « L'inconnue de la Seine ».

NOVEMBRE 1870

QUE LUI EST-IL ARRIVÉ ?

Oui, c'est bien la Vénus de Milo, l'une des vedettes du musée du Louvre. Oui, elle est en morceaux. Devant les menaces de bombardement de Paris en 1870, elle fut transportée clandestinement pour la mettre à l'abri. D'où cette photo où il apparaît qu'elle était constituée de plusieurs morceaux plus ou moins bien assemblés. Il faut dire que la vie de la malheureuse Vénus a été rude et douloureuse. Des siècles passés sous la pluie et le soleil, suivis de dix-huit siècles enfouie dans le sol de l'île de Milo à laquelle elle doit son nom. Son buste fut retrouvé au bout d'un champ et ses jambes de l'autre. Aussi rien ne dit qu'elle est Vénus puisque pour certains ce serait Aphrodite. Certains aussi prétendent qu'elle n'avait pas de bras quand on l'a retrouvée, d'autres affirment qu'elle avait des bras et que d'ailleurs sa main gauche tenait une pomme et la droite soutenait une ceinture. Il est possible qu'elle ait été brisée sur la plage où les Français et les Turcs se sont entre-tués pour la posséder. Le comble, lors de sa dernière restauration en 2010, fut découvert sous son sein droit dans un trou qui avait été rebouché, un petit papier sur lequel était écrite la date d'une précédente restauration, le 5 avril 1936, et le nom du restaurateur. Le plus extraordinaire c'est que plusieurs fois désassemblée et rassemblée, avec un pied et un nez en plâtre, puis sans pied et sans nez, avec des bras et sans bras, elle a toujours été la vedette. Dans chaque salle où elle était exposée, les gens se détournaient des autres statues et n'avaient d'yeux que pour elle. Ce qui justifie le constat que fit l'homme qui la réceptionna sur le quai du port : « Tous les morceaux sont bons. »

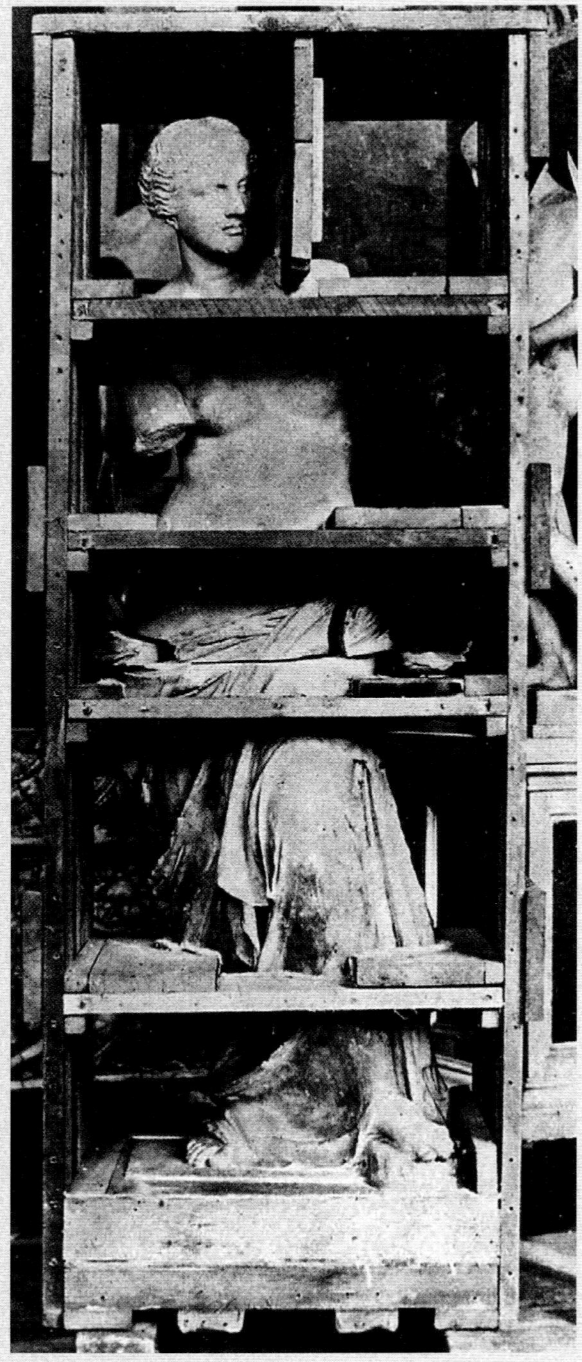

NOVEMBRE 1973

POURQUOI **LES OIES** SUIVENT-ELLES CET HOMME ?

En 1973, Konrad Lorenz, biologiste et zoologue autrichien, reçoit le prix Nobel pour ses recherches sur le comportement animal et les relations homme-animal. Une nouvelle science était née : l'éthologie, grâce en partie aux observations qu'il a menées sur une oie cendrée, Martina, devenue si familière qu'elle le suivait partout. Ses expériences sur les oisons venant au monde lui ont permis de constater que les poussins s'attachent, comme si c'était leur mère, à la première forme mouvante qu'ils voient à leur naissance, humaine ou animale. C'est ce premier objet mobile qui laisse son « empreinte », – une de ses théories les plus célèbres – et qu'il doit au comportement de Martina. Lorsque Lorenz voit naître cette petite oie sauvage, il la tient un moment avant de la confier à l'une de ses oies domestiques. L'oison dédaignera cette gardienne inconnue et le suivra, lui. Elle va transférer sur la personne de Lorenz tous les comportements qui s'adressent normalement aux parents. En 1996, Carroll Baker, pour réaliser son film *l'Envolée sauvage*, s'inspirera des travaux de Konrad Lorenz pour gagner la confiance des oiseaux migrateurs qu'il suit en vol et en migration depuis un ULM.

NOVEMBRE 1940

Il est 11 h 09 sur le pont de Tacoma

Peu avant son inauguration le 1er juillet 1940, une banque locale se vantait d'être aussi sécuritaire que le pont de Tacoma dans l'État de Washington… Dès son ouverture, les usagers constatent des oscillations… D'une longueur totale de 1810 mètres, d'une structure innovante, tout en finesse et en légèreté, il est à l'époque le 3e plus long pont suspendu, juste après le Golden Gate de San Francisco et le pont George-Washington de New York… Sa sensibilité au vent étant connue, il est surveillé en permanence, ce qui permettra de filmer l'événement. Le matin du 7 novembre 1940, le vent qui souffle est modéré, moins de 70 km/h. Vers 10 heures le pont se met à osciller de manière persistante, la travée centrale du tablier entre en vibration sur toute sa longueur, puis s'accompagne d'un fort mouvement de torsion. À ce moment-là l'inclinaison de cette travée sur sa largeur produit une dénivellation de 8,50 mètres d'un bord à l'autre. Soudain des craquements se font entendre. L'ingénieur en observation se précipite vers une voiture abandonnée sur la partie centrale pour essayer de récupérer le chien resté à l'intérieur. 11 h 09, le pont s'effondre. Il n'y a aucune victime, sauf le chien. Plusieurs théories existent pour expliquer l'accident, mais elles convergent toutes vers un problème d'aérodynamique.

Une nuit totalement **givrée** - **160** / L'homme qui parlait à l'oreille des **poissons** - **161** / La cathédrale de **cristal** - **163** / Le **lac** à l'eau de rose - **164** / Le **ciel** leur est tombé sur la tête - **165** / Comment porter **100 kg** sans effort ? - **166** / Un **tee-shirt** capable de détecter les changements d'humeur - **167** / Des malades d'Alzheimer localisés par leurs **chaussures** - **167** / **Théâtre** de poche - **167** / Des **voyages** à l'intérieur du corps transformés en œuvres d'art - **168** / Utiliser l'**imagerie** médicale - **168** / Un **escalator** géant dessert un bidonville de Colombie - **169** / Clean Space One l'éboueur de l'**espace** - **170** / Un **adolescent** a gravi les plus hauts sommets des sept continents - **171** / De la **viande** in vitro pour sauver la planète ? - **172** / Un **téléski** écologique - **172** / Tour de **Babel** - **173**

Décembre 2011

Une nuit totalement **givrée**

Voilà un séjour qui ne devrait pas laisser de glace. Le petit village de Jukkasjärvi, en Laponie suédoise, propose un hébergement dans un hôtel-igloo, l'*Ice Hôtel*, où la température ambiante n'excède pas les -5 °C. Chaque année, 10 000 tonnes de glace issues de la rivière Torn et trois fois plus de neige sont réquisitionnées pour permettre la construction de cet établissement givré dont les portes s'ouvrent au mois de décembre pour se refermer en avril, avec l'arrivée des beaux jours. En plus des 60 chambres et suites design, un club de jazz, un bar, une salle d'exposition et une chapelle sont mis à la disposition des clients. Tout, absolument tout, du mobilier jusqu'aux verres en passant par les murs et les lustres, est entièrement taillé dans la glace. Enveloppés dans des peaux de bêtes, les quelque 15 000 visiteurs saisonniers parviennent toutefois à passer la nuit au chaud.

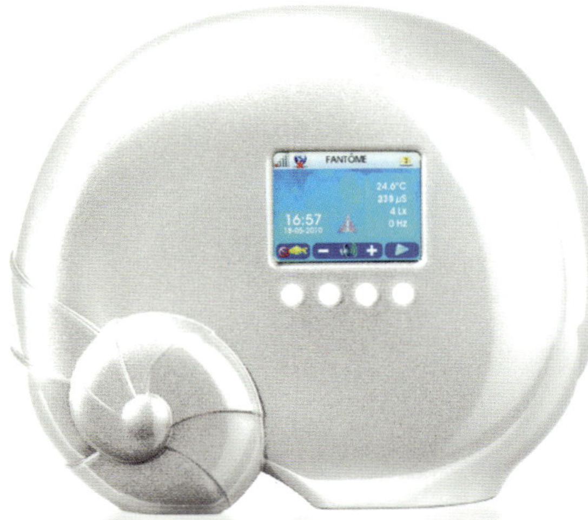

L'homme qui parlait à l'oreille **des poissons**

« J'ai faim, je n'aime pas cette eau, la lumière est agressive... » Ce sont quelques-uns des trente messages que peuvent désormais délivrer certains poissons par l'intermédiaire d'un nouvel appareil français : le Gymno'Com. Grâce à une observation approfondie des comportements des poissons couteaux et des poissons éléphants, deux espèces émettant de faibles signaux électriques et communément vendues en Europe, l'équipe de Gymno'Com a réussi à décoder une partie de leur langage. « C'est un monde qui a beaucoup de choses à dire et on va leur donner tous les outils pour le faire » explique Julien Levy, directeur marketing de la société commercialisant le produit. Le Gymno'Com se compose de deux parties : une arche placée dans l'aquarium pour capter les signaux électriques des poissons et un récepteur, à l'extérieur, qui traduit les signaux en paroles. Gynrocon développe désormais son système pour monitorer en temps réel tout type d'aquariums et de partager ces informations sur Internet. Il ne fonctionne qu'avec les deux espèces précédemment nommées. L'avenir dira si les aquariophiles ont mordu à l'hameçon.

LA CATHÉDRALE DE

cristal

Quand les frères Delgado commencèrent à creuser une nouvelle galerie dans la mine de plomb, de zinc et d'argent de Naïca, au nord du Mexique, ils ne s'attendaient pas à être littéralement éblouis par le reflet de leur lampe sur des cristaux d'une taille phénoménale. Là, à 290 mètres sous terre, par pur hasard, les deux mineurs venaient de faire l'une des plus belles découvertes géologique de l'histoire : une grotte emplie de cristaux de gypse sélénite d'une taille phénoménale. En cette année 2000, les plus grands cristaux connus au monde ne dépassaient alors pas la taille d'un homme. Ceux mis au jour atteignaient facilement les 13 mètres de haut, la taille d'un immeuble de trois étages.

Ce phénomène se révélait comme une véritable énigme de la nature que les scientifiques voulurent tout de suite tenter de percer. Mais c'était sans compter sur l'atmosphère hautement toxique à l'intérieur de la géode. Avec une chaleur avoisinant les 44 °C et un taux d'humidité proche de 100 %, l'air de la cavité se révélait rapidement insupportable pour les êtres humains, incapables de demeurer plus de dix minutes dans cet air saturé.

Débute alors une course contre la montre. Car, sitôt découverte, la grotte est déjà menacée de disparition. La nouvelle ouverture ouvre en effet une communication avec l'atmosphère terrestre, ce qui menace directement les conditions de préservation des cristaux géants. Les scientifiques craignent que la géode emporte ses mystères avant qu'ils n'aient eu la possibilité d'inventorier le lieu. En 2006, grâce notamment à l'invention d'une combinaison rembourrée de tubes de glace, une équipe de spéléologues va finalement pouvoir explorer la grotte de manière plus approfondie.

Dans cet enchevêtrement de colonnes de gypse, sur une surface de quelque 200 mètres de large sur 300 de profondeur, les scientifiques ont pu établir que certains des cristaux avaient plus d'un million d'années. Le voile se levait ainsi en partie sur la « cave des cristaux », une grotte que les membres de l'expédition seront très certainement, pour toujours, les seuls à avoir vu de leurs propres yeux.

Le lac à l'eau de rose

L'Archipel de la Recherche, en Australie occidentale, porte bien son nom. Depuis la découverte en 1802 du lac Hillier, sur l'île de Middle Island, les scientifiques s'interrogent toujours sur la couleur d'un rose soutenu de l'eau du bassin. Une seule certitude est aujourd'hui partagée : les reflets de la lumière sur le fond du lac ne sont en rien dans cette coloration. L'eau garde en effet sa couleur flamboyante même une fois transvasée dans une bouteille. Une des hypothèses avancées par les chercheurs sur l'origine du phénomène se penche sur la présence de bactéries et d'algues particulières, qui se sont développées ici à cause de la saturation en sels. Dénués d'explications scientifiques, les curieux continuent d'affluer autour du lac Hillier.

LE CIEL LEUR EST TOMBÉ SUR LA TÊTE

Le 12 décembre, les habitants de la ville de Coventry, en Angleterre, ont vécu une scène étrange. Aux alentours de 18 h 45, une pluie de plus de cent pommes s'est abattue sur la ville, provoquant la fermeture d'un tronçon routier. Une motarde qui roulait justement sur cette voie a raconté au *Daily Mail* : « Les pommes sont tombées de nulle part. Elles étaient petites et vertes et ont frappé violemment le capot des automobiles. Tout le monde a dû s'arrêter brusquement. » Les météorologistes semblent s'accorder sur l'hypothèse d'une micro-tornade qui aurait déplacé les fruits d'un verger pour les faire retomber quelques mètres plus loin. Une série de tempêtes touchait en effet le Royaume-Uni depuis plusieurs jours.

Comment porter **100 kg** sans effort ?

Comment transporter plus de 100 kg en déployant un minimum d'effort ? Grâce à Hercule, un exosquelette conçu par la société française RB3D pour la direction générale de l'armement. La charge, portée sur le dos, s'appuie sur une armature mécanisée qui se fixe à la ceinture, aux pieds et le long des jambes. La structure métallique est dotée d'articulations mues par des moteurs électriques. Et un jeu de capteurs détecte et anticipe les mouvements du marcheur. L'assistance des bras autorise aussi la manipulation sans effort de fardeaux de 40 Kg. Disponible dans trois ans, Hercule pourra servir à transporter des personnes invalides, du matériel dans des sites inaccessibles aux véhicules, et permettra aux militaires d'évoluer avec de lourdes charges sur des terrains accidentés.

Un tee-shirt
capable de détecter les changements d'humeur

Difficile de diagnostiquer et donc de soigner une personne atteinte de troubles bipolaires : humeur changeante, alternance de phases de dépression et d'excitation. Dans le but d'améliorer le suivi psychiatrique des patients, un programme européen intitulé Psyché vient de concevoir un outil peu banal : un tee-shirt contenant des capteurs sensoriels connectés à un enregistreur de paramètres de la taille d'un baladeur MP3, lui-même relié au smartphone de celui qui le porte.
Sans que le malade ait à intervenir, les capteurs dissimulés dans les fibres du tissu enregistrent son rythme cardiaque et respiratoire, ses mouvements, le timbre et le rythme de sa voix. En possession de ces informations en temps réel, « le médecin pourra rappeler au patient de prendre ses médicaments ou l'aider à mieux gérer ses activités », indique Markus Kosel, psychiatre des Hôpitaux universitaires de Genève.

Des malades d'Alzheimer
localisés par leurs chaussures

Le vieillissement de la population dans les pays développés entraîne une prolifération des maladies dégénératives, notamment Alzheimer. Ainsi, n'est-il pas rare que des personnes atteintes de cette maladie se perdent en sortant de chez elles. Pour remédier à ce phénomène, la société américaine GTX a conçu des chaussures renfermant un GPS, dissimulé dans un talon. Ainsi équipée, la personne amnésique conserve sa liberté de mouvement, mais déclenche une alerte dès qu'elle s'aventure hors du périmètre auquel elle est habituée. Le signal, transmis sur un ordinateur ou un smartphone, indique sa position sur Google Maps.
Réservées pour l'instant au marché américain, ces chaussures high-tech coûtent environ 250 euros, auxquels il faut ajouter 30 euros par mois pour couvrir les frais d'abonnement au système de télésurveillance.

THÉÂTRE DE POCHE

C'est une simple petite cabane rouge au milieu d'un jardin, dans le village autrichien de Villach. Une cahute d'à peine 1 mètre 30 carré qui a pourtant valu à la tranquille bourgade de Carinthie un coup de projecteur de la presse internationale. Car ce minuscule édifice est certainement le plus petit théâtre du monde, avec une capacité d'accueil de huit personnes. Ouvert en 2009, sur une initiative de Felix Strasser et Yulia Izmaylova, le Kremlholftheater ne se refuse rien. Ici, la scène se révèle aussi étroite que l'offre de spectacles s'annonce large. Les spectateurs peuvent assister, au petit bonheur, à des pièces de théâtre, mais aussi à des comédies musicales, des événements littéraires, des opéras, ou encore des ballets. Les représentations se jouent contre une donation minime, l'objectif du lieu étant la promotion des manifestations culturelles.

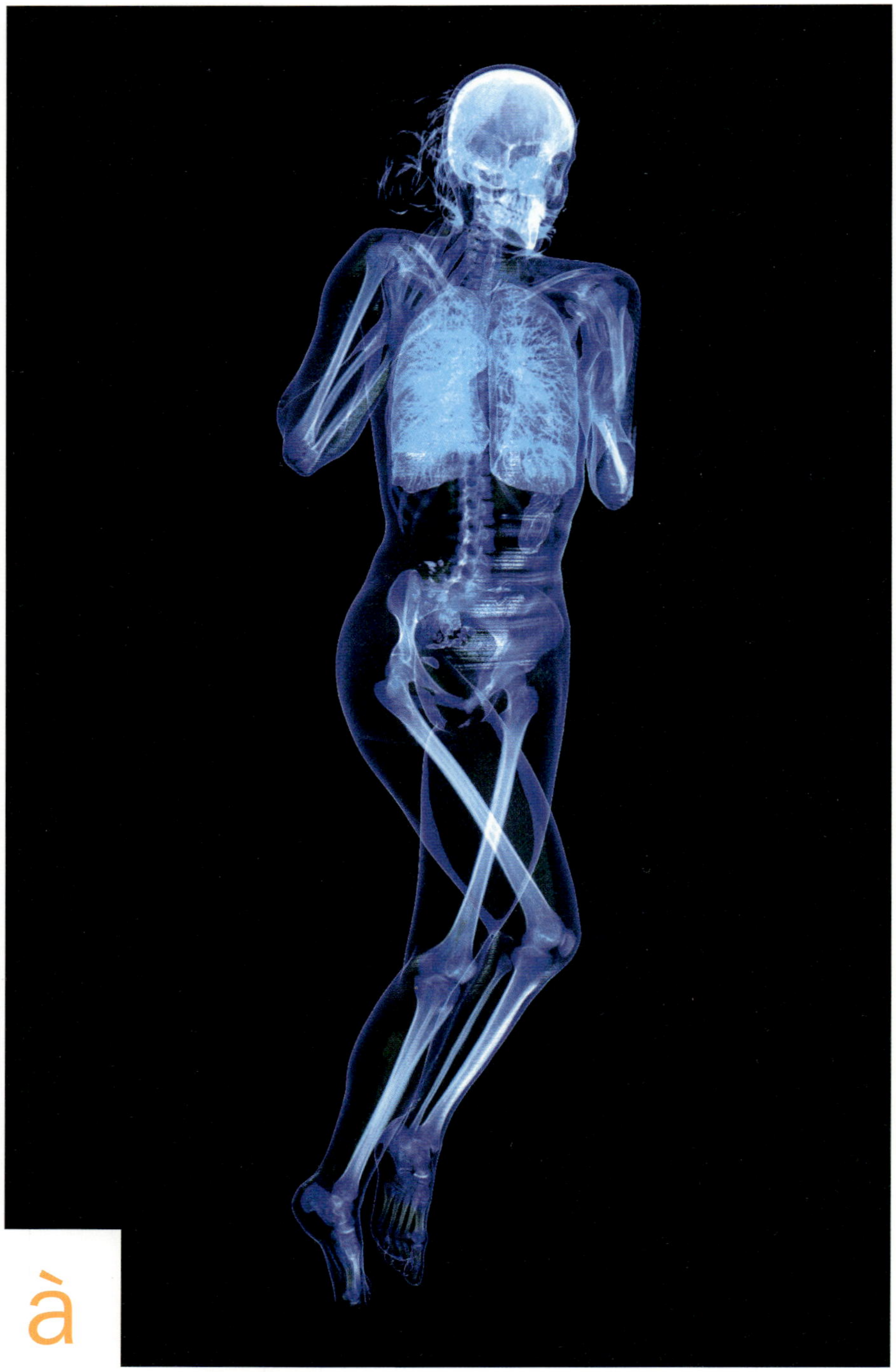

Utiliser l'imagerie médicale la plus moderne pour confectionner des œuvres d'art, c'est ce qu'ambitionne Rodolphe von Gombergh. Dès 1993, ce radiologue et fils de radiologue pose les bases du Virtual Life Art, un mélange d'informatique, d'anatomie et d'art. Pour confectionner des tableaux en trois dimensions et des vidéos, von Gombergh numérise des corps humains, mélange des milliers d'images issues de scanners, d'appareils IRM, et d'échographes, puis les retravaille à l'aide de logiciels sophistiqués. « En jouant sur la couleur, le mouvement et la possibilité de voyager à l'intérieur du corps, j'ai inventé l'homme transparent », a commenté l'artiste.

Avant de transcender les anatomies, Gombergh avait commencé, en 2005, par révéler les secrets cachés à l'intérieur de sculptures bouddhiques coréennes des XIIe et XIIIe siècles exposées au musée Guimet. Poétique de l'invisible pour les uns, images morbides pour d'autres, ces transapparences ne laissent pas indifférent.

Des voyages à **l'intérieur du corps** transformés en **œuvres d'art**

UN ESCALATOR GÉANT DESSERT UN BIDONVILLE DE COLOMBIE

Pendant des décennies, les 12 000 habitants de Comuna 13, le bidonville le plus dangereux de Medellin, la seconde plus grande ville de Colombie, devaient, pour se rendre dans le centre-ville, gravir et dévaler une colline dont l'altitude équivaut à un immeuble de 28 étages.

Afin d'améliorer les conditions de vie de cette population misérable, la municipalité vient, pour la somme de 5 millions d'euros, de construire à son intention un escalier mécanique long de 384 mètres et divisé en six sections. Dès lors le temps d'ascension de la colline a été réduit de 35 à 6 minutes.

On peut se réjouir de cette initiative. On peut aussi s'en indigner. Au lieu de maintenir le bidonville en l'état et de le doter d'un escalator, les autorités colombiennes n'auraient-elles pas été mieux inspirées de consacrer leur budget à la réhabilitation des logements insalubres ?

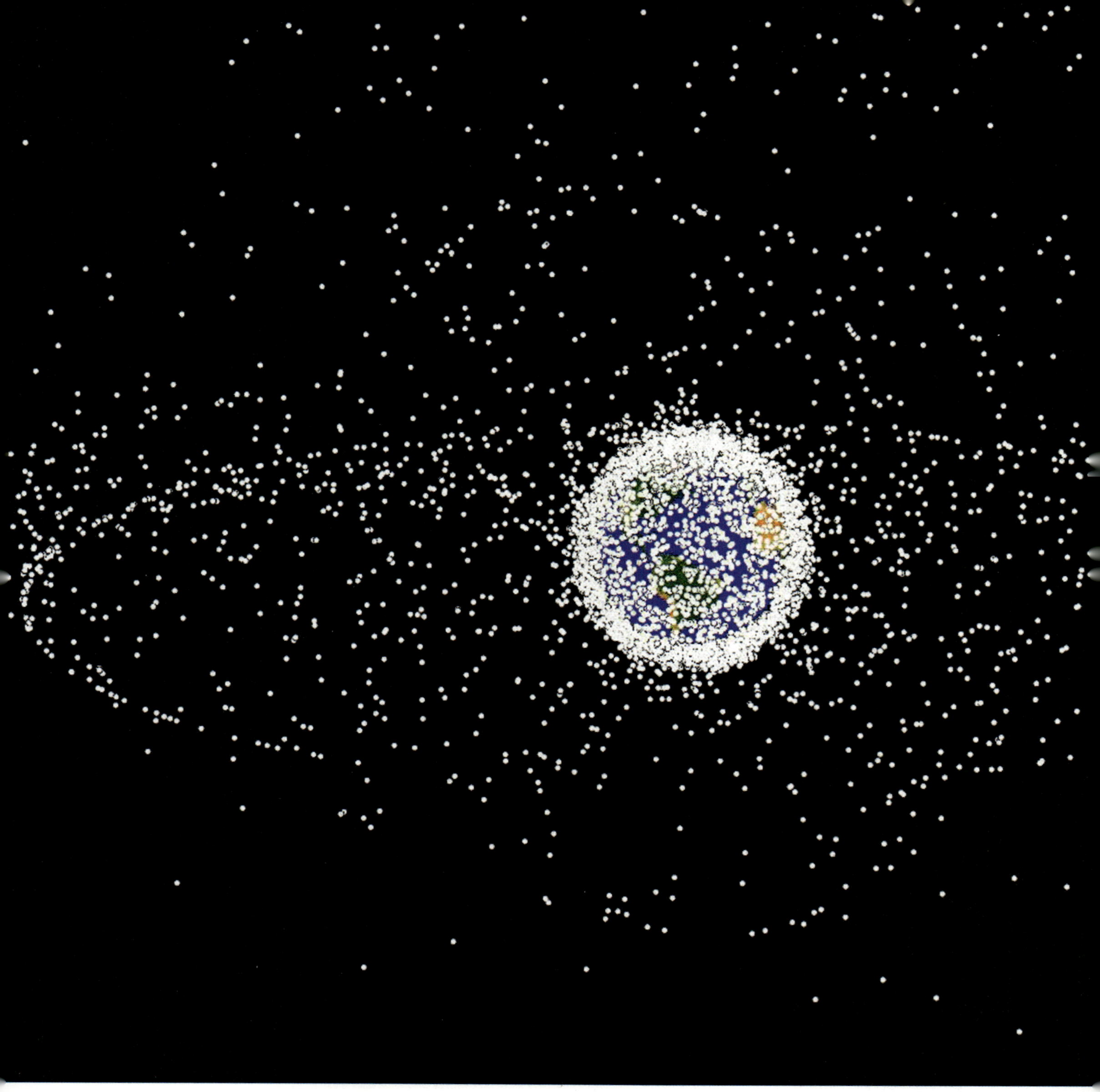

Clean Space One
l'éboueur de l'espace

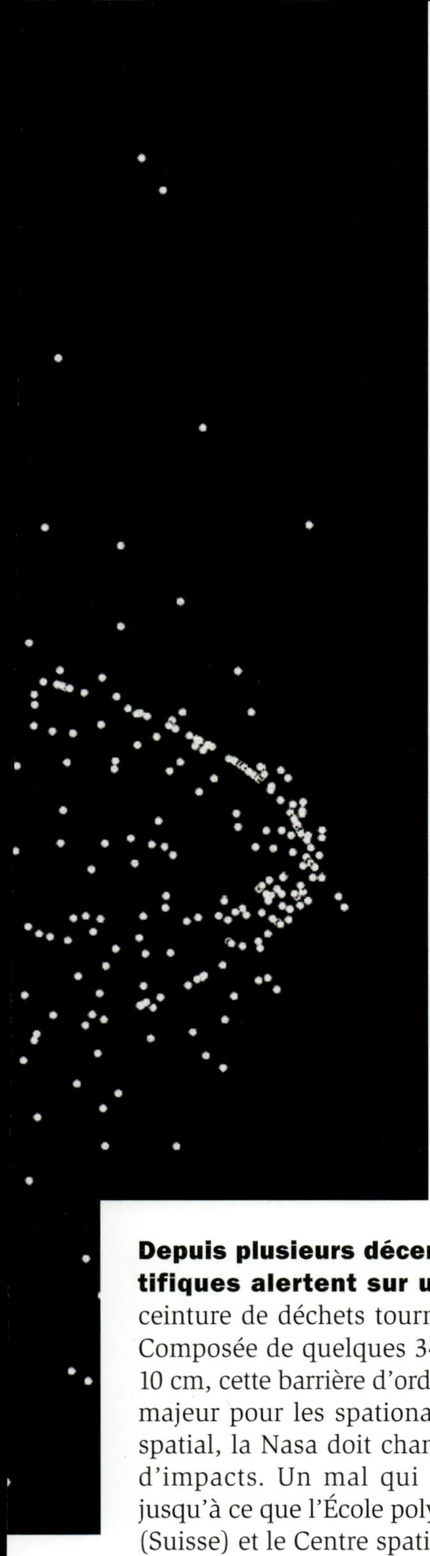

Depuis plusieurs décennies déjà, les scientifiques alertent sur un fait : une véritable ceinture de déchets tournent autour de la Terre. Composée de quelques 34 000 débris de plus de 10 cm, cette barrière d'ordures constitue un risque majeur pour les spationautes. À chaque voyage spatial, la Nasa doit changer un hublot, à cause d'impacts. Un mal qui semblait irrémédiable jusqu'à ce que l'École polytechnique de Lausanne (Suisse) et le Centre spatial suisse lancent le projet Clean Space One, le premier robot nettoyeur de l'espace. Il s'agit en fait d'un petit satellite de 30 cm de long, 10 de large et 10 de haut, doté d'un mécanisme de préhension. La première mission du nettoyeur Clean Space One, envisagée entre 2015 et 2017, devrait consister à récupérer un petit satellite suisse, le SwissCube, envoyé en 2009 dans l'espace. Une fois capturé et stabilisé, le SwissCube sera acheminé vers l'atmosphère terrestre où ils se consumera. Ce projet ambitieux se chiffre à plus de 8 millions d'euros.

UN ADOLESCENT A GRAVI LES PLUS HAUTS SOMMETS DES SEPT CONTINENTS

Né le 12 juillet 1996, Jordan Romero, un adolescent américain, est devenu le plus jeune alpiniste au monde à avoir atteint le sommet le plus haut de chacun des sept continents.

Dès l'âge de 10 ans, Jordan Romero avait déjà été le plus jeune grimpeur à atteindre le sommet du Kilimandjaro (5 894 m) qui domine l'Afrique. L'année suivante, en compagnie de son père et de sa belle-mère, le prodige ajoutait à son palmarès le mont Elbrouz (5 642 m), en Russie, à cheval entre l'Europe et l'Asie. Cinq mois plus tard, il réussissait l'ascension de l'Aconcagua (6 962 m) qui domine l'Amérique du Sud. Puis celle du mont McKinley (6 194 m), en Alaska. À l'âge de 13 ans, il ajoutait à sa collection une victoire sur le mont Carstensz (4 884 m), le toit de l'Indonésie. En mai 2010, Jordan plantait son piolet sur le dôme de l'Everest (8 848 m). Et enfin, le 25 décembre de cette année, l'alpiniste émérite bouclait son tour du monde en conquérant le mont Vinson (4 897 m) en Antarctique.

De la viande in vitro
POUR SAUVER LA PLANÈTE ?

La viande constitue aujourd'hui le premier apport en protéines dans la plupart des pays du globe. Selon l'Organisation des Nations unies, en 2030, les populations des pays développés mangeront 103 kg de viande par an et par personne contre 90 kg aujourd'hui. Et dans les pays en développement, la consommation passera de 26 à 44 kg. Or cette surconsommation carnée a un coût. Outre la souffrance animale qu'elle génère, elle engloutit des ressources en eau et en énergie et provoque un impact significatif sur l'environnement (rejets de méthane, de CO_2, réchauffement climatique, lisiers, pollution, occupation des sols...)

Pour pallier une catastrophe annoncée, Béatrice Picard, directrice de recherche à l'INRA de Clermont-Ferrand, et Mark Post, professeur de physiologie animale à l'université de Maastricht, ont imaginé une solution révolutionnaire : produire de la viande en laboratoire. Les premiers résultats obtenus sont encourageants : une saucisse comestible, composée de 30 % de muscle et de 70 % de graisse, est sortie de leurs tubes à essai. Pour réussir ce tour de force, les chercheurs ont prélevé des cellules musculaires microscopiques sur une vache vivante et les ont laissées incuber dans des boîtes de culture. En six semaines, les cellules initiales ont proliféré, se sont différenciées, et se sont transformées en fibre musculaire.

Si à l'heure actuelle les amateurs de côte de bœuf ont encore de beaux jours devant eux, en abaissant la consommation d'énergie de 45 % et celle d'eau de 95 %, la viande *in vitro* du futur offre de belles alternatives économiques. D'autant que la société de conseil Exmoor Pharma Concepts a estimé le coût de fabrication de la tonne de bœuf de laboratoire à environ 3 500 euros, soit 3,50 euros le kilo.

UN TÉLÉSKI
ÉCOLOGIQUE

Première mondiale : pour un coût de 1 170 000 euros, le premier téléski solaire vient d'entrer en service à Tenna, une station de sports d'hiver des Grisons, en Suisse. Long de 450 mètres, il est équipé de 82 « ailes solaires » composées chacune de trois panneaux photovoltaïques orientables en fonction de la position du soleil. En cas de chute de neige, les panneaux peuvent être mis à la verticale.

Produisant annuellement 90 000 kWh et n'en consommant que 25 000 kWh, ce remonte-pente écologique permet en outre à la commune de revendre le surplus d'électricité au réseau suisse. Et d'augmenter ainsi sa rentabilité. Exemple à suivre.

Tour de Babel

Un nouveau prétendant fait son entrée dans la course au plus haut gratte-ciel. Avec un kilomètre de haut, la Kingdom Tower de Jeddah, en Arabie Saoudite, promet de dépasser de 173 mètres la Burj Khalifa de Dubaï, actuellement détentrice du record du monde. Commencée en cette fin d'année 2011, la construction du projet immobilier, porté par le prince saoudien al-Walid ben Talal, neveu du roi Abdallah, devrait être achevée d'ici 2017, pour un montant d'1,2 milliards de dollars (830 millions d'euros). 59 ascenseurs capables d'aller à une vitesse de 10 mètres par seconde seront installés dans la tour au design résolument futuriste. De quoi donner le vertige.

DÉCEMBRE DE 1873 À 1983

DÉCEMBRE 1971

C'était sa dernière chance

On croyait cette espèce de tortue géante des Galapagos rayée de la planète depuis le début du XXe siècle. Elle a été victime de la chasse et de la destruction de son habitat par l'introduction d'espèces importées. Mais en 1971, sur l'île de Pinta, un chasseur d'escargots a la surprise de découvrir l'unique survivante ! La tortue mâle est aussitôt amenée à la station de recherches Charles Darwin à Santa Cruz, on l'appelle affectueusement « George ». Tout va être mis en œuvre pour que ce spécimen unique se reproduise, test ADN à l'appui. Deux femelles des îles environnantes, compatibles génétiquement, lui sont présentées. George, pourtant en pleine maturité sexuelle à soixante ans, ne montre aucun intérêt pour ces dames ! Il lui faudra atteindre ses 90 ans et 36 ans de cohabitation avec ses deux compagnes pour qu'enfin il daigne les honorer. Hélas, ces liaisons se montrent improductives, les œufs étant stériles. Pour sauvegarder sa race, le clonage de George est alors envisagé. Mais, en juin 2012, la tortue solitaire, symbole des espèces menacées, s'éteint…

DÉCEMBRE 1918

MESSAGE INATTENDU DANS LA BOUTEILLE ENTERRÉE

Au cours de fouilles sur un site d'époque mérovingienne qui fut également le théâtre de combats en 1918, les archéologues découvrent au lieu-dit des Noires-Terres en Meurthe-et-Moselle un vestige inhabituel de la Grande Guerre : une bouteille de bière de production régionale, et elle n'est pas vide. Le bouchon de porcelaine est relevé. À l'intérieur, une enveloppe et quatre feuillets roulés dont seul le recto est manuscrit à l'encre bleue. C'est une lettre en provenance d'Oklahoma City datant du 15.juillet 1918. Elle est adressée par sa « tante Pete » à un sous-officier américain, le sergent Morres V.Liepman. Le contenu raconte les préoccupations au quotidien d'une femme aisée en ces temps de guerre, pour trouver des gens de maison, l'appel sous les drapeaux intervenant à tout moment et les Noirs étant enrôlés massivement. Tante Pete regrette aussi que les lettres de son neveu subissent la censure de l'armée et soient découpées, elle n'omet pas de lui parler des chaussettes qu'elle tricote... Presque intacte, cette missive touchante est envoyée pour restauration aux Archives nationales. Cinq ans plus tard l'histoire est diffusée dans la presse et sur le Web. Les petits-enfants du sergent ne tardent pas à se faire connaître. On apprend alors que Morres V. Liepman, étudiant à Pittsburg dans le Kansas, s'était engagé dans l'armée américaine en 1918 et a participé aux batailles de l'est de la France. Son unité est stationnée dans le secteur des Noires-Terres, à Messein, lorsqu'il reçoit cette lettre qu'il enfouit dans le sol. Démobilisé en 1919, il s'engage ensuite pour la Seconde Guerre mondiale et meurt à Fort Worth (Texas) en 1980 à 84 ans. Il n'évoquait jamais cet épisode de sa vie, la lettre qui a sommeillé près de 90 ans dans les terres de Lorraine lève le voile sur un chapitre de l'histoire de sa famille, pour le plus grand bonheur de ses petits-enfants.

DÉCEMBRE 1873

ON TIRAIT **LE DIABLE** PAR LA QUEUE

Le tentateur était représenté en façade de l'église de Ménil-Gondouin, et le dimanche les paroissiens pouvaient tirer une corde à bétail en guise de queue... L'abbé Paysant, un novateur, homme de foi et d'esprit au service des humbles, était un curé de choc qui avait trouvé un moyen original d'expliquer la vie de Jésus et d'attirer les paroissiens en ce lieu de culte. Il officie de 1873 à 1921 dans ce petit village de l'Orne. Pour transmettre sa ferveur à tous, même à ceux qui ne savaient guère lire, il imagine de décorer l'édifice à l'intérieur comme à l'extérieur, au sol comme au plafond, de fresques religieuses et d'inscriptions pieuses. Pas un symbole de la vie de la religion catholique ne semble avoir été oublié, la décoration de son église figure un catéchisme illustré. En guise de bienvenue, au-dessus du porche, un Dieu tout-puissant veille sur les fidèles. Mais l'évêché n'apprécie pas la « pitrerie » du diable et de sa queue et ordonne son retrait. L'abbé fait disparaître Satan derrière un muret sur lequel on peut lire. « Je suis toujours derrière. » À la mort du curé, l'administration du diocèse fait passer la façade à la chaux et supprimer la décoration intérieure.

En 2001, la municipalité décide de faire renaître à l'identique l'œuvre de l'abbé Paysant. Pour récolter les fonds nécessaires, le maire entreprend une marche jusqu'à Rome et obtient l'appui de la Fondation du patrimoine. Ménil-Gondouin a retrouvé son église parlante et vivante.

DÉCEMBRE 1901

LES CHUTES DU NIAGARA EN TONNEAU

Comment faire fortune et devenir célèbre ? À 63 ans, Annie Taylor décide d'être une pionnière et de descendre les chutes du Niagara en tonneau. Quelle que soit l'issue de l'aventure, elle estime que c'est mettre fin à la misère d'une manière ou d'une autre. Le baril, conçu spécialement pour l'occasion, est parfaitement hermétique, matelassé à l'intérieur et équipé d'un harnais de cuir. Par une valve l'habitacle peut être pressurisé à l'aide d'une pompe à vélo. L'événement est orchestré par un manager. La veille de l'exploit, Annie Taylor teste toutefois son équipement avec son chat... qui sort indemne de l'aventure ! Le jour J, la foule et les journalistes sont au rendez-vous. En amont des chutes, le couvercle est fermé sur Annie bien sanglée dans son embarcation singulière aussitôt entraînée par le fort courant vers le grondement impressionnant des chutes d'eau. La descente ne dure qu'une minute. Puis le tonneau roule dans les tourbillons... il a survécu. Annie aussi, sans trop de mal. Mais elle ne fera jamais fortune. Elle passera la fin de sa vie à courir après son manager qui s'est enfui avec la recette de son exploit et le tonneau.

DÉCEMBRE 1985

As slow as possible

On doit à la pièce pour orgue *Aussi lentement que possible* créée en 1985 par John Cage, compositeur américain avant-gardiste l'expérience musicale la plus étrange. Pour respecter les directives du créateur après sa disparition, un aréopage de musiciens et de philosophes a organisé un débat et met en place le projet le plus singulier pour l'interprétation de ce morceau de musique contemporaine de 8 pages. L'église Saint-Burchardi à Halberstadt en Allemagne est choisie parce que son premier orgue a été construit en 1361, c'est-à-dire 639 ans avant l'an 2000, date à laquelle l'exécution du morceau va débuter... pour durer 639 ans ! Conçu spécialement pour cette performance, un orgue qui se présente sous la forme d'un beau châssis en bois équipé de six tuyaux d'orgue. À la première note jouée, les trois touches sont maintenues enfoncées par des sacs de sable jusqu'à la suivante ; les proportions temporelles de la partition sont strictement observées. Chaque variation harmonique attire un millier de personnes, la 13e aura lieu le 5 octobre 2013. Moyennent 1 000 euros on peut sponsoriser la restauration du vieil orgue, en réservant sa place pour les prochains changements d'accords. Mais 48 années ont déjà trouvé preneurs !

DÉCEMBRE 1920

Les Chinois de Montargis

Peut-être y a-t-il parmi ces jeunes Chinois de la photo, réunis dans un jardin de Montargis en 1920, Deng Xiaoping ou quelques amis de Mao Zedong… Ils y ont séjourné. En Chine, la petite ville située à une centaine de kilomètres de Paris, est célébrée dans les livres d'histoire comme le berceau de la Chine nouvelle. Lorsqu'un certain Li Shing vient en France en 1903, il a pour objectif de découvrir notre culture et de s'initier aux savoirs occidentaux pour moderniser son pays. Sa contribution dans la formation des élites chinoises de l'avant 1949 sera immense. Dans un premier temps, il s'installe à Montargis, entre à l'école pratique d'agriculture, enchaîne sur quelques années à l'université de la Sorbonne et crée une usine de fromage de soja dans le Loiret. Puis il fait venir une première vague d'étudiants ouvriers qui débarquent dans la région et travaillent dans les usines. En 1920 ils seront deux mille. C'est en France où le Parti communiste vient d'être créé que de nombreux jeunes Chinois glaneront leurs idées pour changer leur pays. Les leaders de la Chine nouvelle y auront fait leurs classes
On ne s'étonne plus à Montargis de voir arriver tous les ans quelques centaines de touristes chinois pour visiter les lieux où leurs compatriotes ont refait le monde.

Leurs chemins se croiseront-ils encore une fois ?

Ces deux pilotes se sont « croisés » dans le ciel en 1943, peu avant Noël. Le 20 décembre, l'Américain Charlie Brown, basé en Angleterre au sein du 379e Bomber group, pilote un B-17 « Ye Old Pub » avec pour mission de bombarder une usine de Brème en Allemagne. Au-dessus de l'objectif l'appareil est touché à plusieurs reprises par la DCA. Les commandes de vol ne répondent plus que partiellement. Déboussolé l'avion s'enfonce dans le territoire ennemi pensant faire route vers l'Angleterre. Ordre est donné de l'abattre. L'oberleutnant Franz Stiegler saute dans son Bf 109 pour le prendre en chasse. Il a déjà descendu deux B 17, pour le troisième il obtiendra la « ritterkreuz », médaille des pilotes de chasse allemands. Alors il se lance à la poursuite de l'ennemi. Mais prêt à ouvrir le feu, il s'étonne du manque de réaction des mitrailleurs américains. Par le trou béant dans le fuselage, il voit le pilote lutter pour maintenir son avion en vol et l'équipage tenter d'aider leurs blessés. Alors se produit l'inimaginable : oubliant un instant la croix noire de son avion, Franz Stiegler se met en patrouille au côté du B-17 et fait signe au pilote de le suivre. Il l'escorte jusqu'au-dessus de la mer du Nord en face de l'Angleterre. Puis il salue l'Américain et reprend le cap du continent.

L'un comme l'autre garderont le silence sur cette aventure singulière en rentrant à leur base. Si l'on avait découvert que Stiegler avait laissé filer le B 17, il aurait été traduit en cour martiale et exécuté. Charlie ne dit mot de cette histoire pour protéger son sauveur. Lorsqu'on l'interrogeait sur ce qu'il avait vécu d'exceptionnel pendant la guerre, il répondait : « Un jour, un pilote de la Luftwaffe m'a salué. »

De retour chez lui à Seattle, Charlie Brown voulut retrouver l'aviateur ennemi qui avait sauvé son équipage. Grâce aux associations de pilotes de chasse allemands, il réussit à localiser Franz Stiegler qui s'était installé à Vancouver après la guerre.....

Lors de leur rencontre ils se rendirent compte qu'ils avaient vécu pendant 50 ans à moins de 300 km l'un de l'autre.

DÉCEMBRE 1931

GARE AUX **PLANTES INVASIVES...**

Mieux vaut la consommer que la planter, cette gracieuse vigne rampante, appréciée dans les soupes et les gâteaux, bon remède contre la gueule de bois et l'alcoolisme. Venu du Japon, le kudzu fut introduit aux États-Unis et recommandé dans les années 1930 aux agriculteurs pour lutter contre l'érosion des sols... Mais la prolifération de cette robuste plante vivace est devenue incontrôlable, car elle peut pousser de vingt mètres par saison, et les conditions de croissance sont idéales dans les états du Sud-Est où elle a infesté 30 000 km2 du territoire américain. Chaque pied peut émettre jusqu'à 30 tiges, et le moindre fragment de racine peut conduire à la réinfestation d'une zone « nettoyée ». Pour l'éradiquer, les chercheurs étudient un champignon tueur.

DÉCEMBRE

TRIBU OUBLIÉE

Ces Indiens d'une tribu ignorée dans la forêt amazonienne – des descendants de survivants de massacres qui ont décidé de couper tout lien avec la civilisation – ne savent pas jusqu'à quel point ils ont raison de bander leurs arcs en direction du petit avion qui les survole. Ils croient simplement défendre leur territoire, mais en réalité si l'avion se pose, ils mourront. En effet, les statistiques du département des affaires indiennes du Brésil ont établi que ces Indiens n'étant pas immunisés contre les maladies venues de l'extérieur, ils seraient rapidement terrassés, même si l'échange avec les étrangers ne durent que quelques minutes.

Cette photographie a été diffusée pour la première fois par l'association Survival.

15 jours pour construire un **gratte-ciel** - **186** / Un million d'**araignées** ont tissé cette cape somptueuse - **181** / 20 tonnes de **harengs** s'échouent sur une plage de Norvège - **189** / Les **villes** fantastiques de Marcel Storr - **190** / Le premier **robot** gardien de prison - **191** / Seconde **peau** - **192** / Porté **disparu** - **192** / 30 000 **restes** humains sont entreposés dans les réserves du musée de l'Homme - **193** / Les habitants d'un village espagnol se partagent **720 millions** d'euros - **193** / Les **portions** les plus grosses du monde - **193** / Croquer dans la **pomme** originelle - **194** / 3 604 **tasses** de café - **195** / « Berg ! » Une **montagne** sur un polder - **196** / Un **pont** en plastique ! - **198** / Une montagne russe pour **piétons** - **199** / **68 000 euros** le kg - **200** / Défouloir moderne - **201** / Des jeux vidéo dans des **toilettes** - **201** / Le plus petit **vertébré** du monde mesure moins de un centimètre - **191** / La vision sur le bout de la **langue** - **202** / Un faux **ventre** de femme enceinte - **202** / Deux **poids**, deux mesures - 203

Janvier 2012

UN MILLION ONT TISSÉ CETTE CAPE SOMPTUEUSE

Plus d'un million d'araignées Nephila de Madagascar ont été mises à contribution pour fabriquer cette magnifique cape couleur jaune d'or, exposée le 25 janvier au Victoria & Albert Museum de Londres.

Quatre ans de patience ont été nécessaires pour obtenir quatre mètres d'étoffe, ce qui en fait le plus grand vêtement au monde à avoir été entièrement réalisé en soie d'araignée.

Deux hommes sont à l'origine de ce pari fou. Ressuscitant techniques et tradition en vogue à Madagascar au XIXe siècle, Nicholas Godley et Simon Peers ont recruté 70 personnes et les ont chargées de capturer des centaines de milliers d'araignées femelles afin de recueillir leur soie précieuse, puis de les relâcher dans la nature.

Outre sa beauté incomparable, la soie d'araignée tissée possède des qualités physiques et mécaniques qui intéressent aujourd'hui de nombreux laboratoires. En effet, ce fil ultra-souple est plus solide que le Kelvar et l'acier et moins dense que le Nylon ou le coton, sa structure moléculaire alternant des composants cristallins qui lui confèrent sa solidité, et des composants amorphes qui lui donnent sa remarquable élasticité. Ainsi, par exemple, si on fabriquait avec du fil d'araignée un câble de la grosseur du pouce, il serait capable de soulever une dizaine d'autobus !

Compte tenu du coût de la lenteur du processus de fabrication, des chercheurs ont tenté de manipuler génétiquement des chèvres afin que leur lait produise de la soie arachnéenne. Si les résultats obtenus ne sont pas encore concluants, des industriels ont néanmoins commencé à utiliser la soie d'araignée pour confectionner du fil pour sutures chirurgicales et des gilets pare-balles !

15 jours
pour construire un gratte-ciel

Impossible n'est pas chinois. En réussissant le pari fou d'ériger un hôtel écologique de 30 étages en deux semaines, la société de BTP chinoise Broad Group a montré l'exemple à ses concurrents occidentaux. Grâce à l'utilisation de modules préfabriqués, 360 heures auront suffi aux 200 ouvriers pour mettre sur pied l'établissement de 183 000 m³, près du lac Dongting, dans la province du Hunan. L'hôtel, capable de résister à un séisme de magnitude 9, répond également aux normes des bâtiments basse consommation. La société Broad Group s'était déjà fait remarquer en 2010, lors de la construction du *Ark Hôtel* à Changsha. D'une hauteur de 15 étages, l'immeuble avait été érigé en moins d'une semaine.

D'ARAIGNÉES

20 tonnes de harengs

s'échouent sur une plage de Norvège

En promenant son chien Molly, ce 31 décembre 2011, Jan-Petter Jørgensen, habitant de la municipalité de Nordreisa (Norvège), est tombé sur une scène étrange. Alors qu'il s'approche de la plage de Kvaenes, à quelques kilomètres de chez lui, il se rend compte que le rivage a un drôle de reflet argenté. Et pour cause : des milliers de harengs morts, d'un poids estimé à 20 tonnes, forment un véritable tapis funéraire sous les pieds des promeneurs. Le phénomène apparaît d'autant plus étrange qu'il reste inexpliqué. « Nous avions déjà vu des bancs de harengs échoués auparavant mais jamais d'une telle ampleur », confiait Ole Kristian Berg, biologiste à l'université de Trondheim. Les scientifiques norvégiens ont avancé quelques hypothèses, encore à vérifier : la fuite devant des prédateurs, une marée trop puissante ou encore la rencontre avec un courant d'eau douce, insupportable pour ces poissons évoluant dans des eaux fortement salées.

LES VILLES

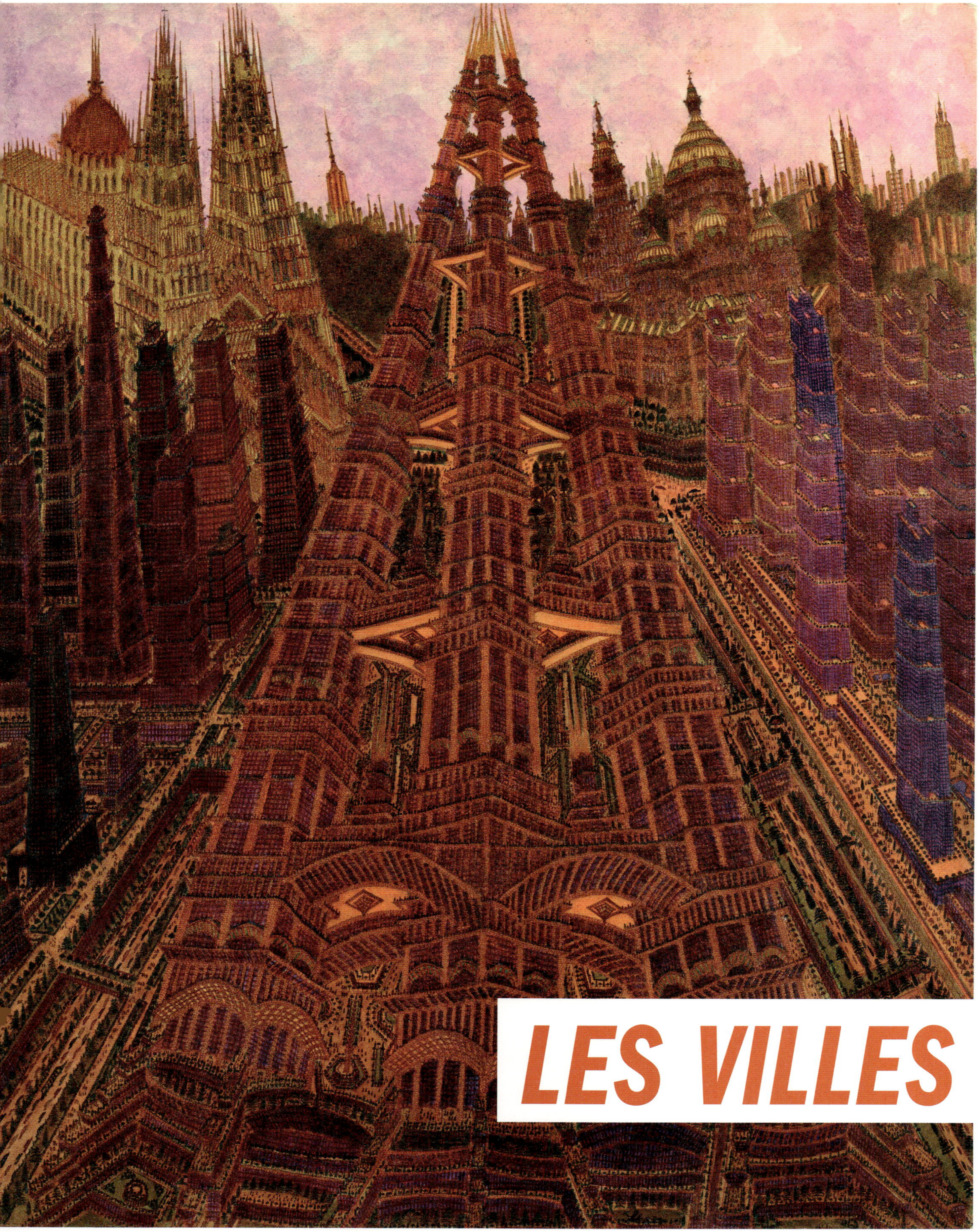

FANTASTIQUES DE MARCEL STORR

Doté d'une imagination foisonnante, souvent délirante, Marcel Storr fut un peintre français autodidacte. Il occupe aujourd'hui une place à part dans l'histoire de la peinture moderne. Auteur d'environ 70 dessins rehaussés de couleurs flamboyantes, il est, en effet, parvenu à créer un univers féerique et fantasmagorique d'une troublante poésie. S'inspirant de la basilique du Sacré-Cœur de Paris, du Kremlin, des temples d'Angkor, des constructions néo-babyloniennes, des cathédrales européennes et des gratte-ciel new-yorkais de style gothique, Storr a imaginé des palais improbables, des mégapoles utopistes et vertigineuses.

Né en 1911, cet artiste singulier est abandonné par sa mère qui le confie à l'âge de trois ans à l'Assistance publique. Placé dans des familles d'accueil en milieu rural, il subit des mauvais traitements qui entraînent une surdité chronique et des troubles comportementaux qui lui valent d'être interné à plusieurs reprises en service psychiatrique.

Storr s'installe à Paris en 1937. Illettré, il vivote de petits métiers, épouse une gardienne d'école, et occupe un poste de cantonnier au Bois de Boulogne. Au début des années 1970, son épouse profite de son absence pour inviter un couple de collectionneurs, Liliane et Bertrand Kempf, à contempler ses œuvres. Le couple, subjugué, conserve précieusement sa production jusqu'à son décès, qui survient en 1976. Plus tard, les Kempf contactent la psychanalyste et écrivaine Françoise Cloarec qui lui consacre un livre. Puis ils organisent plusieurs expositions à Paris.

Mariant art brut, art naïf et surréalisme, les villes chimériques de Marcel Storr apportent une contribution modeste mais unique à l'histoire de l'art.

le premier robot **gardien de prison**

Il a plutôt une bonne bouille et pourtant c'est le premier robot gardien de prison. Il mesure 1,50 m, pèse 70 kg et se déplace à 4 km/h. Il est prévu pour patrouiller la nuit dans l'établissement. Grâce à ses caméras et ses capteurs électroniques, il doit déceler les comportements inquiétants (violence, suicides). Dans ce cas, il donne l'alerte à ses collègues humains. Il a débuté à l'essai dans la prison de Pohang, près de Séoul.

SECONDE PEAU

Les femmes ont un nouvel atout en poche... ou plutôt sur la peau. Le collectif néerlandais Studio Roosegarde, en collaboration avec V2_Lab et la designer Anouk Wipprecht, a inventé pour elles une robe qui dévoile la peau autant que les émotions. Plus besoin de cligner des yeux ostensiblement ou de faire des avances à peine masquées, ce vêtement futuriste vous met à nu, au sens propre comme au figuré. Décliné en noir et en blanc sous la collection « Intimacy 2.0 », l'e-robe en cuir du collectif néerlandais devient en partie transparente quand la chaleur corporelle de celle qui la porte augmente ou que son rythme cardiaque s'accélère. La prouesse technologique est rendue possible par l'utilisation de films conducteurs, de LED, de cuivre et d'autres matériaux incorporés dans le vêtement. La fin de l'art de la suggestion ?

Porté disparu

Cet escargot albinos vient d'être vu par des randonneurs, dans le parc national de Kahurangi, en Nouvelle-Zélande. C'est la première fois depuis 23 ans qu'a été observée cette espèce en voie de disparition. Sa couleur n'est pas sa seule originalité. Il est d'une taille exceptionnelle (de la grosseur du poing) et, à la différence de ses congénères ordinaires, carnivore. Il se nourrit de limaces et de vers de terre.

30 000 restes humains sont entreposés dans les réserves du musée de l'Homme

Trente mille restes humains dont 18 000 crânes sont entreposés dans les réserves du musée de l'Homme, à Paris. Cette collection mobilise 70 à 80 chercheurs en anthropologie, qui lui consacrent 300 jours de travail chaque année. Ainsi trouve-t-on dans des boîtes sur mesure le crâne d'un homme de Cro-Magnon, celui de Descartes, ou encore celui de « Bébé », un célèbre nain de la cour de Lorraine. Mais la majorité des pièces qui constituent cet incroyable ossuaire proviennent du trafic intense qui a alimenté musées et cabinets de curiosité tout au long du XIXe siècle, en dépit de son interdiction en 1831. Depuis qu'une loi, adoptée en 2010 par l'Assemblée nationale, oblige la restitution de têtes maories à la Nouvelle-Zélande, leur pays d'origine, les demandes affluent. Elles ne seront prises en compte que si les restes proviennent d'individus dont on connaît le nom et le pays d'origine. Il s'agit notamment d'insurgés algériens tués au cours de la colonisation française, d'Inuits décédés de la variole au Jardin d'acclimatation dans les années 1880, ou de rois de Casamance.

Au cours d'une cérémonie qui s'est déroulée au musée du Quai-Branly, le 23 janvier, vingt têtes maories momifiées acquises au XIXe siècle par des marins et explorateurs occidentaux et conservées dans les musées français ont été officiellement restituées à leur communauté, avant d'aller rejoindre les dépouilles sacrées des ancêtres au musée Te Papa de Wellington.

Si le retour des restes de personnes identifiées ne fait pas débat, la restitution de crânes d'anonymes inquiète les chercheurs. « On ne peut pas abandonner notre lecture de l'humanité pour complaire à des revendications identitaires, remarque Alain Froment, responsable scientifique des collections anthropologiques du musée de l'Homme. Il s'agit de défendre dans un cadre laïque les principes de la recherche scientifique. » La question se pose au-delà de nos frontières. Aux États-Unis, par exemple, 160 000 restes humains appartenant aux tribus indiennes sont actuellement exposés dans les musées.

LES HABITANTS D'UN VILLAGE ESPAGNOL SE PARTAGENT **720 MILLIONS D'EUROS**

Incroyable jour de chance pour 1 800 habitants de la petite ville de Grañén, en Aragon, qui en compte 2 000. En misant tous sur le numéro 58268 du Gordo, la loterie espagnole, ils ont empoché le gros lot de 720 millions d'euros, soit un gain de 400 000 euros pour chaque parieur. L'année 2011 a été la plus dotée de toute l'histoire de la loterie espagnole, puisque pas moins de 2,52 milliards d'euros ont été distribués aux gagnants. Une manne pour bon nombre d'Espagnols sévèrement touchés par la crise économique.

Les portions les plus grosses du monde

Le restaurant *Waldgeist*, à Hofheim amTaunus, près de Francfort, se vantent d'offrir à ses clients les portions les plus grosses du monde et, à voir le contenu des assiettes, c'est sans doute vrai. Les saucisses font 600 g, de même que les steaks, les hamburgers ont 30 cm de diamètre, les bières sont servies dans des chopes de 1 ou 2 litres et l'apéritif maison, à base de coca et de rhum, dans un verre de 4 litres. La direction précise toutefois qu'on pourra emporter dans du papier-alu ce qui n'aura pas été consommé.

Croquer dans **la pomme** originelle

On a retrouvé la mère de toutes les pommes. La première qui, il y a 165 millions d'années, réunissait déjà toutes les qualités des pommes que nous retrouvons aujourd'hui dans nos paniers : grosse, juteuse, savoureuse. Préservé dans une forêt de pommiers longtemps inexplorée, à 2 200 mètres d'altitude, dans les montagnes du Tian Shan, aux confins du Kazakhstan, ce fruit a survécu à toutes les catastrophes pour être redécouvert aujourd'hui. C'est en suivant le pressentiment d'un étudiant kazakh en agronomie, Aymak Djangaliev, qui pénétra le premier dans la forêt de pommiers sauvages du Kazakhstan, dans les années 1930, que Barrie Juniper, biochimiste de l'Université d'Oxford, s'est lancé, il y a quelques années, dans une analyse de la pomme appelée « malus sieversii ». En 2002, les conclusions de ses tests ADN se révèlent sans ambiguïté : les pommes commercialisées de nos jours bien rattachées au même rameau familial que les malus sieversii. « Autrement dit, notre pomme de l'ouest est exactement la même » synthétise Barrie Juniper. À l'exception près que les pommes sauvages du Kazakhstan résistent naturellement aux champignons et aux insectes, ce qui n'est pas le cas des dix pommes les plus consommées au monde, traitées par pas moins de 25 traitements pesticides.

3 604 tasses de café

Cette représentation de la Joconde, qu'on a pu admirer dans les rues de Sydney, est constituée de 3 604 tasses de café au lait contenant plus ou moins de café et de lait. Un exploit !

« BERG ! » UNE MONTAGNE SUR UN POLDER

Tout a commencé par un rêve fait à haute voix par le journaliste sportif néerlandais dans un éditorial du quotidien *De Pers*, le 5 août 2011. L'auteur, Thijs Zonneveld, ancien coureur cycliste, y imaginait la construction d'une montagne qui dépasserait le point culminant des Pays-Bas, actuellement à seulement 323 mètres. Ainsi, les heures de trajet pour aller s'entraîner sur les pistes enneigées ou les routes de sommets dignes du Tour de France ne seraient qu'un lointain souvenir pour l'ancien champion sportif, explique l'intéressé dans son article intitulé simplement « Berg ! » (« Montagne ! »). « C'était une plaisanterie » concède aujourd'hui le journaliste, « une blague de potache ». Et pourtant… Dès le lendemain, il reçoit des milliers de messages de soutiens. Trois semaines passent et six entreprises de construction annoncent vouloir prendre part au projet. Les fédérations de cyclisme, de ski et d'escalade s'engagent également. La blague devient projet national. Une montagne de deux kilomètres de haut et de cinq kilomètres de circonférence prend forme dans l'esprit des entrepreneurs. 250 milliards de mètres cubes de terre et plusieurs centaines de milliards d'euros devraient être mobilisés pour la réalisation de ce projet fou. Le site et le financement sont encore à définir. Mais le prince héritier Willem-Alexander a déjà annoncé son souhait d'organiser les Jeux olympiques d'Hiver de 2022… si toutefois la montagne n'accouchait pas d'une souris.

UN PONT EN PLASTIQUE !

L'entreprise Vertech vient de construire sur la rivière Tweed, dans le Pays de Galles, le premier pont européen en plastique recyclé. Outre ses avantages écologiques évidents, il ne nécessite aucun entretien. Il est, en outre, aussi performant que les ponts ordinaires. Mesurant trente mètres de long, il peut supporter sans difficulté le trafic des automobiles et même des poids lourds.

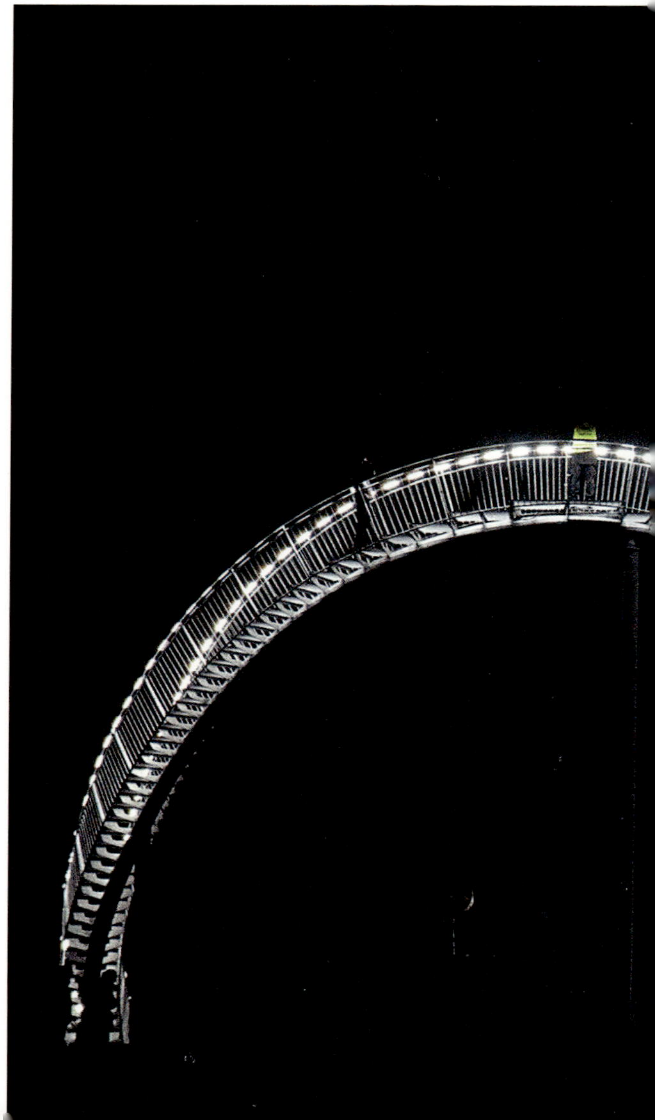

UNE MONTAGNE RUSSE POUR PIÉTONS

Cette extraordinaire montagne russe pour piétons, à peine praticable, puisqu'une partie doit s'effectuer la tête à l'envers, est avant tout décorative. Elle se dresse à Duisbourg et elle a été réalisée en scories de zinc issues des usines locales. Une manière particulièrement artistique et inventive d'animer les friches industrielles de cette grande ville de la Ruhr.

68 000 EUROS LE KG

Ce rhinocéros, dont on scie la corne, ne sent rien, il est empaillé. C'est un des pensionnaires du Muséum de Berne et ce sont des spécialistes qui procèdent à l'opération. Ils la remplaceront ensuite par une corne en bois. La substitution a été rendue nécessaire, en raison du trafic, qui touche même les musées. La corne de rhinocéros, à laquelle les Chinois prêtent des vertus médicinales, atteint, en effet, des prix fabuleux : 68 000 euros le kg, soit plus que l'or ! Faut-il rappeler que cette réputation est entièrement fantaisiste et qu'ingurgiter la poudre tirée de la corne de l'animal n'a pas plus d'effet que de se ronger les ongles ?

DÉFOULOIR MODERNE

Aujourd'hui, même la colère se monnaie. C'est ce qu'a découvert l'Américaine Donna Alexander, conceptrice des *anger room*, des pièces à louer dans le seul but de… tout y détruire ! L'idée a d'abord été expérimentée dans le garage personnel de la femme d'affaires, à Dallas (Texas), à partir de 2008. Face au succès de son initiative, elle s'est offert cette année une boutique qui a pignon sur rue dans le nord de la ville. Et les clients ne manquent pas. Pour une somme allant de 25 dollars la session de 5 minutes, à 75 dollars celle de 25 minutes, ils sont nombreux à venir se défouler, battes de baseball et clubs de golf en main, dans l'univers de leur choix : bureau, salon ou cuisine à l'aspect plutôt réaliste.
Le site officiel de la *anger room* avance que leur service pourrait dispenser d'une visite chez le psychologue, en mettant en avant les bienfaits de la "vidange émotionnelle", une théorie comportementaliste actuellement très à la mode. Selon cette thèse, exprimer ses émotions de manière physique contribuerait à diminuer sa colère. Des études récentes démontrent pourtant un effet inverse : cette thérapie rendrait en fait le sujet encore plus irritable, tout en augmentant sa pression artérielle. Finalement, la *anger room* n'est peut-être pas une idée à casser la baraque…

Des jeux vidéo dans des **toilettes**

Le dernier jeu à la mode se pratique dans les toilettes. Le bar *The Exhibit*, à Balham, un quartier de la banlieue de Londres, a installé au-dessus des urinoirs pour hommes des jeux vidéo, qui se contrôlent en dirigeant le jet d'urine. Le succès est inimaginable, les W.-C. ne désemplissent pas et les joueurs ont fait doubler le chiffre des consommations. Ce jeu d'arcade est désormais présent dans cinq pays, dont à Paris.

La vision sur le bout de la langue

Craig Lundberg pensait ne plus jamais pouvoir voir de sa vie. Touché au visage suite à l'explosion d'une grenade à Bassorah (Irak), en 2007, ce caporal anglais, alors âgé de 21 ans, devint aveugle du jour au lendemain. Trois ans plus tard pourtant, Craig Lundberg déclare percevoir « des lignes, des formes ». Il peut « marcher dans un corridor, passer des portes, croiser des gens » de manière autonome. Et tout ça, grâce à... sa langue ! Ce petit miracle a été rendu possible grâce à un prototype révolutionnaire, développé par le ministère de la défense britannique : le Brain Port. Il s'agit d'une caméra fixée sur une paire de lunettes et reliée par un câble à une sucette de forme plate, à placer dans la bouche. La caméra capte des pixels blancs, gris et noirs qu'un petit ordinateur traduit immédiatement en impulsions électriques, fonction normalement assurée par la rétine chez les personnes voyantes. Les signaux touchent ensuite les nerfs de la langue. « C'est comme lécher une pile de neuf volts ou manger des bonbons qui pétillent », explique Craig Lundberg. Puis, la magie opère : les nerfs ainsi stimulés envoient l'information au cerveau qui restitue une vision générale de l'environnement à son utilisateur. Si les images perçues sont encore fortement pixelisées, les avantages du dispositif se révèlent indéniables pour le soldat britannique. Il confie : « Une des choses les plus marquantes, c'est que ça m'a permis de pouvoir directement prendre des objets et non plus de tâtonner avant de les attraper. »

Un faux ventre de femme enceinte

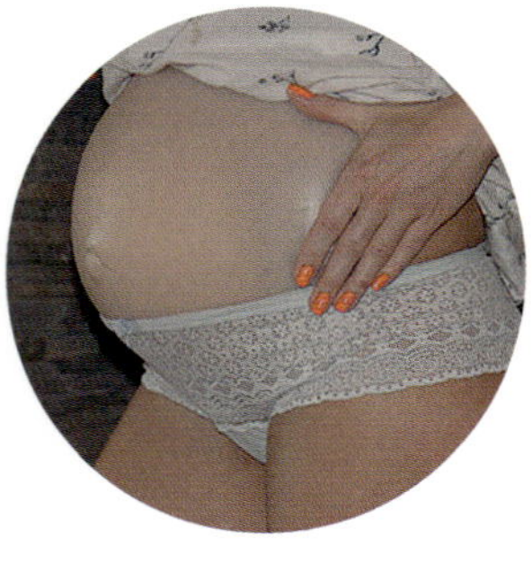

Pour les dames qui désirent une place assise dans les transports en commun, un fabricant chinois vient de réaliser ce faux ventre de femme enceinte en silicone. Il existe en plusieurs tailles, afin de s'adapter à la morphologie de chacune. Coût : entre 90 et 160 euros.

Le plus petit vertébré du monde mesure moins d'un centimètre

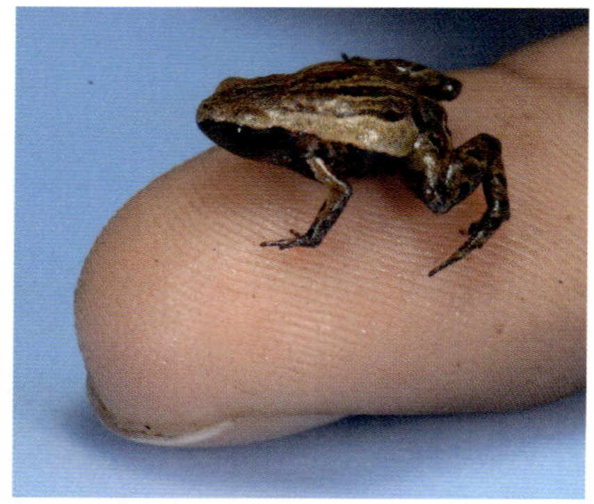

Une équipe de chercheurs américains vient de découvrir dans la jungle de la Papouasie-Nouvelle-Guinée le plus petit vertébré des espèces vivantes. Paedophryne amauensis, cette minuscule grenouille, mesure, en effet, 7,7 millimètres de long au terme de sa croissance. Vivant sur une litière de feuilles toujours humides, se nourrissant d'insectes, elle est capable d'effectuer des bonds supérieurs à trente fois sa longueur. Autre caractéristique incroyable : elle a la particularité d'éclore sous sa forme adulte, et non sous celle de têtard comme les autres grenouilles.

Deux poids,

deux mesures

La photographie a été prise à Sao Paulo. D'un côté de la rue, un bidonville, avec des détritus qui encombrent les cours, de l'autre une résidence au luxe pharaonique : deux tennis, une piscine collective à la curieuse forme de thermomètre et des immeubles, avec une piscine à chaque étage. Un raccourci des inégalités sociales d'une rare intensité.

JANVIER

DE 1911 À 1972

JANVIER 1932

LA DYNASPHÈRE

Cette immense roue dans laquelle se place le conducteur, a été inventée par le Dr J. A. Purves, en 1932. D'après lui le véhicule, qui atteignait 40 km/h, devait « révolutionner les transports modernes ». Mais son freinage insuffisant l'a fait rapidement abandonner.

JANVIER 1938

L'HOMME QUI REFUSE DE SALUER

Cette extraordinaire photo d'un homme osant rester les bras croisés, au milieu d'une foule faisant le salut nazi est celle d'August Landmesser. Sa fille vient de faire paraître un livre racontant sa vie. Il a voulu épouser Irma Eckler, une juive, mais le régime a refusé le mariage. Ils ont quand même vécu ensemble et ont eu des enfants. Arrêtée avec son compagnon en 1938, Irma est internée dans un camp de concentration et meurt dans les chambres à gaz, quatre ans plus tard. D'abord prisonnier, August est envoyé sur le front de l'Est, dans un bataillon disciplinaire. Il est tué en 1944.

JANVIER 1959

MORT AU BARBU !

Fidel Castro vient d'entrer dans Le Livre Guinness des records comme l'homme contre lequel il y a eu le plus de tentatives d'assassinat. Selon des sources sérieuses, il n'y en a pas eu moins de 638, entre 1959, année où il a pris le pouvoir et sa démission pour raison de santé, en 2008. Le Sénat américain l'a d'ailleurs confirmé peu après son retrait de la vie politique.

Que la CIA ait voulu éliminer Fidel Castro, ce n'est pas un scoop, mais ce qui étonne, c'est le côté parfois inattendu, pour ne pas dire invraisemblable de ses tentatives. En 1963, elle a voulu lui faire parvenir une combinaison de plongée imprégnée du bacille de la tuberculose. Mais un imprévu a empêché le cadeau contaminé d'aller à son destinataire. Quelques années plus tard, les services secrets américains sont parvenus à s'assurer de la complicité d'un proche de Castro. Il devait le piquer avec un stylo enduit de poison, mais le courage lui a manqué au dernier moment. Un peu plus tard, c'est, cette fois, une de ses maîtresses qui a été chargée de l'exécution : elle devait l'empoisonner avec des comprimés dissimulés dans sa boîte de fard. Mais ils ont fondu dans la crème de maquillage.

Les Américains en sont alors revenus à la plongée, le loisir favori du leader révolutionnaire. Ils ont eu l'idée de faire exploser un coquillage piégé à l'endroit où Fidel pratiquait habituellement ce sport. Malheureusement, le sous-marin chargé de déposer la charge n'a pas pu s'approcher assez près.

Ce n'est pas tout ! La CIA n'a pas seulement essayé de tuer le chef cubain, elle a également tenté de le discréditer moralement et on reste confondu des trésors d'imagination qu'elle a dépensés. En 1960, un complot a été monté pour diffuser du LSD sous forme gazeuse dans le studio où il prononçait ses discours et le faire délirer en direct. Mais le plus invraisemblable a été tenté l'année suivante : il s'agissait d'introduire dans ses vêtements un puissant dépilatoire, qui aurait imprégné tout son organisme et fait tomber sa célèbre barbe !

JANVIER 1911

L'ÉGLISE DE NEIGE

Tous les ans, pour la messe de minuit, les habitants de ce charmant petit village des montagnes bavaroises à l'enneigement presque constant pendant l'hiver, partaient dans un village voisin, à une heure de marche, pour célébrer la messe de minuit. Car à Mitterfirmiansreut il n'y avait pas d'église ! En 1911, pour Noël, ils décidèrent de construire une église en neige, 14 mètres de long sur 6 mètres de large, avec deux clochers. Cent ans plus tard, pour rappeler l'événement, ces courageux montagnards ont décidé de renouveler l'exploit qui nécessite au minimum 20 cm d'épaisseur de neige. Le restaurateur local réunit autour du projet deux cents personnes, des sponsors et un architecte. Sur un coffrage en bois, il faudra 1 400 m^3 de glace et de neige pour voir l'église prendre corps sous une forme arrondie. Jusqu'au mois de mars, l'église accueillera diverses manifestations.

JANVIER 1930

LA MAISON AUX MILLE MORCEAUX

En 1930 Raymond Isidore, balayeur au cimetière de Chartres, construit sa maison de 3 pièces entourée d'un petit jardin et y installe sa femme et ses enfants. Pour leur couleur et leur scintillement, il ramasse et amoncelle dans le jardin débris de porcelaines et de vaisselle. Sur un mur, il s'amuse à en coller quelques morceaux. Peu à peu tous les murs allaient se couvrir de mosaïques, à l'extérieur comme à l'intérieur, au sol comme au plafond. Autodidacte, à l'imaginaire très riche, il représente de nombreux thèmes dans ses compositions : Chartres, le Mont Saint-Michel, les fleurs, les animaux… Il se sent guidé par une force spirituelle.

Ses voisins se moquent de lui et lui donnent le surnom de « Picasso de l'Assiette » : Picassiette.

Les mosaïques finissent par gagner les meubles, puis les objets usuels. Inlassablement il poursuit son travail de décoration jusque dans les allées du jardin, et la petite chapelle qu'il s'est construite.

L'importance et la qualité de ce décor réalisé pendant 25 ans par un homme sans formation ni culture artistique est la parfaite expression de l'art brut.

La maison Picassiette est classée monument historique.

JANVIER

UN VILAIN NOM

Guignes, charmante commune de la Seine-et-Marne, s'est longtemps appelée – exactement depuis la Révolution jusqu'à il y a quelques années – Guignes-Rabutin, un nom qui semble banal, mais qui cache une incroyable histoire.
Contrairement à ce qu'on pourrait croire, ce «Rabutin» n'a rien à voir avec Roger de Bussy-Rabutin, contemporain de Louis XIV et écrivain libertin très célèbre en son temps. Il n'était pas le seigneur du lieu, il appartenait à une vieille famille bourguignonne et jamais de sa vie il n'a mis les pieds dans la localité.
En fait, tout commence avec la guerre de Cent Ans. À l'époque, le village s'appelait, comme aujourd'hui, Guignes tout court et, lorsque les Anglais arrivèrent, les Guignois les reçurent avec un tel empressement, une telle bassesse, qu'ils suscitèrent l'indignation générale. Mais lorsque les Français l'emportèrent, ils firent preuve du même enthousiasme, multipliant des démonstrations d'allégresse au passage de Jeanne d'Arc, qui traversait leur village.
Le scénario s'est répété pendant les guerres de Religion. Situé dans une zone de conflit entre les armées catholique et protestante, Guignes assura successivement les unes et les autres de son soutien. Tant et si bien qu'on prit l'habitude d'appeler la localité Guignes-la-Putain et que ce sobriquet devint son nom officiel.
Comme on peut l'imaginer, les Guignois appréciaient très peu la chose et ils profitèrent de la Révolution, durant laquelle un grand nombre de communes furent débaptisées, pour se faire appeler Guignes-Rabutin, dont la consonance est à peu près la même, mais la signification beaucoup moins déplaisante.

JANVIER 1920

VOUS AVEZ VU LEURS TÊTES ?

Au début des années 1920, alors que la Prohibition venait d'être instaurée aux États-Unis, on a vu fleurir un peu partout cette affiche de propagande. Le texte dans le cartouche signifie : « Les lèvres qui toucheront l'alcool ne toucheront pas les nôtres. » On peut toutefois s'interroger sur son pouvoir d'incitation à l'abstinence. Il faudrait, au contraire, avoir pas mal bu pour avoir l'idée d'embrasser une de ces dames !

JANVIER 1972

CHUTE LIBRE

Le 26 janvier 1972 Vesna Vulovik ne devait pas se trouver dans le DC 9 de la Yougoslovenski Aerotransport... Mais par suite d'une erreur de planning, l'hôtesse de l'air de 23 ans embarque dans l'avion qui assure la liaison Copenhague-Zagreb. Elle se trouve dans la partie centrale de l'appareil, lorsqu'il explose au-dessus de la république tchèque à l'altitude de 10 160 m. Projetée à l'extérieur de la carlingue, sans parachute, elle s'écrase près du village de Kamenice avec une partie du fuselage qui est restée intacte. Lorsqu'elle arrive à l'hôpital de Prague, elle est dans le coma, a les deux jambes cassées, une fracture du crâne et de trois vertèbres, et une paralysie totale à partir du bassin. Mais elle survit. Elle souffre d'une amnésie totale qui s'estompe peu à peu pour ne couvrir définitivement qu'une période d'un mois commençant une heure avant la tragédie. Elle n'a donc aucun souvenir de l'explosion. Vesna se rappelle seulement qu'avant l'embarquement elle a remarqué un homme au comportement bizarre. Serait-il le poseur de bombes ? Certains journalistes évoquent une autre hypothèse. Suite à des problèmes techniques l'avion ayant effectué une descente abrupte dans une zone militaire sensible, il aurait été abattu par erreur. À ce jour la raison de l'explosion n'a toujours pas été élucidée. Vesna est détentrice du record du monde de la plus haute chute libre à laquelle un être humain ait miraculeusement survécu.

JANVIER 1950

Momification spontanée

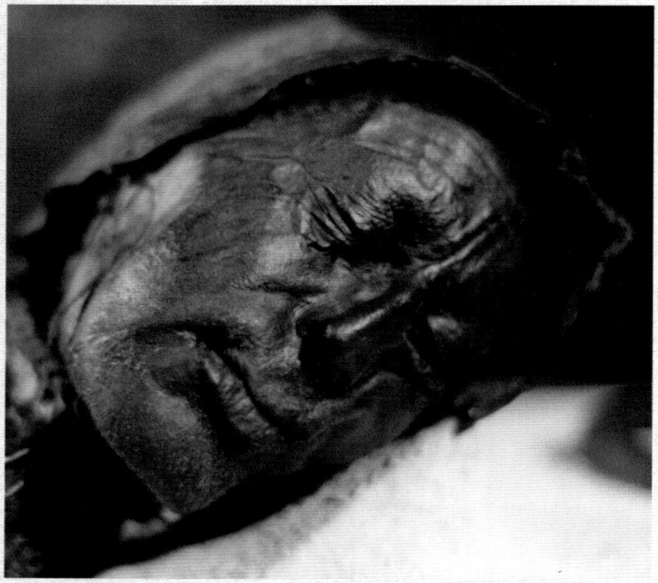

En 1950 deux paysans danois du village de Tollund récoltent de la tourbe dans le marais à l'ouest de Silkeborg pour alimenter leur cheminée, lorsqu'ils découvrent le visage d'un homme dont l'aspect est proche du sommeil. La police constate que le mort porte autour du cou la corde avec laquelle il avait été pendu. Mais elle est déroutée par l'état inhabituel du corps. Il apparaîtra aux scientifiques que l'homme vivait à l'âge de fer, quatre siècles avant J.-C., qu'il était d'origine germanique, sacrifié sans doute lors d'un rituel religieux. Son corps est nu, mais il porte un bonnet et une ceinture. Âgé d'environ 30 à 40 ans et mesurant 1,60 m, il appartenait à la classe aisée, car ses ongles sont manucurés. Sa dépouille avait été ensevelie soigneusement dans le marécage en hiver L'acidité de l'eau, le froid et l'absence d'oxygène dans la tourbe avaient concouru pour sécher et tanner naturellement et rapidement la peau du cadavre. Même les tissus mous du son corps avaient été préservés, ce qui a permis d'étudier les viscères de l'homme de Tollund et de constater qu'il avait consommé un gruau d'orge et de graines sauvages.
Ses restes se trouvent aujourd'hui au musée de Silkeborg dans le Jutland.

JANVIER 1933

La côte magnétique

Au bas de la côte, sans vitesse enclenchée, la voiture recule… vers le haut !

En 1933 deux journalistes d'une revue canadienne sont envoyés à Moncton pour enquêter sur cet endroit bizarre et déconcertant. Selon les fermiers, les chevaux forcent pour tirer les charrettes dans la côte qui descend, et les charrettes poussent les chevaux quand ils montent. Dans le Nouveau-Brunswick, la légende courait qu'un aimant puissant enterré en haut de la côte attirait les objets vers lui. Au bout de cinq heures de vaines explorations dans le secteur, dépités, les journalistes se sont assis sur le bord de la route. Et soudain ils ont vu leur Ford Roadster remonter la côte sans eux… Après avoir exploré la colline, ils ont fait le constat que ce phénomène se produit lorsque la ligne d'horizon est effacée par l'environnement ; il s'agit donc d'une illusion d'optique. Leur article a fait de la région une attraction touristique majeure… bien que la côte ne soit pas magnétique !

Un **nuage** spectaculaire déferle sur une ville de Floride - **216** / **Baudruche** en péril - **217** / **Littérature** aveugle - **218** / Les **toilettes** les plus hautes du monde - **218** / **Bébé** est bien protégé - **218** / Une **idée** reçue ? - **218** / Les **malvoyants** aussi... - **219** / La musique des **légumes** - **219** / Alerte **orange** en centre-ville - **220** / La combinaison de **vieillissement** - **222** / Un **tatouage** bavard - **222** / 57 000 **carats** ! - **223** / SOS **Baleines** - **223** / La magicienne **nature** - **224** / Manger sans **grossir** - **226** / Scène de **chasse** d'il y a 120 millions d 'années - **226** / Les jeux de l'**amour** et du hasard - **227** / **Cascade** de feu - **228** / L'endroit le plus **chaud** de la planète - **229**

Février 2012

Un nuage spectaculaire déferle sur une ville de Floride

Le dimanche 5 février au matin, un énorme nuage à l'allure de tsunami est venu se fracasser sur les gratte-ciel du bord de mer de la ville de Panama City Beach, en Floride, suscitant pendant quelques minutes la stupéfaction de la population. Le nuage, formé au large, a littéralement recouvert les immeubles pour disparaître finalement quelques dizaines de mètres plus loin. Ce phénomène météorologique d'une grande rareté a été immortalisé, d'un hélicoptère, par le pilote JR Hott. Répondant au nom scientifique de soulèvement orographique, ce prodige de la nature est généralement observé en altitude. Il correspond au déplacement de l'air rencontrant un obstacle du relief qui le force à s'élever. Selon le docteur Greg Forbes, expert météorologiste du site weather.com, l'humidité particulièrement élevée au large de Panama City ce jour-là serait « le facteur principal de ce phénomène… ce qui expliquerait pourquoi on ne voit pas cela tous les jours ».

Baudruche en péril

Si vous apercevez ce joli dauphin rose, cela ne veut pas dire que vous avez forcé sur la boisson, mais que vous vous trouvez dans le delta de la rivière des Perles, non loin de Hong Kong. C'est, en effet l'unique habitat de cet animal, curieusement nommé dauphin blanc de Chine, alors qu'il est toujours de cette couleur rose vif, qui le fait ressembler aux baudruches pour enfants. Malheureusement, la pollution et l'intensité du trafic maritime mettent en péril son existence.

Littérature aveugle

En Angleterre, une femme aveugle a commencé à écrire un roman sans s'apercevoir qu'il n'y avait plus d'encre dans son stylo. Mais la police scientifique a pu analyser la déformation des fibres du papier faite par le stylo et, après cinq mois de travail, les vingt-six pages manquantes ont été sauvées.

LES TOILETTES LES PLUS HAUTES DU MONDE

Un groupe écologiste, l'association Eco Everest Expedition, vient de faire une demande officielle au gouvernement népalais, afin qu'il installe des toilettes sur l'Everest. La requête n'est pas aussi invraisemblable qu'il y paraît. Les expéditions se multipliant, on a ramassé sur les lieux, depuis 2008, 13 t de déchets, dont 360 kg de déjections humaines. Les autorités n'ont pas encore donné leur réponse, mais si elle est positive, il s'agira – et de loin – des plus hautes toilettes du monde.

Bébé est bien protégé

La psychose du terrorisme qui s'est emparée des États-Unis, après les attentats du 11 Septembre atteint à présent les bébés. Un site d'Internet propose depuis quelque temps ce qui se fait de mieux en matière de protection des nourrissons contre les actes de guerre.

Sur la vidéo d'entrée, on voit la fondatrice de la société, Stella Stevenson, tirer à la mitraillette sur un landau blindé et en retirer le bébé indemne. L'article est vendu 599 dollars, mais il y en a bien d'autres, qu'on découvrira dans le catalogue : des masques à gaz, des casques du même type que ceux des GI, des gilets pare-balles, des tenues camouflées, le tout en différentes tailles, allant de deux mois à trois ans.

Mais le clou est le « parc antiterroriste ». Les barreaux sont doublés par une vitre à l'épreuve des balles de mitrailleuse et des grenades. L'ensemble est clos par un couvercle et une alimentation en air comprimé permet de résister à toute attaque chimique. Il est garanti deux ans et proposé au prix de 499 dollars seulement. Une affaire !

UNE IDÉE REÇUE ?

Les violons fabriqués par Antonio Stradivari, dit Stradivarius, luthier de Crémone, sont assurément d'une qualité exceptionnelle, mais sont-ils à ce point supérieurs aux autres ? Pour répondre à la question, une expérience vient d'être tentée. Vingt solistes internationaux ont testé à l'aveugle six violons, dont deux stradivarius. Résultat : treize d'entre eux ont placé en tête un violon moderne, reléguant les stradivarius en fin de classement… Mais si la supériorité musicale du luthier italien n'est pas évidente, pour les prix il n'y a pas de discussion. On trouve un violon correct aux alentours de deux cents euros, tandis qu'un stradivarius ne vaut pas moins de deux millions.

LES MALVOYANTS AUSSI...

Une chaîne de restauration rapide d'Afrique du Sud vient de concevoir ce hamburger pour aveugles, sur lequel une inscription en braille, réalisée avec des graines de sésame, indique la composition du sandwich. L'initiative a été appréciée des intéressés, mais elle a suscité aussi la sympathie de la clientèle voyante et a fait augmenter la fréquentation des établissements.

La musique **des légumes**

Le Vienna Vegetable Orchestra est le premier orchestre au monde jouant sur des légumes. Il comprend treize personnes et interprète des morceaux de pop et de rock. Les instruments sont faits à partir de poireaux, carottes, concombres, courgettes et autres poivrons. Ils ne durent que le temps du concert et sont incorporés, à la fin, dans une soupe, que les musiciens partagent avec le public.

Comme chaque année, le carnaval italien d'Ivrea, dans le Piémont, s'est achevé, dans la liesse populaire, sur sa traditionnelle bataille d'oranges. Du 19 au 21 février, devant un public survolté, quelque 6 000 participants (habitants de la commune et touristes) se sont envoyé près de 400 tonnes d'oranges à la figure. À pied ou sur des chars, les protagonistes, répartis en 9 équipes, ont combattu avec énergie sur un parcours traversant toute la ville. 165 personnes ont été blessées superficiellement dont 13 qui ont dû être conduites à l'hôpital. La bataille de cette édition 2012 a été remportée par les Tuchini, pour la seconde année consécutive.

Selon la légende, l'origine de cette fête remonterait au Moyen-Age. La commune d'Ivrea était alors gouvernée par un despote qui affamait la ville et usait régulièrement de son « droit de cuissage » sur les jeunes filles. Selon cette prétendue coutume, la femme d'un vassal ou d'un serf devait offrir sa virginité au seigneur local lors de sa nuit de noces. Mais Violetta, la fille du meunier, ne l'entendait pas ainsi. Enfermée dans le château, elle soûla son tyran et lui coupa la tête durant son sommeil. Son geste marqua le signal de départ d'une révolte populaire contre la tyrannie, les villageois repoussant les chars du seigneur hors de la ville.

Alerte orange en centre-ville

UN TATOUAGE BAVARD

À l'occasion de la Saint-Valentin, la créatrice française Marie Ben a inventé les tout premiers tatouages éphémères parlants. Présentés sous forme de flashcodes ou QR codes d'environ 3 cm sur 3 à décalquer sur la peau, ces tatouages temporaires, d'une durée de vie comprise entre deux et huit jours, dévoilent leur message dès qu'ils sont scannés par un smartphone. Le téléphone déchiffre ces sortes de codes barre modernes et une voix numérique préenregistrée exprime le message correspondant dans les haut-parleurs de l'appareil. À chaque tatouage correspond un message particulier. Dix enregistrements ont été réalisés pour le kit des amoureux proposé par Marie Ben. Outre des phrases bateaux comme « dis-moi que tu m'aimes » ou « embrasse-moi ici », le coffret de tatouages parlants n'hésite pas à frôler les frontières d'un romantisme parfois étrange. On a ainsi du mal à imaginer la réaction d'un partenaire flashant le message « Veux-tu m'épouser ? ».

La combinaison de vieillissement

Avec *L'Étrange histoire de Benjamin Buton*, le réalisateur David Fincher avait imaginé une vie à rajeunir. La société française Seniosphere a pris le contre-pied de cette idée en proposant un costume de simulation du vieillissement baptisé SAMO, ou comment se mettre dans la peau d'une personne âgée quand on est jeune. En enfilant les différents éléments de SAMO, on se retrouve à vivre les difficultés quotidiennes d'une personne de 80 ans, avec l'effet cumulatif de la baisse auditive, visuelle et de la mobilité. Une fois équipé de lunettes spéciales qui opacifient et brouillent la vision, d'un casque assourdissant les sons environnants, de chaussures simulant la perte d'équilibre ou d'un habit restreignant la mobilité, la vie quotidienne devient une épreuve, qu'il s'agisse d'ouvrir un pot de confiture, d'attraper un objet en hauteur ou encore de se lever d'un canapé. SAMO aide les professionnels de la santé mais aussi industriels, chefs de produit marketing, architectes, responsables de centres de recherche à concevoir des produits véritablement adaptés à nos grands-parents et parents.

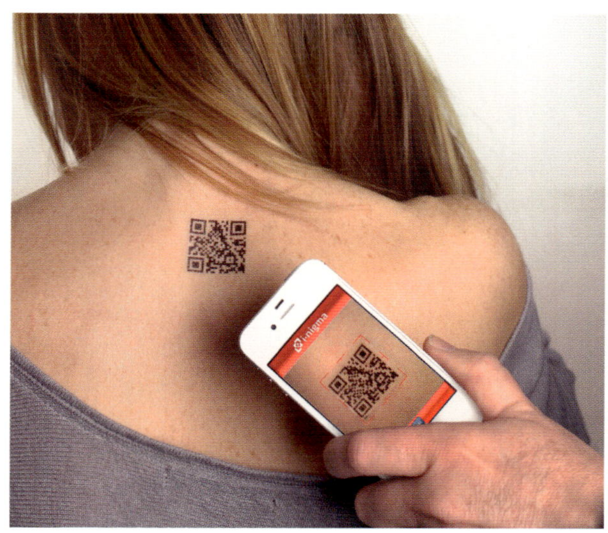

57 000 carats !

C'est la plus grosse émeraude du monde : 57 000 carats, soit 11,5 kg. Elle a été trouvée au Brésil et vient d'être vendue aux enchères au Canada. Mais contrairement à ce qu'on pourrait imaginer, son prix n'est pas astronomique : 900 000 euros, ce qui reste dans les limites du raisonnable. C'est que de nombreuses veines et craquelures la rendent pratiquement impropre à la taille.

SOS BALEINES

Pour sensibiliser l'opinion au combat pour la survie des grands cétacés, des volontaires sont réalisé cette chaîne humaine sur une plage d'Australie.

La magicienne nature

Tout le monde connaît le caméléon, mais beaucoup d'animaux ont un pouvoir plus grand encore de mimétisme. La nature est décidément la plus étonnante des illusionnistes !

Un gecko de Madagascar posé sur des feuilles mortes. Le mimétisme prend ici des allures d'œuvre d'art.

Confiant dans son invisibilité, ce grand ibijau, un oiseau d'Amérique latine, s'est endormi sur une branche. Il est capable de trouver le sommeil en position verticale sans tomber.

Qui pourrait remarquer la présence de ce crapaud-feuilles d'Amazonie ? Seules ses pattes permettent de le distinguer de près.

Manger sans **grossir**

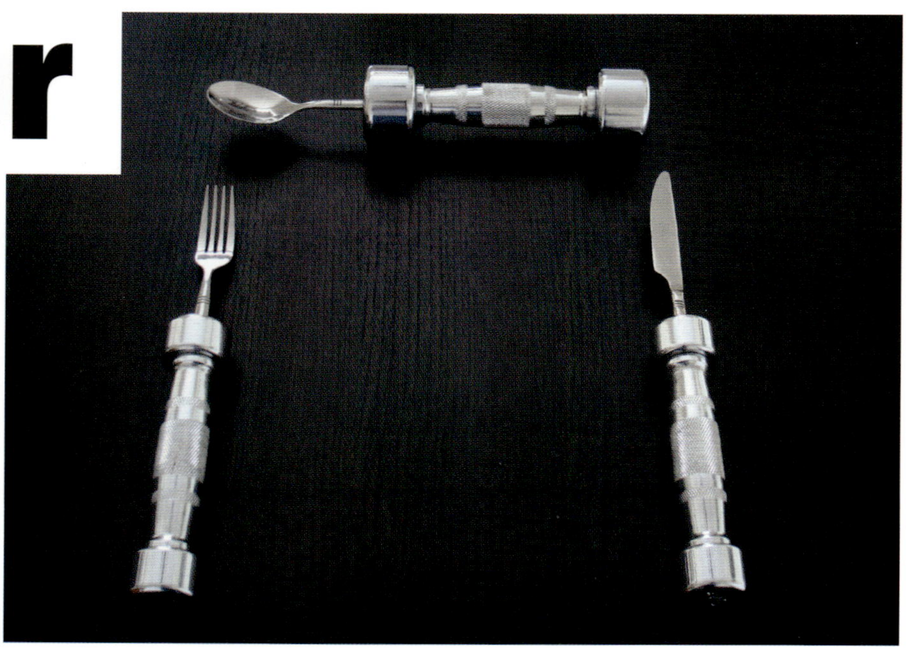

Un fabricant anglais pense avoir trouvé la solution pour manger sans grossir : les couverts sont en même temps des haltères ! Le couteau, la fourchette et la cuiller pèsent chacun 1 kg et l'effort fourni pour les manier doit permettre de perdre les calories prises pendant le repas.

SCÈNE DE CHASSE D'IL Y A 120 MILLIONS D'ANNÉES

Des fossiles viennent d'être découverts au fond d'un lac de Bavière. Il s'agit d'un dinosaure de taille modeste, un ptérosaure, qui venait d'ingurgiter un petit poisson, mais qui s'est fait attraper par un poisson plus gros. Il s'est débattu et tous deux ont coulé au fond du lac où ils sont morts.

Les jeux de l'amour et du ***hasard***

Brian Chapman est vraiment fier de lui ! Voici six mois qu'il a accepté ce stage en Australie, ayant dû, pour cela, laisser à Londres sa fiancée Shirley. Au fil du temps, la séparation lui était devenue de plus en plus pénible. En particulier, il n'arrivait pas à supporter l'idée de passer la Saint-Valentin sans elle. C'est alors qu'il a découvert une publicité sur Internet : «Australie-Angleterre : aller et retour à 500 dollars pour la Saint-Valentin. Cliquez vite !» Il n'était pas riche, mais la somme était dans ses possibilités et il n'a pas hésité un instant.

C'est ainsi qu'après un voyage sans histoire, Joshua Springs débarque à Londres. Shirley habite chez ses parents et c'est sa mère qui vient ouvrir. En le voyant, elle pousse un cri.

— Brian, ce n'est pas possible !

— Eh oui, je suis venu voir Shirley !

— Mais c'est qu'elle n'est pas là…

Et la maman explique l'incroyable situation. Sa fille a eu la même idée et elle a profité des mêmes tarifs pour se rendre en Australie. À l'heure qu'il est, elle se trouve à Sidney, en train de carillonner à la porte du studio de Brian.

Après un séjour morose à Londres, ce dernier a pris le chemin du retour et a croisé, dans un autre avion, sa fiancée, qui s'était ennuyée tout autant que lui à l'autre bout du monde. Le hasard joue parfois des tours inattendus aux amoureux.

Cascade de feu

C'est comme si le temps s'était arrêté. Dans le parc national de Yosemite, au cœur des montagnes de la Sierra Nevada (Californie), des milliers de photographes et d'amoureux de la nature attendent dans un silence respectueux le moment où le soleil et la terre s'aligneront pour capturer un phénomène aussi magique que fugace. Pendant dix minutes à peine, avant le coucher du soleil, la cascade du Horsetail s'illumine d'un orange doré, créant l'illusion d'une chute de feu ou d'une coulée de lave sur près de 600 mètres, le long de la paroi Est d'El Capitan, une formation rocheuse très appréciée dans le monde de l'escalade. Ce spectacle irréel ne peut généralement être observé qu'entre le 19 et le 24 février, si toutefois toutes les conditions sont réunies : configuration céleste propice donc, mais aussi horizon dégagé et neiges suffisamment abondantes durant l'hiver pour permettre à la cascade de se former. Cette année, passionnés et professionnels ont livré quelques clichés qui gardent toute leur magie, près de 40 ans après la première photographie couleur du phénomène, par Galen Rowell en 1973.

L'endroit le plus **chaud** de la planète

De nouvelles mesures viennent de désigner le désert du Vide (Dasht-e Lut) dans le sud-est de l'Iran, comme le plus chaud de la planète. On y a relevé la température de 70,7° !

LES INCROYABLES D'AVANT

FÉVRIER

DE 1873 À 1993

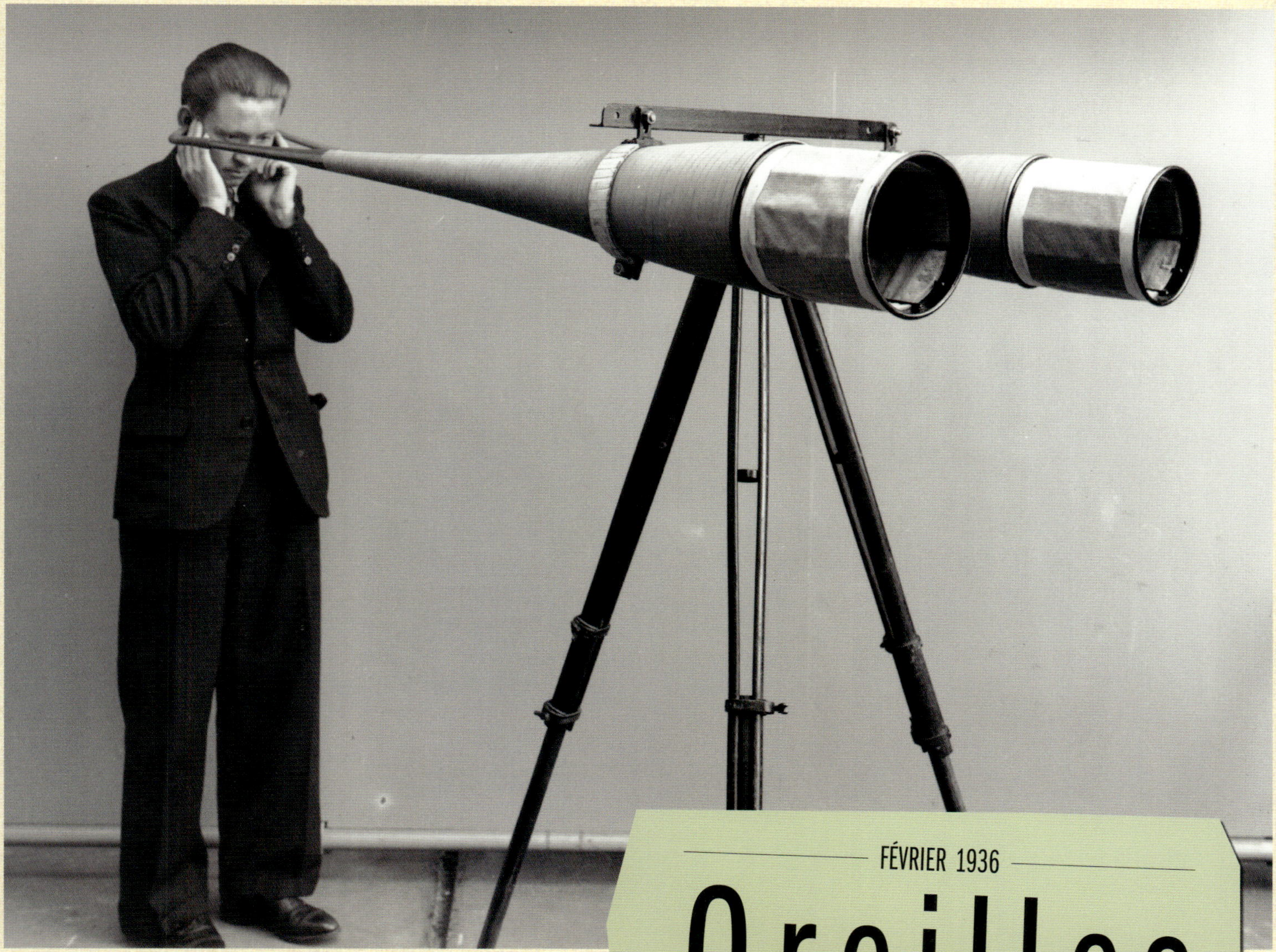

FÉVRIER 1936

Oreilles sourdes

Cet étrange appareil n'est pas une paire de jumelles géantes, mais un double cornet acoustique de 1,50 m de long. Il a été conçu, en 1936, par l'Office français de la recherche scientifique, organisme officiel tout à fait sérieux, pour entendre les avions allemands, dans l'éventualité d'un conflit. Faut-il dire qu'il n'a jamais servi ?

FÉVRIER

OÙ VA SE NICHER LE TALENT ?

Cette pile de livres somptueusement reliés est, en fait une chaise percée du XVIIIe siècle. On est confondu devant le talent et l'imagination de l'artisan qui a réalisé ce chef-d'œuvre en son genre.

FÉVRIER 1904

L'EMBRASEMENT DE BALTIMORE

Dans la matinée du 7 février 1904 le feu se déclare dans les locaux d'une entreprise de la ville et prend vite de l'ampleur. Les bâtiments autour du foyer d'incendie sont dynamités pour en éviter la propagation. Mais les flammes gagnent rapidement du terrain. Les unités de pompiers des villes avoisinantes sont appelées en renfort. Elles arrivent de Philadelphie, Washington, New York, Wilmington, Atlantic City. Mais leurs lances ne pourront être raccordées aux bouches à incendie de Baltimore, car elles ne sont pas standardisées. Alors le feu brûle sans discontinuer pendant trente heures… consumant 1 526 bâtiments sur 70 pâtés de maisons… La plaque commémorative portera l'inscription : « Vies perdues : aucune ! » Il y a peu de temps toutefois, fut révélée la présence de restes carbonisés d'un Afro-Asiatique repêché dans le port après la catastrophe : une vie perdue ! Deux ans plus tard, Baltimore s'était relevé de ses cendres.

FEVRIER 1970

L'ACADÉMICIEN ET LE FAUSSAIRE

En 1862, à 70 ans, Michel Chasles est un des plus grands savants que la France ait connus. Considéré comme le fondateur de la géométrie moderne, il est membre de l'Académie des sciences et professeur à l'École polytechnique. Il a pourtant un regret : il est passionné de manuscrits anciens et, bien qu'il soit très riche, il n'a jamais pu acquérir jusque-là que des pièces secondaires.

Or, un visiteur vient le trouver, un homme d'allure modeste, aux alentours de la cinquantaine. Il s'appelle Denis Vrain-Lucas et il lui propose une lettre de Molière. Chasles est d'autant plus intéressé que son interlocuteur lui raconte une histoire extraordinaire : la lettre provient d'une malle appartenant à un vieux monsieur autrefois riche et tombé dans la misère. Elle contient des milliers d'autres documents du même genre et il est chargé de les vendre. Fou de joie, le savant achète la lettre 500 francs-or et demande à Vrain-Lucas de revenir. Ce dernier se présente peu après, avec une lettre de César à Vercingétorix. Elle vaut la peine d'être citée en entier.

« J'envoye devers toi un mien ami, qui te dira le but du mien voyage. Je veux couvrir de mes soldats la terre qui t'a vu naistre. C'est en vain que tu la vouldras défendre. Tu es brave, je le say, mais aussi le seray, s'il plaist aux dieux. Ce pourquoy, rends-moy les armes ou prépare-toy à combattre. »

Il y a aussi la réponse du chef gaulois rédigée dans le même style. Chasles paye immédiatement la somme demandée, sans s'étonner que les deux adversaires s'expriment en vieux français, que leur correspondance figure sur du papier, à une époque où il n'existait pas, avec, de surcroît, des fleurs de lis en filigrane…

Et le manège va durer des années ! Ce sont, en tout, 27 345 faux que Vrain-Lucas vend à Michel Chasles, pour la somme astronomique de cent cinquante mille francs-or. Leur contenu est ahurissant tant pour la forme que pour le fond. On voit ainsi s'exprimer en vieux français : Archimède, Attila, Cléopâtre, Christophe Colomb, Shakespeare, Dante, Alexandre le Grand et même Jésus-Christ. Ce dernier est le destinataire d'une lettre de Judas, lui demandant humblement pardon de sa trahison, tandis que Lazare, ressuscité par le même Jésus, lui annonce son intention de s'installer à Marseille !

Tout cela est tellement énorme qu'on a de la peine à y croire et pourtant le savant n'a aucun soupçon. C'est, en définitive, sa qualité d'académicien qui va faire découvrir la supercherie. Soucieux de faire profiter ses collègues de ses trésors, Chasles produit devant eux une lettre dans laquelle Pascal affirme avoir découvert la théorie de la gravitation universelle avant Newton. C'est un beau tollé dans l'assemblée, qui crie à la falsification, sans parler des milieux scientifiques anglais, qui sont scandalisés.

L'affaire entraîne une enquête et l'arrestation de Vrain-Lucas. Son procès, qui a lieu en octobre 1869, provoque un énorme éclat de rire. Le public s'écrase pour entendre ces lettres, toutes plus délirantes les unes que les autres. Les cris fusent :

– Un bonnet d'âne pour l'académicien !

À l'issue des débats, Vrain-Lucas sera condamné à 500 francs d'amende et deux ans de prison, mais le plus extraordinaire reste l'attitude de Michel Chasles. Jamais, malgré l'évidence, il n'a cru à une escroquerie. Il a conservé précieusement ses documents, dont il voulait penser, envers et contre tout, qu'ils étaient authentiques et, à sa mort, il les a légués à la Bibliothèque nationale.

FÉVRIER 1993

Sous ce préservatif géant, l'Obélisque

Le 1er décembre 1993, à l'occasion de la Journée mondiale du sida, l'association Act-up a revêtu l'Obélisque d'un préservatif de 30 m de haut et rebaptisé la place de la Concorde «place des morts du Sida». Une action spectaculaire, qui a fait date et contribué à mobiliser les énergies au plus fort de l'épidémie.

FÉVRIER 1965

L'ULTIME EXPLOIT

Légende de l'alpinisme italien, auteur des ascensions les plus audacieuses, Walter Bonatti va raccrocher à 35 ans. Mais avant de mettre un terme définitif à l'alpinisme de performance, il se lance un extraordinaire défi : réussir l'ouverture en solitaire, en hiver, de la voie la plus directe dans la face nord du Cervin, une des montagnes les plus spectaculaires des Alpes. Il progresse centimètre par centimètre, à mains nues sur la paroi verticale et glacée pour mieux saisir la moindre aspérité, le pied cherchant le moindre appui. En fin de journée, il plante un piton pour y suspendre son sac avec Zizi, petit ours en peluche, puis deux pitons pour accrocher son duvet dans lequel il s'est glissé. Dans son bivouac précaire, il sort un petit réchaud pour se faire du café. La nuit de repos sans trouver une seule minute de sommeil se fait en position presque debout. Au bout de trois jours d'ascension dans la souffrance, Walter Bonatti atteint la croix au sommet du Cervin.

FÉVRIER 1873

LE MASSACRE DES SÉQUOIAS

Le séquoia géant, créature vivante la plus volumineuse de la planète, fut découvert dans la première partie du XIXe siècle par les botanistes dans les forêts de Californie. Son existence fut révélée au public américain vers 1850… et à celle des compagnies forestières, pour le malheur de ces arbres. En un demi-siècle, leur population fut réduite d'un tiers pour glorifier l'exploitation industrielle, abattus parfois à l'explosif lorsqu'ils étaient trop gros. Un de ces monarques baptisé « Général Noble » allait figurer à l'exposition internationale de Chicago de 1873 pour épater les foules. Un tronçon mesurant 6,70 de diamètre pour une hauteur de 10 mètres prélevé dans un arbre de 91, 50 mètres de haut, a été « prélevé », découpé en 46 pièces pour le transport. Leur tâche achevée, les bûcherons posent fièrement devant leur trophée. Toutes les étapes de l'abattage ont été photographiées et figureront dans la section creuse du tronc, aménagé en deux pièces superposées reliées par un escalier en vis. Les exposants, conscients du massacre des séquoias, avaient espéré ainsi préserver au moins un exemplaire de cette merveille de la nature… D'autres tentatives auront lieu par la suite pour sauver les survivants…

THE STUMP AND TRUNK OF THE MAMMOTH TREE OF CALAVERAS.
Showing a Cotillion Party of Thirty-two Persons Dancing on the Stump at one time

Un tourbillon de 5 secondes

Qu'est-ce qui a poussé François Reichelt, au péril de sa vie, à sauter du 1er étage de la tour Eiffel... Venu d'Autriche pour s'installer à Paris comme tailleur dans le quartier de l'Opéra, cet immigré marquera l'histoire par son geste fatal. Besoin de reconnaissance et rêve éternel de l'humanité de voler le portent à inventer un mauteau-parachute en cette période des débuts de l'aviation. Reichelt met au point son prototype en faisant pendant deux ans de nombreux calculs et des tests réalisés à l'aide de mannequins. Il fait lui-même un essai en se lançant de 10 mètres de hauteur. Heureusement son saut est amorti par des bottes de paille au sol, car la tentative est un échec. Alors pourquoi persiste-t-il, et annonce-t-il à la presse qu'il va réaliser un saut depuis la Tour Eiffel... Il y a tout juste cent ans, le 4 février 1912 Franz Reichelt, par un froid glacial, est prêt pour son exploit. La préfecture de police a donné son accord croyant sans doute que la démonstration s'effectuerait avec un mannequin. Les journalistes et les badauds sont au rendez-vous. Lorsqu'à 8 h 22, au premier étage de la Tour à 57 m du sol, il monte sur la balustrade, personne n'intervient. Enveloppé de sa combinaison-parachute ample et pleine de plis qui le fait ressembler à une chauve-souris, il a l'air pathétique. Comme s'il pressentait l'issue fatale de son expérience, le malheureux inventeur hésite longtemps avant de se lancer dans le vide. Un tourbillon de 5 secondes, et François Reichelt s'écrase sur le sol gelé. Il est mort d'une crise cardiaque avant même d'avoir touché le sol. La tragédie a été filmée, le tailleur volant obtient la notoriété. Il est considéré comme un précurseur du saut en parachute d'un point fixe...

FÉVRIER 1970

CHEF-D'ŒUVRE TOUT EN SEL

Wieliczka en Cracovie. À 100 mètres sous terre, la somptueuse chapelle Sainte-Cunégonde taillée dans un bloc de sel gemme se déploie sur 54 mètres de long, décorée de bas-reliefs et de statues, illuminée par des lustres. Toutes ces œuvres d'art ont été réalisées par des mineurs, artistes autodidactes. Le gisement de sel gemme souterrain de Wieliczka a été exploité dès le Moyen Âge, et fut une des plus vieilles entreprises industrielles d'Europe, représentant 30 % du revenu national, car le sel servait de monnaie d'échange. Au fil du temps, les ouvriers spécialisés creusèrent près de 300 km de galeries s'étalant sur neuf niveaux qui mènent à une vingtaine de chapelles, des chambres et des lacs souterrains. Le site a été inscrit au patrimoine de l'Unesco en 1978.

Mars
2012

Abou Dhabi abrite le plus grand établissement au monde de soins pour oiseaux de proie. La fauconnerie étant une tradition ancestrale dans toute la péninsule arabique, il ne désemplit pas. Pas moins de six mille rapaces le fréquentent chaque année, pour une maladie, une blessure ou un simple bilan de santé.

CLINIQUE POUR **FAUCONS**

Un coach dans le manche d'une raquette

Difficile de faire des progrès lorsqu'on joue au tennis entre amis. On ne dispose pas toujours d'un professeur pour corriger ses erreurs ou de caméscopes enregistrant la partie.

Pour permettre néanmoins aux amoureux de la petite balle jaune de perfectionner service-volée et revers slicés, l'entreprise lyonnaise Babolat a conçu une raquette futuriste, dont le manche est bourré d'électronique. Des capteurs, répartis sur le cadre et le cordage transmettront une foule d'informations au microprocesseur, caché à l'intérieur du manche. Ainsi le joueur pourra-t-il connaître la puissance de ses coups, la vitesse de la balle, le nombre des coups gagnants ou des fautes directes, et le centrage des balles sur la surface du tamis.

Appelé Play & Connect, fabriqué en Chine, le prototype sera présenté au mois de mai lors du tournoi de Roland-Garros. Et si les tests sont concluants, la raquette du futur sera mise sur le marché en 2013.

INTERDICTION DE MOURIR

Le 5 mars 2012, les quelque 4 000 habitants du petit village de Falciano del Massico, dans la province de Caserte (sud de l'Italie), ont eu la surprise de découvrir une ordonnance pour le moins extravagante : « Il est interdit aux habitants du village et aux personnes de passage de passer de vie à trépas, dans la mesure du possible. » Ainsi en a décidé le maire de la commune, Giulio Cesare Fava, qui, usé d'alerter les pouvoirs publics sur son problème de cimetière saturé sans obtenir le moindre résultat, a pris le parti de l'humour et de la provocation. Jusqu'à présent, les défunts de Falciano del Massico étaient enterrés dans le cimetière du village voisin, Carinola, mais les places sont venues à manquer et les travaux d'agrandissement du lieu de sépulture, imaginés dès 1993, sont restés lettre morte. Selon le maire, « les gens du village sont contents ». Si « l'ordonnance les a bien fait rire (...), il y a un vrai soulèvement populaire sur cette question. Les habitants ont déjà récolté un millier de signatures et des propriétaires ont offert leurs terrains » pour pouvoir enfin offrir à Falciano un cimetière qui lui soit propre.

400 000 euros tombés du ciel

Le 12 mars, un fragment de météorite est tombé sur le toit de la cabane de la famille Thomassen, à Oslo, en Norvège. L'objet, cassé en deux morceaux par l'impact, pèse 585 grammes et se serait, selon les scientifiques, détaché d'une météorite en provenance de la planète Mars, observée quelques jours plus tôt dans le nord de l'Europe.

L'astrophysicien Knut Oedegaard a identifié cette pierre comme étant une brèche, c'est-à-dire un agrégat de roches martiennes de différentes natures, ce qui augmente encore sa valeur marchande. En effet, les météorites se négociant actuellement 670 euros le gramme, ce cadeau tombé du ciel vaut environ 400 000 euros. De quoi permettre à la famille Thomassen de reconstruire sa cabane de jardin. Et d'y adjoindre éventuellement une serre et une piscine !

ON N'ARRÊTE PAS LE PROGRÈS !

Un fabricant américain de vêtements pour bébés vient de mettre au point un pyjama révolutionnaire. Il contient des capteurs mesurant le rythme cardiaque, la température et les mouvements du bébé. Un émetteur sans fil est relié au téléphone des parents et leur envoie un SMS au moindre phénomène anomal.

POUBELLE VIVANTE

Un petit village de la Sarthe, Pincé, vient d'avoir une initiative originale : offrir à chaque famille une paire de poules pondeuses chargées de picorer leurs restes alimentaires, pour les aider à réduire le volume de leurs déchets et, du même coup, la taxe d'enlèvement des ordures.

Cette commune de 200 habitants, située, tout près du célèbre élevage de Loué, n'a eu aucun mal à se procurer les volatiles. Son maire, Lydie Pasteau, vante son initiative. « Cela permettra aux administrés d'avoir plusieurs centaines d'œufs gratuitement par an, dit-elle, et cela renforcera les liens entre eux. De la même manière qu'on s'occupe du chien ou du chat des voisins, quand ils partent en vacances, on s'occupera aussi des poules. »

Il est à noter que Pincé n'est pas le premier à avoir eu cette idée : la ville de Mouscron, en Belgique, l'a déjà mise en pratique à la satisfaction générale.

COMMENT DÉPLACER DES OBJETS PAR LA SEULE FORCE DE L'ESPRIT ?

Les auteurs de science-fiction nous ont habitués à des prouesses techniques qui défient la raison. Certains d'entre eux ont même imaginé possible d'accomplir des actions à distance par la seule force de la pensée. Ces rêveries sont aujourd'hui devenues réalité.

Des expérimentations, réalisées à l'Institut de technologie d'Atlanta et à l'université Duke aux États-Unis, ont, en effet, permis à des patients tétraplégiques de contrôler des objets à distance, par l'entremise des ondes cérébrales.

Toute action corporelle commence par une décharge électrique émise par les neurones et qui se propage jusqu'aux muscles le long des réseaux nerveux. Dans le cas d'une rupture de la moelle épinière ou d'une dégénérescence du système nerveux, les liaisons sont coupées entre le cerveau et les muscles.

La démarche des chercheurs consiste à greffer un implant de la taille de la pointe d'un stylo-bille dans le cerveau, à le doter d'un amplificateur-récepteur miniaturisé, et à recueillir sur un ordinateur les signaux émis. Via un logiciel, les données sont ensuite transmises à une machine capable d'exécuter les instructions.

Bien qu'encore embryonnaire, cette technologie est en perpétuelle évolution. Récemment, une électrode, implantée dans le cortex moteur d'un singe, lui a permis de contrôler une main virtuelle sur un écran. Une révolution qui ouvre des perspectives encourageantes aux personnes handicapées.

Vacances
À L'OMBRE

Ici on dort en cellule ! Située au centre du lac Mälaren, l'île de Langholmen a abrité la plus grande prison de Suède. Celle-ci, construite au début du XIXe siècle, a été fermée en 1975, mais, au lieu de la détruire, les autorités ont décidé de la transformer en hôtel. Les barreaux ont bien disparu des fenêtres et le confort a été grandement amélioré, mais l'architecture générale a été conservée. Les portes, en particulier, sont d'origine. La seule différence est que les pensionnaires en ont la clé.

Les chambres sont faites de deux ou trois anciennes cellules. Dans le hall, un petit musée retrace l'histoire de la maison d'arrêt. Des journaux d'époque et des photos de détenus rappellent ce qui s'est passé autrefois entre ces murs.

Un spot publicitaire que seules les femmes peuvent regarder

Pour combattre la discrimination qui limite la scolarisation des filles dans certains pays en voie de développement, l'ONG anglaise Plan a imaginé une campagne de sensibilisation exclusivement réservée aux femmes. Pour ce faire, elle a conçu un panneau interactif installé dans un abribus de Londres. Si vous êtes un homme, vous devrez vous contenter de voir le site Internet de l'ONG. Par contre si vous êtes une femme, le panneau vous offrira un spot publicitaire de 40 secondes dédié à la cause défendue par l'association, et intitulé « Parce que je suis une fille ! »

Explication : un système de reconnaissance faciale mesure la distance entre les yeux, la largueur du nez, et la taille de la mâchoire de manière à déterminer le sexe de la personne qui se trouve devant l'écran.

Selon la BBC qui l'a testé une centaine de fois, le système serait fiable à 90 %. L'histoire ne dit pas pour autant si cette campagne a permis à l'ONG de récolter davantage de fonds.

DES PORCS, CHAMPIONS DE JEUX VIDÉO

Lorsque les porcs s'ennuient, ils deviennent agressifs et ont tendance à se mordre la queue. Pour réduire leur stress et améliorer leur mieux-vivre, une réglementation européenne exige des éleveurs qu'ils prévoient des distractions pour leurs animaux élevés en batterie. Jusqu'à présent ces aménagements ludiques se limitaient à une chaîne reliée à une balle en caoutchouc ou à un bout de bois. Piètres dérivatifs à l'heure de l'informatique et des écrans tactiles !

Pour remédier à la situation et humaniser les porcheries, une équipe hollandaise a inventé un concept de jeu vidéo interactif qui permet aux cochons de jouer avec les hommes. Le jeu, Pig Chase, permet à l'animal de poursuivre avec son groin des ronds lumineux de couleurs vives qui apparaissent sur un écran tactile. Ces ronds sont contrôlés à distance par des humains qui, eux, jouent sur un Ipad. Le but est de déplacer un point lumineux et de l'amener dans le centre d'un triangle. Lorsque le porc y parvient, il déclenche un feu d'artifice Succès assuré. Les porcs apprécient le jeu. Et y jouent en moyenne une quinzaine de minutes avant de s'en lasser.

L'équipe, composée d'éleveurs, de designers et d'un philosophe, n'a pas souhaité que les porcs soient récompensés en nourriture lorsqu'ils marquent des points. « La seule motivation du porc doit être le jeu en soi », insiste Clemens Driessen, le philosophe.

Notons que la vive intelligence des porcs a été démontrée il y a une vingtaine d'années, lorsque des chercheurs avaient constaté qu'ils comprenaient plus rapidement que les chimpanzés la logique d'un jeu et l'usage d'un joystick.

Plus de **couches** pour adultes que pour bébés !

L'information vient d'Unicharm, le plus gros fabricant de couches japonais, qui a rendu public ses comptes, en mars 2012. Il y apparaît que les ventes de couches pour adultes ont dépassé, pour la première fois, celle des couches pour bébés.

Cette information, qui pourrait faire sourire, est, en fait, terriblement inquiétante. Le Japon est victime d'une dénatalisation effrayante. Les Japonaises font de moins en moins d'enfants et les personnes âgées de plus de 65 ans représentent 23 % de la population, ce qui est absolument unique dans le monde. Elles seront même 40 % en 2060.

Les spécialistes ne cessent de tirer la sonnette d'alarme. Ils ont calculé que, si la régression démographique se poursuivait à ce rythme, le dernier Japonais aurait disparu en 3011.

Alors, en attendant, le pays s'organise... On peut y assister à des défilés de mode de couches pour adultes ! Des mannequins féminins et masculins viennent présenter les derniers modèles. Ils défilent sur le podium, au son d'une musique suave, tandis qu'une présentatrice vante la qualité des produits. Par exemple, le modèle nommé « Soulagement ». « Un adorable sous-vêtement très fin, qui s'enlève le plus facilement du monde. On s'y sent aussi à l'aise que dans une culotte », affirme la jeune femme. Pendant ce temps, un public nombreux, composé d'infirmières, d'aides-soignantes et de personnes âgées, suit attentivement et feuillette le catalogue présentant 400 modèles de couches différentes.

UN CONCOURS

PAS COMME LES AUTRES

La fête de la Reine, qui correspond aux premiers beaux jours du printemps, a toujours un grand succès aux Pays-Bas, mais elle donne traditionnellement lieu à des comportements fâcheux à Amsterdam. Les festivités étant très arrosées de bière, les hommes ont l'habitude de soulager leur vessie dans les célèbres canaux de la ville.

C'est pourquoi la municipalité a eu, cette année, l'idée d'un concours original, Des urinoirs ont été disposés dans les rues. L'urine était mesurée grâce à un système ingénieux et les résultats apparaissaient sur des écrans géants. Les concurrents arrivés en tête se voyaient offrir leur facture d'eau de la ville. Le concours a remporté un vif succès. Une jeune femme a même tenté d'y participer en s'appliquant à uriner debout, mais elle ne figure pas parmi les gagnants.

Après 25 ans de **séparation**, un Indien retrouve sa mère grâce à Google Earth

Certaines histoires ressemblent parfois à des contes de fées. En 1986, Saroo Brierley, un Indien âgé de 5 ans, accompagne son frère aîné à la gare ferroviaire de Khandwa, leur ville natale située au centre de l'État continent. Les deux enfants mendient sur les quais, dans l'espoir de glaner quelques centimes de roupies pour améliorer le quotidien de leur famille misérable. Puis ils grimpent à bord d'un train pour solliciter les voyageurs. Saroo, épuisé, s'endort sur le sol, dissimulé derrière un entassement de bagages. Lorsqu'il se réveille, 14 heures plus tard, il ignore que le train a parcouru 1 200 km et qu'il se trouve à Calcutta, la troisième plus grande ville du pays.

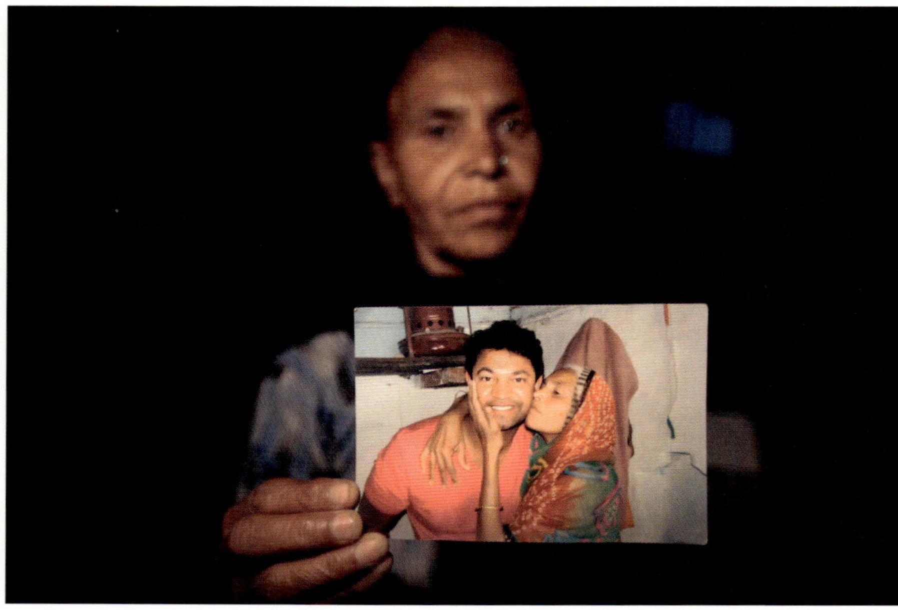

En proie à une angoisse indescriptible, il erre quelques jours dans la gare, se nourrissant de déchets. Un homme le repère et, lui promettant le gîte et le couvert, essaie de l'entraîner chez lui avec l'intention de le vendre comme esclave à une riche famille. L'enfant s'enfuit et rejoint dans la rue d'autres petits mendiants. Quelques mois plus tard, il est recueilli par une association caritative et placé en orphelinat. Peu après, une famille australienne l'adopte et l'emmène vivre en Tasmanie.

Vingt-cinq ans s'écoulent. Saroo a fait des études, obtenu un diplôme de technicien de maintenance, et s'est intégré avec succès à l'entreprise familiale, qui soustraite du matériel pour l'industrie. Bien qu'heureux et choyé par sa famille d'accueil, le jeune homme est hanté par son passé chaotique. Pour retrouver la trace de sa mère biologique, il ne dispose que d'une information : sa ville natale se trouvait quelque part, à une distance d'environ 1 200 km à l'ouest de Calcutta. Dès lors, il n'a de cesse de consulter les cartes satellitaires disponibles sur Google Earth. Passant au crible toutes les localités se trouvant à cette distance, son attention se porte sur Khandwa. En zoomant sur un quartier périphérique, il croit reconnaître quelques rues dans lesquelles il a grandi et décide d'aller vérifier sur place.

En mars 2012, muni d'une photo le représentant à l'âge de cinq ans, Saroo fait du porte à porte et raconte son histoire à tous ceux qu'il rencontre. Après deux jours d'enquête, une femme le reconnaît sur la photo : c'est sa mère. Après des retrouvailles bouleversantes, cette dernière lui fait deux révélations : le frère qui l'avait accompagné à la gare pour mendier est mort, écrasé sous un train. Quant à elle, elle était confiante depuis qu'une cartomancienne lui avait prédit que son fils lui reviendrait un jour, en provenance d'un pays lointain.

Cette incroyable histoire intéresse déjà écrivains et producteurs de cinéma. Ainsi, la lirez-vous peut-être en détail ou la regarderez-vous bientôt sur grand écran.

LA RESPIRATION COMME énergie du futur

Un air de renouveau est en passe de souffler sur nos chargeurs de batteries de téléphone. Pour lutter contre la consommation excessive d'électricité dans le monde, le designer brésilien João Paulo Lammoglia a eu l'idée de faire appel à une source d'énergie totalement gratuite, disponible 24 heures sur 24, 7 jours sur 7, dans n'importe quel coin de la planète : l'air de la respiration humaine. Il a ainsi créé le concept du AIRE Mask, un masque capable de convertir l'énergie fournie par les inspirations et expirations de son porteur en courant électrique. Fonctionnant sur le principe du moulin à vent, grâce à de petites turbines placées à l'intérieur de l'appareil, l'AIRE Mask est capable de stocker la force de l'air dans un boîtier électronique qui servira ensuite à recharger les batteries de votre téléphone, de votre smartphone ou encore de votre baladeur numérique, via un câble intégré.

VOYAGE AU CENTRE DE LA MISÈRE

Qu'il soit vilipendé comme dernier caprice concédé aux bobos ou encensé pour son humanisme, l'hôtel Gellem de Montreuil-sous-Bois (Seine-saint-Denis), en plein cœur d'un campement Rom, ne laisse pas indifférent. Jouxtant une bretelle d'autoroute, l'établissement, qui tient davantage de la hutte que du trois-étoiles, accueille depuis cette année des touristes pour un court séjour, loin du confort moderne. Ici pas d'installations sanitaires ni d'eau courante. Les visiteurs doivent se plier aux conditions de vie des habitants. Deux bassines sont mises à disposition pour la toilette et la cuisine. Aux touristes d'aller chercher l'eau à la sortie du campement.

Aucun prix n'est fixé à l'avance et la communauté d'une trentaine d'habitants se laisse le droit de refuser des hôtes. Chaque candidat à ce séjour insolite doit adresser une demande écrite présentant ses motivations. L'hôtel Gellem a pour vocation de lutter contre la stigmatisation dont est actuellement victime la communauté Rom.

Ce chien femelle est né, fin 2002, avec seulement deux pattes arrière. Son maître voulait la piquer, mais Jude Stringfellow, sa propriétaire actuelle, l'a prise avec elle et a décidé de lui apprendre à marcher sur deux pattes, comme les humains. Elle lui a donné le nom de Faith, « Foi », et elle a réussi, à la surprise générale, notamment, en la faisant s'entraîner dans la neige. Aujourd'hui, Faith a dix ans et marche debout sans difficulté ; elle est devenue la vedette de nombreux films et documentaires. Jude Stringfellow, quant à elle, a abandonné son métier de professeur, pour donner des conférences.

Faith,
le chien à deux pattes

Drôles de sculptures

La spécialité de la sculptrice Virginie Barré est de placer dans les musées des effigies humaines grandeur nature, réalisées en cire et habillées de vêtements. Il s'agit pour elle « d'attirer l'attention des visiteurs ». Si on juge par cette jeune femme inanimée et ces hommes voilés ressemblant à des spectres, il s'agit d'apparitions bien inquiétantes.

Une poigne de fer

C'est la toute dernière réalisation de la NASA : des gants donnant une poigne surhumaine. Des tendons robotisés, mus par tout un appareillage électronique, multiplient par trois la force de la main.

Des **dromadaires** sous la neige

Il se produit parfois des phénomènes météorologiques exceptionnels, comme cette averse de neige, tombée à Tabuk, en Arabie Saoudite, le 3 mars. Si les dromadaires semblent tout à fait indifférents, ce Saoudien s'amuse comme un enfant, avec cette neige qu'il voit peut-être pour la première fois.

LES INCROYABLES D'AVANT

MARS

DE 1610 À 1946

MARS 1916

DES LUNETTES POUR CONDUCTEUR DE CHARS D'ASSAUT

La guerre 1914-1918, ayant entraîné un grand nombre de blessures aux yeux, un inventeur a eu l'idée d'un « protecteur métallique contre les éclats ». Le modèle représenté ici était destiné aux équipages de chars d'assaut. Malheureusement, le soldat ne voyait pratiquement plus rien et l'armée n'a pas donné suite.

MARS 1929

Le «chasse-piétons»

D'après son inventeur, ce dispositif grillagé à l'avant du véhicule devait empêcher à tout jamais d'écraser un piéton. Mais si les essais, réalisés à allure réduite, se sont montrés concluants, il est vite apparu que le « chasse-piétons » était inefficace, dès que la vitesse augmentait.

4970-W

MARS 1610

LE FIGUIER DE ROSCOFF

Nous sommes en mars 1610, sous le règne du bon roi Henri IV, dans le port breton de Roscoff. Un moine capucin accomplit un geste en apparence insignifiant : il plante un figuier dans le jardin de son couvent. Seulement, l'arbre apprécie à ce point la terre et le climat, qu'il va connaître un développement prodigieux, au fil des années, des décennies, puis des siècles.

Au début des années 1980, il a atteint une dimension incroyable. Son tronc n'est pas spécialement gigantesque, même s'il fait tout de même 2,40 m de circonférence ; de même, il ne dépasse pas la hauteur de 10 mètres, mais sa largeur est proprement phénoménale. Il bifurque en deux branches principales, chacune donnant naissance à une multitude de branches secondaires. Pour éviter, qu'elles ne touchent terre, on a été obligé de les étayer. Il a fallu pour cela 79 colonnes d'une hauteur de 2 m à 2,20 m, dont 43 en granit et les autres en fer. Elles forment ainsi une immense salle de verdure, dont le couvert est si épais qu'il intercepte totalement les rayons du soleil. L'ensemble ne couvre pas moins de 700 m² et peut abriter des centaines de personnes. Quant à l'arbre, il produit environ 500 kg de figues de la variété blanche par an.

Le figuier de Roscoff a fini par devenir une curiosité nationale, puis internationale, attirant les visiteurs et les savants du monde entier. La *Revue horticole* de 1879, écrit qu'il s'agit sans nul doute du plus grand spécimen de son espèce et « qu'il peut être considéré comme une autre merveille du monde ». Jusqu'au bout, il n'a cessé de grandir et de s'étendre. Rien n'indiquait chez lui de maladie, il ne présentait nul signe de vieillesse. Il était bâti pour vivre encore des décennies, voire des siècles. Mais s'il a résisté vaillamment à toutes les vicissitudes, il n'a pas survécu à la bêtise des hommes : le figuier de Roscoff a été abattu en 1987, pour faire place à un parking.

MARS 1906

ILS SONT ENTRÉS DANS LA LANGUE

Le samedi 10 mars 1906, à 7 heures du matin, une terrible explosion ravage les galeries exploitées par les charbonnages de Courrières, dans le Pas-de-Calais. Lorsqu'on fera les comptes, on dénombrera 1099 victimes. C'est alors la catastrophe minière la plus grave jamais connue. Elle ne sera dépassée que par celle survenue en Chine, en 1942.

L'effroyable bilan humain déchaîne la colère. Une série de grèves et de mouvements sociaux aboutit à de meilleures conditions de sécurité et à l'instauration du repos hebdomadaire obligatoire, mais ce qui frappe le plus les contemporains se produit trois semaines plus tard. Le 4 avril, exactement vingt-quatre jours après l'explosion, treize mineurs sortent d'une galerie dévastée. Il était impensable, à l'époque, qu'on puisse survivre plus de quelques jours à ce genre de catastrophe et les recherches avaient été abandonnées depuis longtemps.

Si les rescapés ont pu rester en vie aussi longtemps, c'est peut-être parce qu'ils étaient séparés un deux groupes où se trouvaient le père et le fils. Anselme Prouvost, quinze ans – car, on descendait alors à la mine dès treize ans – était sûr que son père Charles était vivant et ce dernier avait la même certitude. Le plus extraordinaire, c'est qu'ils ont fini par se rejoindre et trouver l'issue vers la surface.

Leur aventure cause une immense sensation dans toute la France et elle est à l'origine d'un fait sans précédent : un changement de vocabulaire. Jusque-là, on appelait ceux qui avaient réchappé d'un accident les « réchappés ». Mais, dans le Pas-de-Calais, on prononçait à la picarde « rescapés », la presse leur a donné ce nom et il est resté dans la langue.

MARS 1894

L'ARTISTE A 25 000 ANS

La dame de Brassempouy est une des plus émouvantes œuvres d'art du monde par son charme, son élégance… et son âge ! On lui a donné le nom du village des Landes où elle a été découverte en 1894 dans un gisement du paléolithique supérieur. Elle est considérée comme une des premières figures humaines connues. Cette petite pièce d'ivoire de mammouth d'à peine 4 cm, taillée à l'âge des cavernes, est remarquable par le caractère réaliste de la représentation. Avec pour tout outil un burin de pierre, un homme du fond des âges a façonné les contours délicats du visage triangulaire, sculpté avec finesse le relief des sourcils, du nez et du menton, et dessiné une ébauche de regard ; seule la bouche n'est pas tracée. Sur la tête et retombant en arrière figure une chevelure tressée. Ce n'est certainement pas un être poilu et barbu avec des mains de gorille qui a su reproduire la féminité et la grâce avec tant de sensibilité, mais bel et bien un artiste !

MARS 1880

L'asperge mystérieuse

Lorsque les invités de Charles Ephrussi, un grand collectionneur de la fin du XIXe siècle découvraient cette petite toile du grand Manet, ils restaient bouche bée. Pourquoi une asperge ? À la rigueur une botte d'asperges pour une nature morte soit. Mais une seule asperge… toute bête ? Qu'est ce qui lui était passé par la tête ? L'explication c'est que Charles Ephrussi ayant passé commande à Manet d'un tableau représentant une botte d'asperges, il lui avait envoyé mille francs pour son œuvre. Mais comme le prix demandé n'avait été que de 800 francs, le peintre lui avait fait parvenir un petit paquet sur lequel était écrit : « Il en manquait une à votre botte » et dans le petit paquet, le tableau représentant une asperge.

MARS 1856

QUI POSSÈDE LE ONE CENT MAGENTA ?

1876, Georgetown, Guyane britannique. Vernon Vaughan, un écolier de 12 ans, trouve dans le grenier de son oncle un petit bout de papier octogonal de couleur magenta. Il ne se doute pas qu'il a en mains un futur trésor. Mais le trésor ne sera pas pour lui.

Il s'agit d'un timbre provisoire représentant un bateau à voile d'une valeur faciale de « one cent ».

Il a été fabriqué sur place par l'imprimeur de la colonie de Guyane en 1856, le navire ravitailleur en provenance de métropole ayant fait naufrage.

Vernon Vaughan, pour acquérir de plus beaux spécimens vend son timbre écorné et défraîchi à un marchand pour la somme de 6 shillings.

Ainsi commence la fascinante histoire du One Cent Magenta qui passe de mains en mains, de pays en pays depuis 150 ans.

En 1877, il fait partie d'un lot racheté en Angleterre pour 120 livres

Au début du xxe siècle, la précieuse vignette trouve acquéreur à Paris. Le comte Philippe von Ferrari l'achète 150 livres et la dépose dans le coffre-fort de sa résidence : l'hôtel Matignon ! Étant de nationalité allemande, le milliardaire lègue sa collection de timbres légendaire au Musée postal de Berlin, et décède en 1917. Ce trésor sera confisqué par la France et servira à payer une partie de la dette allemande imposée par le traité de Versailles. Ainsi entre 1921 et 1925, les plus beaux et les plus rares timbres seront dispersés dans une série de ventes aux enchères et enrichiront des collections privées.

Le magnat américain de l'automobile Arthur Hind se portera acquéreur du One Cent Magenta en 1922 pour la somme record de 35 000 dollars. Il en aurait même acheté un second qu'il brûle immédiatement pour que le sien reste unique.

Les transactions suivantes estimées à 50 000 dollars, lors de sa mort en 1933, se feront dans la discrétion pendant trente ans.

Mais Vernon Vaughan, l'inventeur du timbre sait, lorsqu'il meurt en 1949 à l'âge de 88 ans que le petit bout de papier qu'il a cédé pour 6 shillings vaut maintenant 100 000 dollars !

Le One Cent Magenta reparaît lorsqu'il est racheté dans une vente aux enchères télévisée pour 280 000 dollars par Irwin Weinberg. Pour le montrer dans les expositions internationales de philatélie, cet éminent collectionneur le transportera dans un attaché-case blindé fixé à son poignet.

Le dernier propriétaire connu est l'héritier de la multinationale de chimie DuPont de Nemours. John l'achète en 1980 pour la somme de 935 000 dollars, et dort, selon les rumeurs, avec le timbre sous l'oreiller. Lorsqu'il est condamné à trente ans de réclusion en 1997 pour assassinat, il devient le prisonnier le plus riche du monde… mais meurt en 2010.

Le One Cent Magenta est estimé aujourd'hui à 5 millions de dollars… Qui s'en est porté acquéreur ?

L'ÉTRANGE MAISON WINCHESTER

En 1881 l'unique héritier de la Cie d'armes Winchester meurt de tuberculose. Sa femme Sarah, déjà très atteinte par la mort de leur petite fille, subit le drame comme une malédiction. Elle décide de consulter un médium à Boston. Superstitieuse et fragile, Sarah se laisse facilement convaincre que sa famille est poursuivie par les victimes des armes Winchester, et que leurs esprits réclament vengeance. Mais elle peut éviter la malédiction en entreprenant, pour abriter les esprits qui l'obsèdent, la construction d'une maison qui ne devra jamais être achevée. Sarah fait l'acquisition d'une ferme près de Santa Clara en Californie. Pendant 38 ans, une équipe d'ouvriers sera en permanence à l'œuvre, de jour comme de nuit, pour suivre les plans des travaux à effectuer qui sont dictés à la propriétaire par ses fantômes. De nouvelles pièces sont créées, d'autres démolies, la maison devient un des bâtiments les plus étranges par les anomalies qu'il renferme. Les 160 pièces comportent quelquefois des curiosités déconcertantes comme des portes qui donnent sur le vide, des escaliers qui mènent au plafond, des placards sans fond ou des fenêtres sur le sol. Mais pour l'époque cette maison possède également des équipements stupéfiants de modernité, avec ascenseurs, chauffage central, installations électriques perfectionnées et eau chaude. Il n'y aura pas eu un seul instant de répit dans les travaux jusqu'au jour de la mort de Sarah en 1922. Elle aura dépensé l'équivalent de 70 millions de dollars d'aujourd'hui pour l'agrandissement de sa maison. Depuis cette date, la maison Winchester est restée inachevée, quasiment en l'état… Immensité chaotique s'étendant sur plus de deux hectares, elle est devenue une attraction incontournable. Elle attire pendant Halloween tous ceux qui la croient toujours hantée…

MARS 1930

CEUX QUI MARCHENT DANS LE CIEL

Pour la construction de l'Empire State Building en 1930, 3 400 ouvriers travaillaient en même temps, et parmi eux des ouvriers mohawks. Ces Indiens aux muscles d'acier, résistant au vertige et à la peur, ont participé à l'édification des gratte-ciel de New-York, des autoroutes suspendues, et des ponts métalliques. On les appelle les « sky-walkers », capables d'évoluer sans trembler à plusieurs dizaines de mètres du sol sur des poutres larges de 30 cm et doués pour assembler les composants de l'armature métallique. La construction évoluait au rythme de quatre étages et demi par semaine. La communauté des ouvriers mohawks qui pourtant prenaient les plus grands risques, n'eut à déplorer aucun mort. Chaque week-end ils sautaient dans leur voiture, et après huit heures de route rejoignaient leurs familles dans la réserve indienne au Canada. Lors de la tragédie de 2001, les petits-fils et les neveux sont venus spontanément aider à défaire ce que leurs aînés avaient construit.

AVRIL
2012

Tout n'est qu'

SAMSUNG
THE PASTY SHOP
JOURNEYS FRIEND
a piece of cake
12 12
13 13
14 14
15

illusion !

Cette fresque, peinte dans la gare de Waterloo, à Londres, est l'œuvre de l'artiste américain Kurt Wenner. Elle a été réalisée grâce à la technique de l'anamorphose, qui donne une impression de relief plus saisissante encore que le trompe-l'œil. Comble du raffinement, illusion dans l'illusion, la jeune femme allongée est bien réelle. Elle s'est posée sur le sol, qui est parfaitement plat, à l'endroit où est dessiné le canapé.

Mais si l'anamorphose produit un effet impressionnant, elle a pour inconvénient de n'être visible que d'un seul endroit, comme le prouve cette photo prise sous un autre angle.

UN CÉLÈBRE RAPPEUR, MORT EN 1996, **RESSUSCITE** SUR SCÈNE EN 3D.

Ses 80 000 fans n'en ont pas cru leurs yeux et leurs oreilles : le dimanche 16 avril, sur la scène du festival de Caochella, à 200 km de Los Angeles, le rappeur américain Tupac, décédé en 1996, est revenu à la vie sous la forme d'un hologramme, des images virtuelles en trois dimensions. Grâce à cette technologie, le chanteur légendaire a même salué son public en lançant un joyeux : « Ça va Caochella ? »

Tué par balle à Las Vegas à l'âge de 25 ans, Tupac Amaru Shakur avait vendu environ 75 millions de disques de son vivant.

Nick Smith, le président d'AV-Concepts, la société en charge de la création de l'hologramme, spécialisée dans les effets spéciaux de cinéma, a expliqué que la prestation de Tupac n'était pas un enregistrement, mais une pure création : « C'est une illusion. Toutes les images ont été fabriquées numériquement. Ce travail a nécessité plusieurs mois et a coûté plus de 200 000 dollars. »

Fort de ce succès, les concepteurs du spectacle prévoient une tournée de concerts virtuels à travers les États-Unis. Et envisagent de numériser les prestations de vedettes bien vivantes afin d'en faire profiter le plus grand nombre.

Tous les **goûts** sont dans la nature

Kerry Trebilcock, une Anglaise vivant à Mylor, dans le nord du pays, est atteinte d'une maladie mentale très rare, le pica, qui a pour effet de perturber les goûts alimentaires. Elle s'est prise de passion pour les éponges, qui constituent presque son unique nourriture. Elle en a déjà mangé plus de 4 000.

UNE CATHÉDRALE EN COULEURS

On oublie souvent que les cathédrales gothiques étaient à l'origine peintes de couleurs vives, faisant ressortir les statues de la façade Des lampes à huile étaient même posées à proximité la nuit, pour que les fidèles puissent continuer à les admirer. Avec le temps, ce revêtement a disparu, mais les responsables chargés de la cathédrale d'Amiens, chef-d'œuvre du XIIIe siècle, ont eu l'idée de faire revivre le monument tel qu'il était à sa construction. En s'appuyant sur les traces infimes de peinture laissée ici et là et grâce à un système ultramoderne de projecteurs, la façade retrouve l'aspect éclatant qu'elle avait jadis.

Notre galaxie en un seul cliché

En 2009, la NASA lançait dans le ciel son satellite de cartographie céleste Wide-field Infrared Survey Explorer (WISE), à partir d'une base de Californie. De retour sur terre, la mission a dévoilé les résultats de son exploration. Près de 2,7 millions d'images ont été prises par le satellite, muni d'un télescope spatial infrarouge. 560 millions d'objets différents ont été répertoriés : des étoiles, des astéroïdes et même des galaxies, dont la plupart étaient encore inconnues. Jamais notre galaxie n'avait été scrutée de cette façon auparavant. Grâce à ce travail, l'agence spatiale a pu reconstituer un panorama d'une grande partie de la voie lactée, c'est-à-dire de « notre galaxie », en utilisant une sélection de 18 000 des 2,7 millions de clichés réalisés. La Nasa explique sur son site : « La Voie lactée est en fait en forme de disque, et le système solaire est, par rapport au centre, à deux tiers du chemin en dehors de ce disque. Alors on a l'impression que la Voie lactée est une bande traversant le ciel. » Cet atlas de notre galaxie n'aurait pas pu être obtenu sans les immenses progrès de la technologie à infrarouges. Selon Edward Wright, directeur de recherche de la mission WISE à l'Université de Californie, « les anciens relevés infrarouges [dont les derniers remontent à plus de 25 ans] ressemblent à des peintures impressionnistes. Désormais nous obtenons des images qui ont l'air de véritables photographies ».

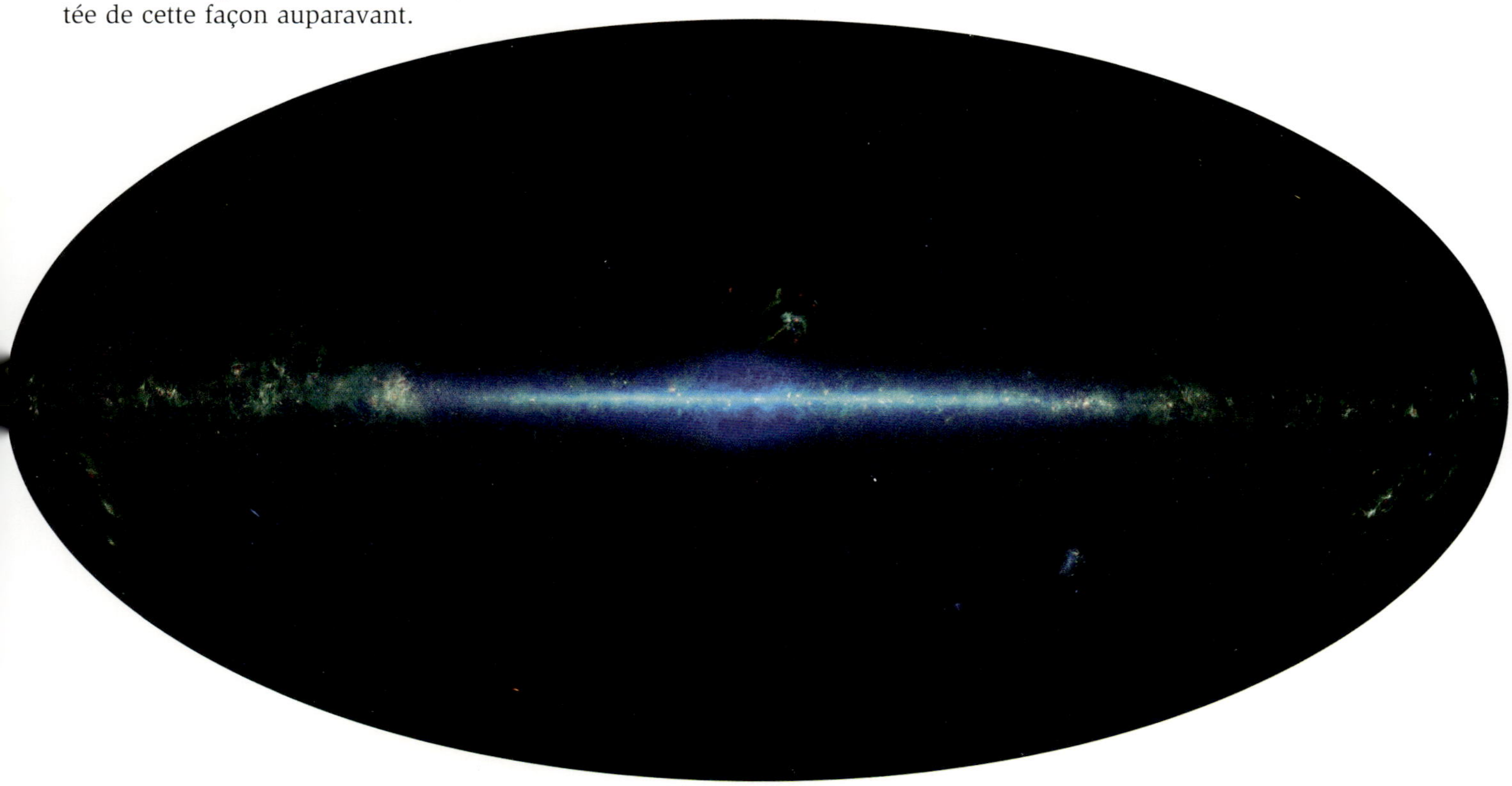

POLICIERS À LOUER EN GRÈCE

Enlisée dans une crise profonde et menacée d'un manque de liquidités à court terme, la Grèce a décidé, fin mars, de mettre ses policiers et leurs équipements en location. Désormais, n'importe quel particulier peut s'offrir les services des forces de l'ordre à titre personnel... pourvu qu'il y mette le prix. Il faut compter 30 euros pour une prestation de policier en uniforme, 50 euros s'il est accompagné de son chien, 200 euros pour une vedette et 1 500 euros pour un hélicoptère. Des réductions seront proposées aux meilleurs clients. La gamme de services va de « l'escorte de transports d'explosifs, de matériaux dangereux, de trésorerie ou d'œuvres d'art », à « l'accompagnement de personnes » ou le tournage de films. L'argent récolté servira notamment à financer le matériel qui équipe les forces de l'ordre.

Bruit d'enfer

Ces policiers de Toronto sont équipés de la dernière arme pour lutter contre les manifestants : le canon à bruit. Ce redoutable dispositif, très directionnel, ne peut être entendu de celui qui le manie. Il est capable d'envoyer jusqu'à 3 km un son de 152 décibels, équivalent au bruit d'un avion qui décolle. La police n'a toutefois pas le droit de l'employer si la cible se trouve à moins de 75 m. En deçà de cette distance, le son provoque, en effet, des lésions auditives irrémédiables.

Choisir son cochon

Bernd Schulz, éleveur de cochons près de Brandebourg, en Allemagne orientale, est l'auteur d'une initiative pour le moins originale. Sur son site meinekleinefarm.org, on peut voir évoluer les porcs de son élevage. Les clients n'ont qu'à choisir celui qu'ils préfèrent et à adresser leur règlement. Quelques jours plus tard, ils reçoivent leur cochon, sous forme de jambons, boudins et saucisses.

UN MÉTIER STABLE

Chacun sait les problèmes économiques que connaît l'Espagne, avec, notamment, un chômage touchant le quart de la population. L'emploi est devenu une véritable obsession dans le pays et l'Église a décidé d'en profiter. Elle a lancé une campagne de recrutement sur YouTube. Sur fond d'images des JMJ, une voix persuasive vante les mérites d'une « vie stable » au sein du clergé. Résultat : alors que le nombre de prêtres avait diminué de 25 % lors des dix dernières années, il s'est mis, pour la première fois, à augmenter.

PRENEZ DES PHOTOS AVEC VOS DOIGTS

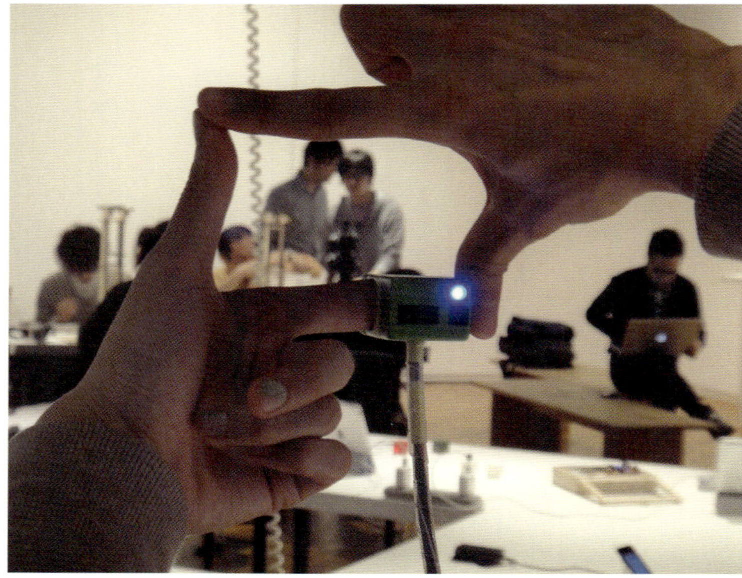

Des chercheurs japonais de l'Institute of Advanced Media Arts and Sciences, à Gaki, ont inventé le premier appareil photo qui utilise les doigts de son propriétaire pour cadrer. Sans viseur, ni écran, ce prototype, baptisé Ub-Camera, n'est pas plus grand qu'une boîte d'allumettes. Pour réaliser une photographie, l'utilisateur place son index gauche dans un orifice dédié de l'appareil, et son pouce droit à l'extrémité inverse. Les deux mains, qui forment alors un cadre, se substituent au viseur traditionnel. Pour zoomer, il suffit de tendre les bras, pour dé-zoomer, de rapprocher les mains du visage. L'Ubi-Camera est équipé d'un capteur de distance infrarouge qui détermine l'espace entre l'œil de l'utilisateur et le boîtier. Une fois le cadrage désiré obtenu, une simple pression du pouce permet de déclencher la prise de vue. Malgré sa taille minuscule, l'appareil n'est pas facilement transportable. Pour fonctionner, il doit encore être relié à un ordinateur par un câble. Mais les chercheurs japonais travaillent déjà à l'élaboration d'une version sans fil pour permettre l'usage en extérieur.

LA BENNE ROBOT

Ce robot baptisé Dust Cart est expérimenté dans le village de Peccioli, en Italie. Sur un simple coup de téléphone, il vient devant votre porte. Il n'y a plus qu'à déposer les ordures dans le conteneur prévu à cet effet et Dust Cart va porter le tout à la décharge. Les premiers résultats sont encourageants et la benne robot pourrait, à terme, remplacer les bennes à ordures classiques.

SCULPTURES
PAS COMME LES AUTRES

Ces volutes qui s'élèvent gracieusement sont faites avec un œuf d'autruche. Elles sont l'œuvre de l'artiste allemande Carina Charlton, qui les sculpte avec une fraise de dentiste. Elle a créé à ce jour plus de 500 modèles, vendus entre 800 et 2 000 euros.

Tapoter
sur son jean

On n'arrête pas les innovations en tout genre, y compris les plus farfelues. Une société hollandaise vient de mettre au point un jean muni d'un clavier d'ordinateur. L'ensemble est relié à l'appareil grâce à une connexion sans fil Bluetooth. Si son fonctionnement est parfaitement satisfaisant, son utilité semble moins évidente.

VOITURE VOLE
OU AVION ROULE ?

Quel automobiliste n'a pas rêvé un jour de prendre l'air pour échapper à un embouteillage ? Et quel pilote n'a pas fantasmé sur une bonne fée qui, d'un coup de baguette magique, transformerait son avion en voiture pour lui permettre de quitter l'aérodrome et de rentrer chez lui ?
Avec Transition, la voiture volante récemment homologuée par l'Administration fédérale de l'aviation américaine, ces chimères sont devenues réalités.

Conçu et fabriqué par cinq jeunes diplômés du Massachussetts Institute of Technology passionnés d'aviation, cet engin se présente sous la forme d'un petit véhicule de 2,10 m de haut, 2 m de large et 5,8 m de long. Propulsé par une hélice arrière, il dispose de deux ailes qui se déplient en moins d'une minute. Ainsi transformé en avion, il peut décoller d'une piste de 800 mètres et voler jusqu'à une altitude de 3 000 mètres.

Il faudra naturellement disposer à la fois d'une licence de pilotage et d'un permis de conduire pour utiliser l'appareil dans ses deux fonctions, la Transition étant avant tout destinée aux amateurs d'avions qui veulent pouvoir se déplacer en toute autonomie, aussi bien sur route que dans les airs.
Vendu 155 000 euros, cet engin hybride à l'avenir prometteur a déjà séduit soixante-dix clients qui ont versé des arrhes. Ils attendaient depuis un an l'homologation de leur futur jouet. C'est aujourd'hui chose faite.

Chaussettes-chaussures

Des chaussettes qui protègent aussi bien qu'une chaussure de cuir, avec la souplesse et la sensibilité en plus, l'idée était dans l'air depuis longtemps, mais se heurtait au problème du matériau. C'est maintenant chose faite grâce au Kevlar, qui sert à fabriquer les gilets pare-balles. Une invention précieuse, idéale pour l'escalade et aussi pour se baigner dans des lieux où on rencontre des oursins et des vives.

UN PAPIER PEINT ANTISISMIQUE

Conçu par le Pr Lothar Stempniewsky, chercheur à l'Institut de technologie de Karlsruhe, en Allemagne, un papier peint antisismique rend les murs plus souples et réduit les risques d'effondrement. Contenant des perles de polyuréthane et des fibres orientées dans les quatre dimensions, ce revêtement adhésif résiste aux fissures et pourrait éviter les dégâts de 60 à 70 %.

« Notre objectif était que les gens aient plus de temps pour évacuer les bâtiments en cas de séisme, a expliqué le chercheur. Même des tremblements de terre peu violents peuvent provoquer des dégâts considérables, surtout aux bâtiments en maçonnerie. L'ampleur des dommages ne dépend pas tant de sa graduation sur l'échelle de Richter que de la durée des secousses infligées aux constructions. »

DES **ALLIGATORS** ALBINOS DANS LA MANCHE

Le 12 avril, lors d'une conférence de presse, le parc Alligator Bay, à Beauvoir (Manche), près du Mont-Saint-Michel, présentait ses trois nouveaux pensionnaires : des alligators d'une forme rarissime à la couleur ivoire et aux yeux translucides. Ces reptiles albinos, deux femelles et un mâle, mesurant entre 1,20 et 1,50 mètre, sont nés en Louisiane, aux États-Unis. Pour les accueillir dans le parc Alligator Bay, un enclos spécial a été aménagé. Un plancher chauffant à l'abri du soleil leur permet de conserver une certaine température corporelle sans s'exposer aux dangers des rayons. Car, à cause de leur dépigmentation, ces reptiliens risquent d'être gravement brûlés par les UV. Leur espèce en a pourtant un besoin vital pour réguler sa température interne. On compte seulement une trentaine d'alligators albinos dans le monde, tous en captivité.

SANS UN SOU VAILLANT, IL VIT DANS UNE MAISON À 1,5 MILLIARD D'EUROS

Quand on est englué dans des problèmes d'argent pourquoi ne pas conjurer le mauvais sort en vivant dans un appartement tapissé de… billets de banque ? C'est le choix insolite fait par Franck Buckley, un Irlandais au chômage qui survit avec une allocation de 188 euros par semaine. Ancien organisateur de tournées de musiciens devenu fondateur de l'association le Sport contre le racisme en Europe, Buckley est frappé par la crise financière. Ayant dû renoncer à ses activités, il est dans l'incapacité de rembourser l'emprunt de 365 000 euros qu'il avait souscrit pour acheter une maison.

Après avoir squatté un appartement au rez-de-chaussée d'un immeuble en déshérence, Buckley ne sait comment le réhabiliter à moindre frais. Lorsqu'il apprend par la presse que la banque centrale d'Irlande retire de la circulation des euros usagés pour en imprimer des neufs, il demande s'il peut en récupérer une partie. Autorisation accordée. Le magot se présente sous la forme de milliers de briques de débris de billets compactés, chaque brique contenant environ 50 000 euros. Buckley emploie son trésor à recouvrir sols et murs de son appartement.

Une idée en entraînant une autre, le sans-emploi décide ensuite de transformer son antre en destination touristique. Billion Euro House est devenue aujourd'hui un lieu où l'on se réunit pour débattre parfois du rôle de l'argent dans la société

Toujours sans un sou vaillant mais vivant au milieu de ce qui fut un pactole de un milliard et demi d'euros, Buckley est sans doute le mieux placé pour philosopher : « Tout est centré sur l'euro, mais les euros ne sont que des bouts de papier. C'est ce que les gens font des euros, la valeur qu'ils leur attribuent, qui change la donne. »

Il se constitue prisonnier pour toucher sa propre RANÇON

L'appât du gain est-il plus fort que la bêtise ? Une anecdote, rapportée par un soldat américain stationné en Afghanistan, et relayée par le *Washington Post* apporte un élément de réponse.

Il y a quelques jours, Mohammed Ashan, un chef taliban, s'est constitué prisonnier à un poste de la police afghane dans le but de toucher… sa propre rançon. Sa fiche signalétique comportant photo et empreintes digitales ayant été placardée à travers le pays, Ashan avait eu l'heureuse surprise de découvrir que les autorités offraient 100 dollars de récompense pour sa capture. Fort de cela, il s'est présenté spontanément pour réclamer son dû. Après vérification de son identité, le chef taliban a été jeté en prison. Sans passer par la case « récompense » !

800 euros en moins de 90 secondes !

Un restaurant de Moscou a organisé, le 21 avril 2012, le premier concours de mangeurs de caviar. Les concurrents avaient été tirés au sort et se sont attablés devant 500 g de caviar, d'une valeur de 3 800 euros. Le gagnant a englouti le contenu de son bol en 1 minute, 26 secondes et emporté un prix de 10 000 roubles (260 euros), ainsi que plusieurs bocaux de caviar. Malgré l'argent dépensé, le restaurant s'est déclaré satisfait de ce qui constituait pour lui une opération promotionnelle.

AVRIL
DE 1702 À 1970

58e Année — 3e Série — N° 108 — Le Numéro quotidien : 10 CENTIMES dans toute la France — Étranger : 20 CENTIMES — Mercredi 17 Avril 1912

Gaston CALMETTE, Directeur-Gérant

LE FIGARO

« Loué par ceux-ci, blâmé par ceux-là, me moquant des sots, bravant les méchants, je me hâte de rire de tout... de peur d'être obligé d'en pleurer. » (BEAUMARCHAIS.)

H. DE VILLEMESSANT, Fondateur

L'Eclipse de soleil

Projections du cône d'ombre variant selon les distances des astres. Fig. 1

Différents types d'éclipses de soleil. Fig. 2

Trajet de l'éclipse aux environs de Pa[ris]

La catastrophe du « Titanic »

Près de 1,500 victimes

AVRIL 1912

LE TITANIC ÉCLIPSÉ

Le 17 avril 1912 a lieu un événement rare : une éclipse de soleil. Plusieurs facteurs concourent à lui donner un caractère exceptionnel. C'est à Paris qu'elle est la plus visible, le temps est particulièrement beau et elle se produit à midi, à l'heure de pause des ateliers et des bureaux. Aussi, le moment venu, les Parisiens, le président du Conseil et ses ministres en tête, se précipitent-ils dehors, tenant à la main les verres fumés dont on a vendu la veille plus d'un million d'exemplaires. Ils ne seront pas déçus du spectacle : pendant quelques secondes, le soleil passe entre les montagnes de la lune, provoquant un effet dit « en collier de diamant », qui est observé pour la première fois de manière aussi nette. C'est donc naturellement à l'éclipse que *Le Figaro*, comme ses confrères, consacre sa une. Or, le 14 avril, a eu lieu la catastrophe du *Titanic*, dont on découvre, ce jour-là, toute l'ampleur. Mais le naufrage et ses 1 500 victimes passent au second plan. Ils n'ont droit qu'au bas de la colonne de droite, le reste de la première page étant consacré au rendez-vous du soleil avec la lune.

AVRIL

UNE FORÊT DE CROIX POUR RÉSISTER

Que reste-t-il des souffrances endurées au fil de l'Histoire par le peuple de Lituanie : élimination des opposants durant l'époque tsariste, déportation des prêtres catholiques sous le régime soviétique, génocide des juifs ? La douleur des mémoires, quelques pages dans les manuels d'histoire et une petite colline croulant sous le poids de milliers de croix.

C'est près de la ville de Siauliai, dans le nord du pays, que l'on trouve ce monticule, devenu, au fil des années, l'emblème de la résistance de toute une nation face aux persécutions. Dès 1795, à l'époque de l'invasion russe, les Lituaniens s'y rendent en pèlerinage pour honorer la mémoire des disparus et l'amour de leur pays. Des croix sont plantées afin d'offrir un lieu de recueillement aux familles des rebelles à l'occupant tsariste. Depuis, la colline a été plusieurs fois menacée de destruction. En 1961, le Parti communiste, interdisant toute religion, engloutit la bute pour en interdire l'accès. Qu'importe, les habitants construisent des ponts. La réponse du KGB ne se fait pas attendre. En avril de cette même année, ses agents détruisent entièrement le site à l'aide de tractopelles. Dès le lendemain, les croix reviennent. Alors les Soviétiques envoient des bulldozers. Une fois, puis une deuxième. À chaque tentative, croix, statues religieuses, effigies et chapelets rejaillissent du néant. Si bien qu'en 1985, le Parti communiste doit s'avouer vaincu. En 2006, près de 200 000 croix étaient recensées avant qu'un important incendie n'endommage gravement le lieu. Il en resterait aujourd'hui environ 60 000.

LUBLIN
2005

AVRIL 1967

LE DERNIER DUEL OFFICIEL

Regardez bien l'épée que tient l'homme de droite. Il s'agit de Gaston Defferre, maire de Marseille et président du groupe socialiste à l'Assemblée nationale en 1967 à la date de cette photo. Oui, bien sûr il s'agit d'un duel, mais l'épée que tient le maire de Marseille a un but précis autre que de seulement blesser son adversaire, le député gaulliste René Ribière, qu'il a traité « d'abruti » depuis le perchoir du Parlement. Celui-ci lui a expédié 2 témoins et une invitation à se battre en duel, à moins bien entendu qu'il ne consente à retirer la parole offensante. Mais Defferre, connu pour sa gouaille et son assurance a refusé, d'autant qu'il s'est déjà battu au pistolet et qu'il imagine René Ribière totalement incompétent en matière d'escrime et certainement très nerveux car il se marie le lendemain. D'où la direction que prend la pointe de son épée : la braguette de René Ribière. Il expliquera plus tard qu'il voulait « lui rendre pénible dans les jours suivants l'accomplissement de ses devoirs de jeune époux » . Trois assauts sous l'arbitrage du député Jean Lipkowski et deux blessures légères infligées à Ribière et le combat s'achève sous les regards d'une cohorte de journalistes goguenards. René Ribière estimant que les estafilades qui ornaient désormais son avant-bras avaient lavé son honneur bafoué et sans doute désireux de protéger ses parties génitales avait mis fin au combat.

AVRIL 1966

Ils ont trouvé UNE BOMBE, et alors ?

S'ils font preuve d'un tel soulagement, c'est que la bombe qu'ils viennent de repêcher en mer est une bombe atomique de type B28 au plutonium ! Le 17 janvier 1966, un bombardier B52 qui transportait quatre bombes nucléaires est entré en collision avec un avion ravitailleur près de Palomares en Espagne. Trois bombes sont tombées à terre sans exploser car le dispositif de mise à feu n'avait pas été enclenché. Elles ont néanmoins dispersé sur deux cent cinquante hectares quatre kilos cinq cent de plutonium qu'il a fallu récupérer. Mais il a été nécessaire d'armer trente-trois navires et des dizaines d'avion pendant trois mois pour retrouver en avril celle qui était tombée en mer. D'où la mine réjouie qu'affichent sur cette photo des membres de l'état-major US.

AVRIL 1921

LA VACHE QUI RIT

L'origine de la marque est un calembour. Pendant la guerre de 14-18, dans les régions qu'ils occupaient (Nord, Belgique), les Allemands ont placardé des affiches montrant une Walkyrie, au visage rouge de colère, qui justifiait dans un texte leur entrée en guerre. Les populations ont réagi en gribouillant une tête de vache sur celle de la guerrière, ce qui en faisait une « vache qui rit » . En 1921, quand il a cherché une marque pour commercialiser sa pâte de gruyère fondue, Léon Bel s'en est souvenu et a demandé à Benjamin Rabier de dessiner la célèbre vache.

AVRIL 1952

LE PETIT ATOMISTE

Atomic Energy Lab, « Le petit atomiste », est peut-être le jouet le plus délirant jamais conçu. Le coffret contenait de véritables échantillons d'uranium, de ruthénium et de polonium. L'enfant pouvait les manipuler et mesurer ensuite la radioactivité, grâce à un petit compteur Geiger… La carrière d'*Atomic Energy Lab* a été brève. Mis en vente en 1951, il a été retiré du marché en 1952. Mais ce n'est pas, comme on pourrait le croire, parce qu'il a été interdit en raison de sa dangerosité, c'est parce qu'il était trop cher et ne s'est pas vendu.

AVRIL 1945

La rose de la paix

L'invention d'une rose nouvelle représente un travail de plusieurs années et des frais d'investissement considérables. En 1939, Francis Meilland obtient une fleur dont le bouton est d'or et qui en s'ouvrant se nuance somptueusement de carmin, atteignant l'apogée de sa beauté après épanouissement complet. Il la dédie à sa mère Mme Antoine Meilland. Pour protéger sa création lors de l'invasion de la France par l'armée allemande, il a l'idée d'en confier quelques greffons au consul américain en partance pour les États-Unis via Lisbonne. Exportée clandestinement elle renaîtra de l'autre côté de l'Atlantique. Au début de 1945 Francis Meillard écrit au Field Marshal Alan Brooks, principal auteur de la stratégie maîtresse qui permit de gagner la Seconde Guerre mondiale. Pour le remercier du rôle clé qu'il joua dans la libération de la France, il lui demanda d'accepter de donner son nom à la rose. Brooke, très honoré de la proposition, déclina l'offre et suggéra qu'on la baptise « Peace ». L'adoption de ce nom a été annoncée au public américain le 29 avril 1945, jour de la chute de Berlin, et date considérée officiellement comme marquant la fin de la Seconde Guerre mondiale en Europe. La même année des roses « Peace » ont été offertes à chacune des délégations lors de la convention inaugurale des Nations unies à San Francisco. Cultivée dans le monde entier, elle est une des roses les plus populaires, ayant bénéficié des plus hautes récompenses, car sa beauté reste inégalée. Elle a pour nom « Gioa » en Italie et « Gloria Dei » en Allemagne.

AVRIL 1944

L'AUTRE HISTOIRE DU camembert

En 1926, un médecin américain débarque en Normandie pour rendre hommage à Marie Harel, créatrice selon la légende du camembert, qui lui a rendu la santé et guéri ses « patients » atteints de maux d'estomac. La tombe de la fromagère étant introuvable, il propose d'ériger un monument à la gloire de cette bienfaitrice, et ouvre une souscription qui trouve un écho enthousiaste… auprès des producteurs de fromage américains… La statue de Marie Harel en costume normand est inaugurée à Vimoutiers en grande pompe en avril 1928. Hélas, lors d'un bombardement en 1944, elle se trouve décapitée. Une fois encore, les producteurs de fromages américains toujours aussi fans de camembert se proposent de financer l'édification d'une statue de remplacement, dont le socle doit porter l'inscription : « La Borden's Cheese Company fabrique des camemberts aux États-Unis. » Ce qui provoque la colère des fromagers locaux. Après de longs pourparlers, un accord est trouvé et la statue inaugurée en 1956. Le nom *camembert* est tombé dans le domaine public. Seul le *camembert de Normandie*, le « vrai », bénéficie d'une AOC depuis 1983 ; étant à base de lait cru, il est interdit d'entrée aux États-Unis. Le *camembert cheese*, lui, est pasteurisé.

AVRIL 1945

Jusqu'ou pourra-t-il COURIR ?

Le 12 avril 1980, cet athlète de 21 ans appareillé d'une jambe artificielle entreprend un exploit hors du commun dans le but de recueillir des fonds pour la recherche sur le cancer. Au départ de St Johns en Terre-Neuve il trempe le pied dans l'océan Atlantique et aspire à en faire de même de l'autre côté du continent canadien dans l'océan Pacifique.

À 19 ans Terry Fox, atteint d'un cancer des os, est amputé de la jambe droite 15 cm au-dessus du genou. Il se rétablit, mais très affecté par la souffrance des autres victimes de cette terrible maladie qu'il côtoie à l'hôpital il décide de les aider. Son objectif : amasser l'équivalent d'un dollar par habitant sur son passage. Le jeune homme suit un programme d'entraînement intensif pendant 18 mois pour réapprendre à marcher, et optimiser au maximum ses capacités physiques malgré son handicap. Son défi : courir 42 km par jour, moyenne normale pour un marathon, exploit jamais encore accompli sur une aussi longue distance.

Il traverse l'Île-du-Prince Edouard, la Nouvelle-Écosse, le Nouveau-Brunswick et le Québec au rythme de 37 km par jour malgré la fatigue et les souffrances qu'il endure. Au 143e jour, il a déjà parcouru 5 373 km en arrivant dans l'Ontario lorsqu'il est rattrapé par la maladie.

Forcé de s'arrêter le 1er septembre malgré son courage et sa détermination, il mourra l'année suivante, un mois avant son 23e anniversaire.

Le marathon héroïque de Terry Fox a fait naître un vaste élan de générosité et a récolté 24,17 millions de dollars, objectif que s'était fixé le sportif, ; des émissions de télévision et de nombreuses personnalités ont ensuite contribué au financement de son œuvre.

Avant de mourir, l'athlète canadien savait que l'élan de participation allait se poursuivre. Il s'est même amplifié, car tous les ans au mois de septembre, un peu partout dans le monde, on court... La journée Terry-Fox permet de récolter des fonds pour la recherche sur le cancer.

AVRIL 1917

UN FAUX PARIS

En 1917, le gouvernement français imagine un projet sans précédent. Il s'agit, pour faire cesser les bombardements dont la capitale est victime, de construire un Paris factice à côté du Paris véritable. Le projet n'aboutira pas, comme on peut bien le penser, mais une fausse gare de l'Est sera tout de même construite près de Villepinte.

AVRIL 1900

UN ORDINATEUR
VIEUX DE VINGT-DEUX SIÈCLES

En avril 1900, un pêcheur d'éponges découvre une épave antique, reposant par 60 mètres de fond au large de l'île d'Anticythère, en Grèce. Des plongeurs remontent à la surface une belle moisson d'amphores et de statues. À laquelle s'ajoutent 82 fragments de bronze, partiellement recouverts d'une gangue de pierre et de coraux. Les archéologues supputent qu'une fois assemblées, les pièces pourraient constituer un mécanisme complexe de la taille d'une pendulette. Astrolabe ? Planétarium ? Outil de navigation ? Quelle était la fonction de cet objet, qui pourrait avoir été fabriqué vers l'an 100 av. J.-C. ?

En 1959, un physicien analyse les morceaux aux rayons X. Et décèle la présence de cadrans, d'aiguilles et de roues dentées. Cette découverte attise la curiosité des spécialistes et relance les conjectures.

Enfin, en 2005, un scanner perce le mystère d'Anticythère. Cette petite machine de quelques centaines de grammes permettait de calculer avec une très grande précision les mouvements des astres, en particulier du soleil et de la lune, de prédire les éclipses, et de prévoir les dates et les villes des jeux panhelléniques.

Ce petit chef-d'œuvre technologique devançait ainsi d'un millénaire les horloges astronomiques érigées en Europe au Moyen Âge. Et fut le lointain ancêtre de nos ordinateurs.

AVRIL 1702

NEUF-BRISACH

LA VILLE NOUVELLE DE LOUIS XIV

À partir de rien, à la fin du XVIIe siècle, surgit en un temps record dans la plaine une ville libre de toute contrainte topographique, ceinturée d'énormes remparts de 5 m de haut et de fossés qui s'inscrivent dans une sorte d'étoile de mer pétrifiée. On dirait presque une image de synthèse. Parmi d'autres maquettes, Louis XIV a choisi celle-ci qui fait de Neuf-Brisach la seule ville de France en grès rose parfaitement octogonale. Elle est située en Alsace, à cinq kilomètres du Rhin. Dans une région de villages pittoresques avec des maisons à colombages hautes en couleur, cette réalisation est vraiment atypique.

La France venait de perdre la place forte de Breisach sur la rive allemande. Il fallait combler cette perte qui laissait un vide défensif entre Strasbourg et Mulhouse. Sous les ordres du roi, Vauban entreprend en 1698 les travaux de terrassement, creuse un canal jusqu'aux Vosges pour acheminer le grès rose nécessaire à la construction et alimenter les douves. En 1702, les fortifications de la nouvelle citadelle sont achevées, et les casernements pour la garnison prêts à loger 2000 militaires. Mais la population civile tarde à s'installer dans la cité pourtant considérée comme « idéale ». Les rues se coupent à angle droit autour de la place d'armes et les maisons sont groupées en 48 carrés identiques. Mais l'eau stagnante dans les douves est cause de beaucoup d'épidémies. On fait venir de Paris des gens de robe et des bourgeois moyennant quelque somme, qui assureront l'administration de la ville. La garnison a besoin d'intendance, de nourriture et de fournitures diverses. Pour encourager les artisans et les commerçants des alentours et d'ailleurs à s'établir, on les exempte d'impôts pendant dix ans.

Il n'y a pas de paysans dans cette place forte ; quant aux juifs et aux protestants, ils y sont interdits de séjour.

Neuf-Brisach a été presque entièrement détruite pendant la Seconde Guerre mondiale, mais les remparts sont restés intacts. Vauban avait imaginé une enceinte défensive de la ville nouvelle tellement efficace que celle-ci ne pourra jamais s'ouvrir sur l'extérieur !

Cette fortification bastionnée est le point d'orgue de l'œuvre magistrale de Vauban dont Louis XIV disait : « De tous les diamants de la couronne de France, le plus beau est la forteresse du Rhin. »

AVRIL 1970

Une œuvre d'art ***monumentale*** *en plein désert*

Au milieu d'une vaste cuvette désertique de l'Utah, dans une ancienne zone d'extraction pétrolière aujourd'hui abandonnée, émerge, comme un mirage, l'un des chefs-d'œuvre du Land Art : la Spirale Jetty (jetée en spirale en français). Construite en avril 1970 à l'initiative de l'artiste américain Robert Smithson, fondateur et grand théoricien de ce mouvement artistique, la jetée s'élance, à partir de la rive du lac, sur près de 500 mètres de long à la surface de l'eau étrangement rosâtre du Grand Lac Salé. 6 783 tonnes de roche basaltique noire ont été déversées par des camions, pendant six jours, selon les lignes directives de Robert Smithson dans ce paysage qu'il qualifiait de « monde de préhistoire moderne ». Avec ses vestiges industriels perdus dans des dépôts successifs de sable et de vase, ce site était le témoin, pour l'artiste, « de toute une succession de systèmes produits par l'homme qui se sont embourbés dans les espérances perdues. » Deux ans après sa mise en place à une période de sécheresse, la spirale fut engloutie par une brusque montée des eaux. Elle ne réapparaîtra entièrement, pour une année, qu'en 2002. Sa couleur était passée du noir au blanc à cause de l'amas de cristaux de sels. Robert Smithson souhaitait sa sculpture vivante, soumise aux cycles de la nature. Il était obsédé par l'entropie, un concept physique complexe exprimant le degré de désordre de la matière. Le père du Land Art n'aura pas eu le temps d'observer les transformations de son œuvre. Il mourut en 1973 dans un accident d'avion alors qu'il survolait le site d'une nouvelle œuvre, au Texas.

Mai
2012

UN SAUT DE 730 MÈTRES SANS PARACHUTE

Gary Connery, un quadragénaire britannique, vient de réaliser le rêve de tout homme : voler comme un oiseau. Sans parachute et en évitant de s'écraser sur le sol !

Cascadeur professionnel ayant tourné dans des films comme *Harry Potter et la chambre des secrets*, Connery a été largué d'un hélicoptère au-dessus de Henley-On-Thames, dans le sud de l'Angleterre, à l'altitude de 730 mètres. Vêtu d'une combinaison ailée augmentant sa portance à l'air, il a effectué un vol plané de cinquante secondes, à la vitesse de 130 km/h, avant de se poser sans une égratignure sur une aire d'atterrissage faite de 18 600 boîtes de carton vides.

Pour réaliser cet exploit, Gary Connery avait procédé à de nombreux essais dans les Alpes helvétiques, ainsi qu'en sautant illégalement du sommet de la tour Eiffel et du London Eye, l'immense roue qui domine les bords de la Tamise.

« L'atterrissage a été doux et confortable », a commenté l'homme-oiseau. Quant à son épouse, elle s'est dite ravie « que tout cela se termine bien ».

BREMONT

Un siège pour **Gulliver**

Ce transat, le plus grand du monde, mesure 5,5 m de long, 8 m de haut, a la taille d'une maison de deux étages, et pèse 6 tonnes. Il a été réalisé par le sculpteur écossais Stuart Murdoch et il est exposé sur une plage d'Angleterre, pour faire la promotion d'une marque de boisson alcoolisée. Les transats sont, d'ailleurs, une invention anglaise, datant de la fin du XIXe siècle.

Sous les pavés, la Wifi

Que les accros de la connexion permanente aux machines communicantes se réjouissent. Grâce à une couverture continue du Wifi, ils pourront bientôt s'orienter, bénéficier d'informations locales, recevoir des offres promotionnelles de magasins, et capter de la musique en ligne. Où qu'ils se trouvent dans une ville équipée du système iPavement.

Une entreprise espagnole vient, en effet, de mettre au point des dalles de béton de 25 kg de carbonate de calcium destinées à être intégrées dans la chaussée. Elles seront équipées d'un microprocesseur de 5GB connecté au Wifi et Bluetooth,

Ces pavés numériques intelligents permettront aussi aux services municipaux d'optimiser la gestion de l'espace publique et de recevoir les doléances des piétons.

Mais cette technique n'aura-t-elle pas des effets pervers ? Après la prolifération des caméras de vidéosurveillance dans les rues de nos villes, les dalles Wifi accentueront les moyens de contrôle des autorités sur les citoyens. Une étape supplémentaire au service de Big Brother ?

AVIONS EN PAPIER

C'est le 29 mai 2012 qu'a eu lieu, à Salzbourg, en Autriche, le championnat du monde de vol d'avions en papier, réunissant des concurrents de 83 pays. Le prix de la plus longue distance a été remporté par un Tchèque et celui du temps de vol par un Libanais. Ni l'un ni l'autre n'ont pu, cependant, battre les records officiels : 63,19 m et 27,9 secondes.

Bientôt, des ***lentilles de vue*** *pour consulter ses mails*

Dans un futur proche, il sera possible de se prendre pour Tom Cruise, alias l'agent Jon Anderton dans le film *Minority Report*, en faisant défiler devant ses yeux des images virtuelles qui apparaîtront en sur-impression sur l'environnement réel. Un projet de lentilles de contact faisant office d'écran virtuel, baptisé iOptiks, promet en effet d'arriver à de tels résultats d'ici 2014. Grâce à des micro-composants invisibles à l'oeil nu, cette lentille futuriste donnera l'impression à son utilisateur qu'un écran informatique est projeté devant lui, à 3 mètres de distance, sur un rectangle 3D de 240 pouces. Des plans de prototypes fonctionnels seraient déjà dans les cartons, prêts à être envoyés à la DARPA, l'agence américaine pour les projets de recherche avancée de défense. L'iOptiks souhaite, à terme, toucher le grand public. Les lentilles pourraient en effet être connectées aux smartphones, tablettes et même aux consoles de jeux-vidéos.

Chauffard en herbe

Lucas, 4 ans, est poursuivi pour des infractions au code de la route, ayant entraîné 23 000 euros d'amende : excès de vitesse, non-paiement des péages, non-respect des contrôles techniques. S'il en est ainsi, c'est qu'il est, officiellement du moins, le propriétaire du véhicule. On peut, en effet, mettre la carte grise au nom d'un enfant mineur. Normalement, il s'agit d'adolescents de 16 ou 17 ans, qui seront bientôt en état de conduire, mais les parents de Lucas ont profité de cette disposition pour inscrire le nom de leur gamin, qui est trop jeune pour être poursuivi. Cette faille juridique vient pourtant d'être corrigée et un tel tour de passe-passe n'est plus possible.

Des vidéocapsules
explorent le tube digestif

Explorer l'appareil digestif, de l'œsophage au rectum, en évitant au patient les désagréments d'une endoscopie gastroduodénale et d'une coloscopie est aujourd'hui réalité. Grâce à une vidéocapsule à usage unique, avalée comme un médicament, il est aujourd'hui possible aux médecins gastro-entérologues d'établir un diagnostic exhaustif et indolore.

La capsule, de la taille d'une grosse gélule – (27 mm sur 11 mm ; poids : 2,89 g) – est équipée de deux mini-caméras couvrant chacune un angle de vision de 172 degrés. Le rythme de captation varie de 4 images/seconde quand la capsule est immobile et de 35 images/seconde quand elle est en mouvement. Lors de son trajet complet, la vidéocapsule n'enregistre pas moins de 50 000 photos.

Le dispositif est complété par un ensemble de capteurs qui, placés sur la peau du malade au contact de l'abdomen, recueillent le signal émis par la capsule et le transmettent par émetteur radio à un boîtier porté à la ceinture. Une batterie d'une autonomie d'une quinzaine d'heures, intégrée dans la capsule, est expulsée au bout de huit à dix heures.

En France, cette technique est déjà proposée dans une quarantaine de centres publics ou privés. « Les vidéocapsules coliques détectent 85 % des lésions de plus de six millimètres », indique le professeur Robert Benamouzig de l'hôpital Avicenne, à Bobigny. Coût de l'examen : 650 euros.

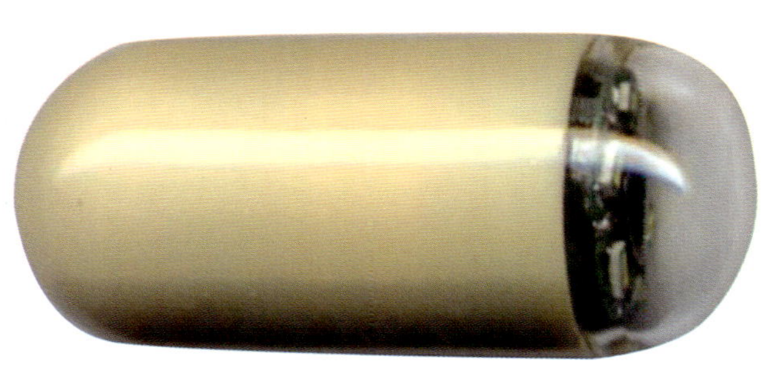

PROBLÈME INATTENDU

La nomination de Jean-Marc Ayrault comme Premier ministre a provoqué un problème inattendu sur le plan international. Le nom du maire de Nantes tel qu'il est prononcé en français, « airo », signifie, en effet, « pénis », en langue arabe. Du coup, les journalistes arabophones, se sont trouvés extrêmement gênés, ne sachant que faire pour ne pas déclencher les rires. L'affaire a semblé suffisamment importante au ministère des Affaires étrangères, pour qu'il publie une note officielle, invitant à prononcer toutes les consonnes du patronyme, y compris le « l » et le « t », ce qui donne « airolte ». Depuis, il semble que le problème ait disparu.

Baloon **Tank**

L'œuvre de l'artiste allemand Hans Hemmert qui porte ce titre est la représentation fidèle d'un char Panther, le plus redoutable blindé du second conflit mondial. Une jolie manière de détourner l'image de la guerre, avec un symbole de légèreté et d'enfance.

Emportée par le tsunami meurtrier, qui avait frappé le Japon le 11 mars 2011, une Harley-Davidson a dérivé dans un conteneur pendant plus d'un an à travers l'océan Pacifique et s'est échouée, 6 400 kilomètres plus loin, sur l'île Graham, sur la côte ouest du Canada.

Peter Mark, l'homme qui a découvert la cargaison sur une plage, a transmis le numéro de la plaque d'immatriculation de la moto au consulat japonais de Vancouver afin que son propriétaire puisse être identifié. Le jeune homme à la moto se nomme Ikuo Yokoyama. Après avoir perdu trois membres de sa famille dans la catastrophe, il vit aujourd'hui dans un logement temporaire dans la préfecture de Miyagi.

Grâce à l'argent de quelques parrainages, la Harley-Davidson devrait être prochainement renvoyée au Japon. Selon l'expertise d'un garagiste, bien que présentant de nombreuses traces de rouille et de corrosion, une fois remise en état, elle sera encore parfaitement utilisable.

Une version incroyable de la bouteille jetée à la mer !

Emportée par le tsunami, une moto traverse le Pacifique et s'échoue au Canada

Un bâtiment de 6 200 tonnes parcourt 60 mètres dans le centre-ville de Zurich

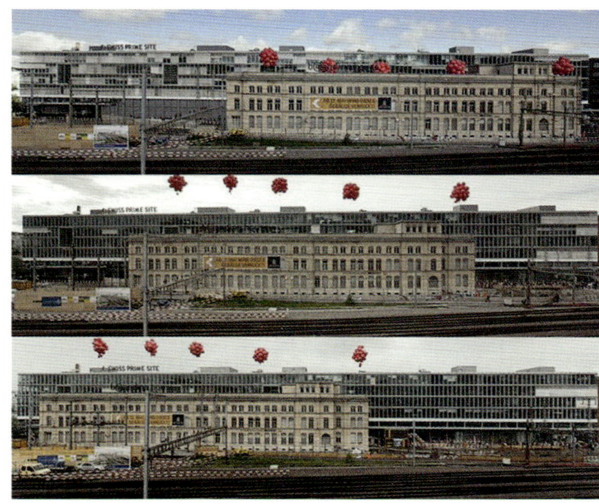

Après deux ans de négociations ardues, le transfert d'un immeuble en briques de trois étages, situé près de la gare de Zurich, en Suisse, a commencé mardi 22 mai, à 11 heures. Échappant à une destruction programmée grâce à la mobilisation des riverains, l'ancien bâtiment de la direction de la fabrique suisse de machines-outils Oerlikon (MFO), d'un poids de 6 200 tonnes, a parcouru 63 mètres sur des rails en acier, afin de laisser le champ libre aux travaux d'agrandissement de la gare de Zurich-Oerlikon. Poussé par des vérins hydrauliques, l'ancien siège de cette usine, vieux de 123 ans, a avancé au rythme moyen de 3,50 mètres par heure. Des ballons rouges attachés à l'usine permettaient de visualiser le déménagement qui s'est achevé le mercredi 23 mai à 19 heures. Les ouvriers de la société Iten AG, en charge du transfert, ont ainsi réalisé la plus imposante opération de « glissement » jamais observée en Europe. Cette prouesse de l'ingénierie a tout de même coûté la bagatelle de 12 millions de francs suisse (10 millions d'euros).

LUNETTES APPÉTISSANTES

Grâce à ces lunettes bourrées d'informatique, inventées par les chercheurs de l'université de Tokyo, le sujet voit un biscuit au chocolat, tandis qu'il mange un autre biscuit sans aucune saveur. Et l'effet de suggestion est tel, qu'il a réellement dans la bouche un goût chocolaté. Ce dispositif, encore au stade expérimental, est plus sérieux qu'il y paraît : il peut être, un jour, d'une grande utilité pour les régimes.

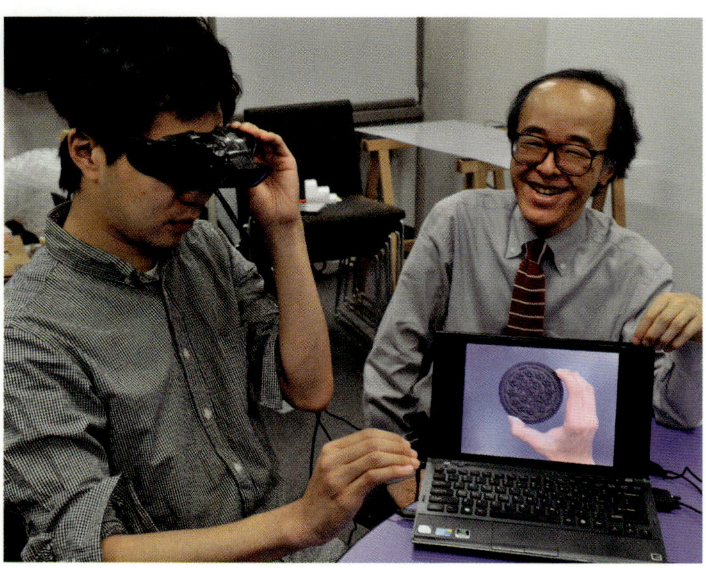

Pour sauver la faune sauvage, un homme plante seul

UNE FORÊT DE 550 HECTARES

L'histoire de Jadav Payeng, un Indien vivant dans l'État de l'Assam, au nord-est du pays, ressemble à un conte écologiste.

En 1979, une décrue des eaux du Brahmapoutre abandonne sur ses rives des centaines de cadavres de serpents. Payeng, âgé alors de 16 ans, en est bouleversé. Il alerte le ministère des Forêts et demande à ce que des arbres soient plantés afin d'éviter à l'avenir que pareil carnage ne se reproduise. Le ministère avoue son impuissance mais conseille au jeune homme de planter des bambous. Payeng quitte ses études et ses parents et se met seul au travail, vivant en ermite dans une cabane.

Au bout de quelques années, le banc de sable s'est transformé en bambouseraie. « J'ai alors décidé de planter de vrais arbres et d'apporter des fourmis rouges de mon village, car elles modifient les propriétés du sol et favorisent l'écosystème », a raconté Jadav Payeng.

Commence alors une entreprise titanesque de reboisement. Elle durera trente ans et couvrira 550 hectares, soit l'équivalent de la surface de plus de mille terrains de football. Vautours et oiseaux migrateurs sont les premiers à s'installer dans ce paradis qui compte quelque six millions d'arbres et des centaines d'espèces de fleurs. Puis daims et bétail attirent les prédateurs. Cinq tigres du Bengale prennent alors possession des lieux. La nature ayant créé une chaîne alimentaire, des singes et des rhinocéros, des serpents et des oiseaux s'empressent de les rejoindre.

En 2008, quand un troupeau d'une centaine d'éléphants sauvages se réfugie dans la forêt, après avoir ravagé les villages voisins, un fonctionnaire du ministère des Forêts contacte Jadav Payeng. Il se dit stupéfait de la tâche accomplie. « Payeng traite les arbres et les animaux comme s'ils étaient les enfants qu'il n'a pas eus, déclare ce dernier à la presse. C'est incroyable ! En trente-trois ans, il a réalisé à lui seul ce que des générations de paysans et d'éleveurs n'étaient pas parvenues à accomplir collectivement en un siècle. »

Un si joli fantôme

Silhouette en miroir, du sculpteur écossais Rod Mulholland, figurant, au milieu d'un groupe de six, dans un parc écossais. Cette apparition féerique, qui semble se fondre dans la nature, a aussi des allures de fantôme, ce qui est, après tout, normal en Écosse.

PARAPLÉGIQUE, ELLE COURT LE MARATHON DE LONDRES AVEC DES JAMBES BIONIQUES

Après un accident d'équitation survenu lors d'une compétition en mai 2007, Claire Lomas, ancienne chyropractrice, apprenait le terrible diagnostic : paralysée à vie, elle ne pourra plus jamais marcher. Malgré son handicap, elle décide de prendre le départ, le 22 avril 2012, à l'âge de 32 ans, du marathon de Londres. Équipée d'une combinaison bionique et de béquilles, la jeune maman d'une petite Maisie de 13 mois, aujourd'hui créatrice de bijoux, se lance dans la course en tant qu'ambassadrice pour la Spinal Research, une organisation caritative pour la recherche médicale sur le handicap. Seize jours plus tard, après 42,2 km d'effort, Claire Lomas franchit la ligne d'arrivée en larmes mais « aux anges ». Elle devient ainsi la première personne paraplégique à terminer un marathon avec un système de prothèses bioniques.

L'appareillage, une sorte d'exosquelette fixé aux jambes, baptisé « Rewalk suit », mime les mouvements naturels des articulations, grâce à des capteurs sensoriels reliés à un ordinateur embarqué.

Une fuite éperdue

Un Russe de 31 ans, habitant Tioumen, en Sibérie, a dû être secouru pour s'être jeté dans le vide-ordures, au 8e étage de son immeuble. Il s'est retrouvé coincé au 5e, après une chute libre de trois étages et il a fallu découper le conduit au chalumeau pour le délivrer. L'homme, qui était visiblement ivre, a déclaré qu'il avait voulu échapper aux assiduités de sa compagne. Il a été hospitalisé et ses jours ne sont pas en danger. Le plus extraordinaire est que les services d'urgence de Tioumen ont déclaré avoir connu un cas semblable quelques années auparavant.

Le masque qui contrôle vos rêves

Depuis l'Antiquité, le rêve lucide fascine et interroge. Aristote en faisait déjà mention dans son ouvrage intitulé *Petits traités d'histoire naturelle*. À partir des années 1980, les chercheurs ont fait l'éloge de ce rêve conscient : il développerait la créativité, améliorerait la gestion des cauchemars, diminuerait l'anxiété, renforcerait la confiance en soi et permettrait, enfin, de mieux se connaître. Aujourd'hui, les deux jeunes inventeurs touche-à-tout de Brooklyn, Duncan Frazier et Steve McGuigan entendent mettre le rêve conscient à portée de tous. Leur masque « Remee », qui ressemble à celui distribué dans les avions, est capable de repérer les phases de sommeil paradoxal de son porteur, phase au cours de laquelle l'individu fait des rêves dont il peut garder le souvenir. Durant ce cinquième et dernier cycle du sommeil, Remee envoie des flashs lumineux sur les paupières fermées de l'utilisateur, lui signalant ainsi discrètement qu'il est en train de s'abandonner à la rêverie, sans toutefois le réveiller. Le dormeur averti aurait alors la possibilité de devenir le scénariste de son propre songe.

Ce projet n'est pour l'instant qu'un rêve éveillé – certains diront « à dormir debout ». Le masque Remee est encore à l'état de prototype. Mais ses concepteurs ont lancé un appel à contribution à tous les rêveurs du monde via la plate-forme de financement collaboratif Kickstarter. Et ils ont déjà commencé à récolter des fonds.

MAI

DE 1848 À 1983

UN HOMME A SURVÉCU 12 ANS

à une barre à mine qui lui avait traversé la tête

Un cas unique de lésion cérébrale gravissime n'en finit pas de passionner neurologues et chirurgiens. Le 13 septembre 1848, Phineas Gage, un contremaître travaillant sur un chantier de chemin de fer dans le Vermont, aux États-Unis, est victime d'une explosion : une barre à mine de 110 centimètres de long et de 3, 2 cm de diamètre lui transperce le crâne de haut en bas, et ressort sous sa joue gauche. L'homme âgé de 25 ans survit miraculeusement à l'accident, avant de mourir de convulsions douze ans plus tard. Il a perdu l'usage d'un œil et des traits de son caractère se sont modifiés. Considéré avant l'explosion comme un garçon intelligent et dynamique, il s'est transformé en fabulateur, grossier et imprévisible.

En 2012, soit plus d'un siècle et demi après les faits, John Darrell van Horn, chercheur au laboratoire de neuro-imagerie de l'université de Californie, décide de mieux comprendre ce cas d'école. À l'heure où les neuroscientifiques s'attellent à établir la cartographie des connexions entre nos 100 milliards de neurones pour franchir une étape de plus dans la compréhension du cerveau, Darrell van Horn reconstruit des images en trois dimensions du crâne de Gage. Puis, grâce à des modèles mathématiques, il reconstitue le trajet de la barre à mine. Enfin, en synthétisant des images IRM des cerveaux d'une centaine d'hommes âgés de 25 à 36 ans, il parvient à représenter la matière cérébrale de la victime. Conclusion : la barre à mine a lésé 4 % du cortex et 11 % de la substance blanche du cerveau, entraînant d'importantes pertes de connexions neurologiques et altérant les capacités cognitives et émotionnelles.

Les conclusions de cette étude, publiées le 16 avril dans une revue scientifique en ligne, mettent en évidences les conséquences des lésions de la substance blanche et suggèrent que des atteintes comparables seraient à l'œuvre dans des maladies neurodégénératives comme la maladie d'Alzheimer.

MAI 1973

UNE VILLE RAYÉE DE LA CARTE

16617 : ce sont les habitants que compte Mazamet en 1973 et c'est cette ville qu'a choisie la Prévention routière pour une opération spectaculaire destinée à sensibiliser l'opinion. Le chiffre est, en effet, très proche de celui des victimes de la route, qui a dépassé 16 500, en 1972.

Il faut dire qu'à l'époque, il n'y a pratiquement aucune mesure de sécurité. Les limitations de vitesse sont quasiment inconnues en dehors des agglomérations : on peut rouler à l'allure qu'on veut, même sur les petites routes. La ceinture de sécurité existe, mais elle n'est pas obligatoire, ce qui fait que personne ne la met. Même la conduite en état d'ivresse n'est pas réprimée (on ne mesure l'alcoolémie qu'en cas d'accident grave.)

Il a donc été demandé aux Mazametains de se coucher par terre, figurant ainsi les morts de l'année passée. Tous ou presque ont accepté et il en est résulté un documentaire impressionnant, passé à la télévision le 13 mai 1973. Ce fut incontestablement une réussite. Les images ont marqué les esprits et contribué à une prise de conscience collective. Le nombre des victimes de la route n'a cessé de diminuer depuis. Il est passé aujourd'hui sous le chiffre de 4 000 par an.

MAI 1983

Miami s'emballe pour Christo

Dans les années 1980, personne ne prêtait plus attention aux onze îlots artificiels de la baie de Biscayne, à Miami, en Floride. Ayant servi à la fois de décharge publique et de déversoir pour l'évacuation des eaux usées, l'archipel subissait, dans l'indifférence générale, les conséquences d'une société de consommation débridée. Jusqu'au jour où Christo, un artiste américain d'origine bulgare, eut l'idée de les entourer entièrement d'une bande de tissu rose fuchsia. Après une phase de préparation de plusieurs années durant laquelle une pléthore d'experts fut consultée, le déploiement des bâches roses en polypropylène pouvait commencer. Le 4 mai 1983, une équipe de 430 personnes s'attelait à fixer les quelque 600 000 mètres carrés de tissu rose selon les directives de l'artiste environnementaliste. Trois jours de travail furent nécessaires pour achever ce projet intitulé « Surrounded Islands ». En plus de l'installation en elle-même, il fallut déplacer les 40 tonnes de déchets accumulés sur les îlots inhabités. Une tâche immense au regard de la nature éphémère de l'œuvre, vouée à disparaître après quinze jours d'exposition.

125 VICTIMES : 120 FEMMES, 5 HOMMES

En cette fin du XIXe siècle, la haute société parisienne organise chaque année une vente au profit des nécessiteux, le *Bazar de la charité*... Celle de l'année 1897 s'annonce des plus brillantes. Elle a lieu rue Jean-Goujon, non loin des Champs-Élysées, dans un vaste hangar en sapin, à l'intérieur duquel a été recréée une petite cité médiévale en bois léger et carton-pâte. Un joli vélum blanc recouvre le tout.

L'inauguration, le 3 mai, est un grand succès. Duchesses, marquises et messieurs distingués se pressent dans cet endroit exigu. Quelques-uns font remarquer que les matériaux composant la décoration sont terriblement inflammables, mais on les rassure. N'a-t-on pas interdit de fumer pendant toute la manifestation ?

Le lendemain 4 mai, a lieu une attraction très attendue, une projection de cinématographe, invention toute nouvelle, puisqu'elle date de deux ans seulement. L'opérateur est enfermé dans une cabine en toile goudronnée, avec une bonbonne d'éther, nécessaire au fonctionnement de son appareil. À 16 h 10, sa lampe s'étant éteinte, il craque une allumette pour la rallumer et c'est la catastrophe.

Le feu se répand à une vitesse foudroyante, la foule se bouscule et s'écrase vers les deux uniques sorties, mais la fumée ôte vite toute visibilité. Cinq minutes seulement après le début de l'incendie, le vélum s'abat en flammes, provoquant l'embrasement général. Lorsque les pompiers arrivent, il n'y a plus que des cadavres horriblement calcinés. Ils appartiennent pour beaucoup à la plus haute noblesse. Parmi eux, celui de la duchesse d'Angoulême, sœur d'Élisabeth d'Autriche, la célèbre Sissi.

Mais ce qu'ont le plus remarqué les contemporains, c'est que, dans les 125 victimes, figurent 120 femmes. Or, les hommes étaient presque aussi nombreux dans l'assistance. Comme l'écrit, le lendemain, le quotidien *Le Journal* : « Parmi les hommes, on en cite deux qui furent admirables et dix qui firent leur devoir. Le reste détala en ne sauvant personne et se fraya un chemin dans la chair féminine, à coups de poing, de talon et de canne. »

Mais l'incendie du *Bazar de la charité* est aussi à l'origine d'une avancée scientifique. Les victimes étant des personnes riches, qui, en particulier, bénéficiaient de soins dentaires, les autorités ont eu l'idée, pour identifier les corps méconnaissables, de faire appel à leur dentiste. C'est à cette occasion qu'est née la dentisterie médico-légale.

LES CADAVRES RETIRÉS DES DÉCOMBRES

LA BANDE À BONNOT : UNE FIN À GRAND SPECTACLE

Le 14 mai 1912, la police apprend que les deux derniers membres de la bande à Bonnot encore en fuite, Valet et Garnier, se cachent dans un pavillon de Nogent-sur-Marne. Bonnot lui-même est mort le mois précédent, dans des conditions dramatiques, après avoir tué le sous-chef de la Sûreté et blessé plusieurs policiers. Mais le dernier acte ne sera pas moins dramatique et spectaculaire.

Le préfet de police Lépine, qui dirige les opérations, décide d'employer les grands moyens. C'est une véritable opération de guerre qui est mise en œuvre. Trois cents gardiens de la paix accompagnés de chiens encerclent le pavillon, tandis que huit cents hommes de troupe, dont un bataillon de zouaves, ont pris position sur un viaduc surplombant les lieux. Des mitrailleuses sont même mises en batterie, mais malgré cela, le siège s'éternise.

La nouvelle se propageant et il y a bientôt sur place vingt mille badauds, que d'autres agents contiennent à grand-peine. À minuit, la fin des spectacles amène les élégants et les élégantes, en costume et robe du soir. Les dames pointent leurs jumelles de théâtre sur la maison, éclairée par des phares d'auto.

Devant cette cohue indécente, le préfet Lépine décide d'en finir. Il envoie un commando dynamiter le pavillon. Il y a une explosion d'enfer et, lorsque la petite armée pénètre dans les décombres, elle découvre les deux corps déchiquetés. La bande à Bonnot n'existe plus.

Le Petit Journal

ADMINISTRATION
61, RUE LAFAYETTE, 61
Les manuscrits ne sont pas rendus
On s'abonne sans frais dans tous les bureaux de poste

5 CENT. SUPPLÉMENT ILLUSTRÉ 5 CENT.

23me Année — Numéro 1.123

DIMANCHE 26 MAI 1912

ABONNEMENTS

	SIX MOIS	UN AN
SEINE et SEINE-ET-OISE	2 fr.	3 fr. 50
DÉPARTEMENTS	2 fr.	4 fr. »
ÉTRANGER	2 50	5 fr. »

Conserver ce numéro pour prendre part au Concours.

LA FIN DES BANDITS ANARCHISTES

Après un siège en règle, Garnier et Valet sont tués dans la villa de Nogent-sur-Marne où ils s'étaient réfugiés

Concours du Supplément du PETIT JOURNAL N° 13

MAI 1937

LE PREMIER SCOOP DE L'HISTOIRE

6 mai 1937. L'arrivée du zeppelin aux États-Unis attire toujours une importante foule de curieux et de journalistes. L'énorme dirigeable est sur le point d'atterrir à Lakehurst lorsqu'un incendie éclate à bord. Le Hindenburg s'écrase au sol en 34 secondes. Herbert Morrison de la station de radio de Chicago WlS commente à chaud le moment où 36 voyageurs meurent dans l'accident. La catastrophe est filmée par plusieurs équipes d'actualités. Photos et reportages de la catastrophe seront largement diffusés et donnent naissance au premier scoop de l'histoire.

Après cet accident funeste diffusé dans le monde entier, plus aucun dirigeable ne volera à l'hydrogène, remplacé par mesure de sécurité par l'hélium.

MAI 1974

Le cimetière des Cadillac

« Viens prendre ton pied sur la route 66 », chantaient les Rolling Stones dans les années soixante. Quelques années plus tard, le millionnaire texan Stanley Marsh 3 répond à l'invitation des rockeurs en demandant au collectif underground d'artistes et d'architectes Ant Farm de réaliser une œuvre d'art sur son terrain, à quelques mètres de cette route 66, surnommée Mother Road par les Américains. Ainsi, en mai 1974, les plasticiens Chip Lord, Hudson Marquez et Doug Michels creusent dix trous tous les 5 mètres sur la pâture de l'homme d'affaires excentrique, à Amarillo (Texas). Ils y plantent ensuite, capot en avant, différents modèles de Cadillac, symbole de la réussite sociale américaine des années cinquante. L'œuvre est baptisée « Cadillac Ranch » .

Depuis, des millions d'automobilistes l'ont contemplée et parfois même taguée, comme les y incitaient ses créateurs.

MAI 1940

QU'EST-CE QUE CE BRIC-À-BRAC ?

Une flûte en plastique, une canette de bière, un train électrique miniature avec 6 wagons et des rails, un toaster, un appareil à air conditionné, un mannequin femme et un mannequin homme, un téléphone à clavier, un rasoir électrique, une caméra kodak, un échantillon de boîtes en aluminium, des bouquets de fleurs artificielles, des reproductions de bijoux, de fruits et de légumes, Mickey et Donald Duck en peluche, des centaines d'objets les plus inattendus y compris des microfilms de livres comme la Bible, le Coran ou *l'Iliade*, des enregistrements de voix de leaders politiques ou de chants d'oiseaux, bref le plus extraordinaire bric à brac jamais réuni. Il a fallu trois ans au président de l'université Oglethorpe aux États-Unis pour le réaliser avec une équipe d'étudiants. Le tout a été enfermé dans un sous-sol en béton, fermé par une porte d'acier scellée au mois de mai 1940. Une plaque supplie les visiteurs de ne pas l'ouvrir avant l'an 8113. Cette date n'est pas le fruit du hasard. La plus ancienne date connue fixée par les Égyptiens, correspondrait théoriquement à l'an 4241 avant notre ère. Comme entre cette date et 1936, année reflétant l'univers matériel et sonore de la capsule temporelle, s'étaient écoulés 6177 ans, il fut décidé que la crypte ne devait être ouverte que 6177 ans plus tard, soit en 8113 de notre ère. Ainsi, s'ils l'ont oublié, nos lointains descendants sauront tout de ce qui constituait les sociétés de l'époque…Mais 6177 ans c'est bien long…Nos descendants attendront-ils si longtemps avant de l'ouvrir ?

LA LEÇON DE SURVIE EXEMPLAIRE DU MARIN CHINOIS

En 1942, pendant la Seconde Guerre mondiale, le marin chinois Poon Lim travaillait à bord d'un bateau marchand britannique qui naviguait de Cape Town à la Guyane Hollandaise. À l'est de l'Amazonie, le navire a été torpillé par un U-Boot allemand. Lorsqu'il a compris que le navire allait exploser, il a attrapé un gilet de sauvetage et sauté par-dessus bord. Comment il a battu le record de survie seul en mer pendant 133 jours, c'est ce qu'il raconte en arrivant, très las et amaigri, à l'hôpital de Belem : « Après avoir flotté deux heures, j'ai aperçu un radeau sur lequel je me suis hissé. J'y ai trouvé un litre et demi d'eau douce, des biscuits, un peu de chocolat, du sucre en morceaux, quelques fusées éclairantes, deux fumigènes et une torche électrique qui m'ont permis de survivre quelques jours. Lorsque l'eau a manqué, mon gilet de sauvetage m'a servi de réservoir pour recueillir l'eau de pluie qui tombait sur la toile. Puis j'ai fabriqué une ligne en utilisant les fibres d'une corde de chanvre trouvée sur le radeau. Avec un fil électrique de ma lampe de poche j'ai fabriqué un petit hameçon. Quelle ingéniosité, mon Dieu, pour en arriver là ! J'ai fabriqué des boulettes en triturant un biscuit avec de l'eau et je les ai fait sécher pour servir d'appât. Pour découper mes premiers minuscules poissons j'ai fabriqué un couteau avec le métal de la boîte de biscuit. Un vrai MacGyver ! J'ai été très prudent, je n'ai pas mangé mes premières prises. Elles m'ont servi à pêcher des poissons plus importants avec un plus gros hameçon fait d'un clou courbé avec mes dents. Lorsque j'ai manqué d'eau douce j'ai attrapé un goéland qui m'a griffé et piqué avec son bec, mais j'ai bu son sang et mangé sa chair ! Évidemment mes vêtements n'ont pas résisté aux alternances de soleil brûlant et de pluie équatoriale. J'étais nu. N'ayant que mon gilet de sauvetage pour m'abriter la nuit en souffrant le jour d'un soleil implacable. Pourtant, stoïque, j'ai supporté un véritable calvaire. À deux reprises des navires sont passés à proximité sans me voir. J'ai lancé des fusées, mais pour rien. À cause d'une tempête je n'ai jamais pu récupérer une bouée qu'un avion américain avait larguée. Pourtant je n'ai jamais désespéré. Pour compter les jours je faisais des encoches sur le bord du radeau. À la 130e encoche j'ai constaté que l'eau n'avait plus la couleur du bleu océanique profond. J'ai compris que je me rapprochais de la terre. J'étais sûr de m'en sortir. Et maintenant, trois jours plus tard, quand la voile de cette pirogue de pêcheur poussée par le vent s'est approchée de moi j'étais certain d'être sauvé. Mais à cause du vent la pirogue n'a pu s'arrêter. Ces ploucs, soit-disant pour me sauver la vie, viennent de m'attraper et de me soulever par les épaules. Las ! Une vague déferlante et je viens de retomber à l'eau ! Une autre vague et le radeau est déjà loin. Poussée par le vent la pirogue s'éloigne. Zut alors ! Je vais me noyer. Tout ça pour rien ! » C'est ce qu'a pensé à cet instant Poon Lim ... Car ainsi que beaucoup de navigants de la marine marchande à cette époque ... il ne savait pas nager !!!

C'est par un vrai miracle qu'il sera quand même sauvé. Le pêcheur qui venait de le lâcher, était tombé lui aussi à la mer. Lui savait nager. Le roi Geoges VI accordera à Poon Lim la médaille de l'Empire britannique, la Royal Navy intégrera son exploit dans les manuels de survie et il obtiendra la citoyenneté américaine.

MAI 1961

LES MATOUS A VINGT GRIFFES D'ERNEST HEMINGWAY

En Floride, la maison d'Ernest Hemingway à Key West est devenue un musée après sa mort en 1961, et le jardin un abri pour la centaine de descendants de ses chats… dont la moitié présente une anomalie : ils ont vingt griffes, alors que normalement un chat n'en possède que dix-huit. Ceux-ci constituent autant que la demeure du romancier une attraction pour les visiteurs. Lorsqu'en 1930 un capitaine de bateau a offert à Ernest Hemingway un chat à six orteils sur les pattes avant, l'écrivain s'est épris des félins polydactyles, c'est-à-dire ayant la particularité d'avoir un nombre de doigts supérieur à la normale. Cette malformation physique congénitale peut se produire indifféremment sur les pattes avant ou les pattes arrière et ne présente pas d'inconvénients pour l'animal.

Les chats de Key West, avec leurs six doigts à l'avant dont deux orteils opposés l'un à l'autre comme les pouces d'une main humaine, jouissent même d'une dextérité manuelle étonnante : avec quelle habilité ouvrent-ils le loquet d'une porte, ou attrapent-ils une souris d'une seule patte !

Le *Maine Coon* et le *Pixie-bob* sont les deux races de chats ayant plus tendance à présenter cette anomalie qui se rencontre essentiellement sur la côte est des États-Unis et le sud ouest de l'Angleterre. La quasi-absence de chats polydactyles en Europe s'explique par leur éradication systématique par superstition au Moyen Âge.

En anglais, « Hemingway Cat » ou « Hemingway » est devenu un mot d'argot pour désigner les chats polydactyles.

MAI 1935

Comme un joyeux livre d'images...

... La cuisinière devant ses fourneaux, un menuisier devant son établi, une famille à table, un fidèle recevant la bénédiction... Mais aussi la dame qui se fait renverser par une voiture, l'homme qui se noie ou qui meurt d'un coup de fusil... Toutes ces images en bois sont sculptées et peintes de couleurs éclatantes, avec une dominante de bleu, sur les croix du cimetière de Sapânta en Roumanie.

Tout a commencé en 1935 lorsqu'Ioan Patras, un ébéniste local, eut l'idée de consacrer sa vie aux morts en leur confectionnant un hommage personnalisé. Chaque petite scène en bas-relief est accompagnée d'une épitaphe résumant parfois la vie du défunt ou les circonstances de sa mort, faisant l'éloge de sa personne ou la critique humoristique et tendre de ses défauts. Ces décorations sont devenues rapidement une tradition dans le village des Maramures, dernière zone rurale médiévale d'Europe. La mort y est considérée comme un moment de joie car le disparu arrive dans une vie meilleure.

Cette œuvre, un livre d'images de plus de 700 tombes, fait partie du patrimoine de l'Unesco depuis 2004.

Épitaphe

Stan Ioan Patras (1908-1977)
Quand j'étais petit,
on m'a appelé Stan Ion Patras.
Braves gens, voici les paroles
de mon cœur que je vous confie
« Chaque jour de mon existence,
j'ai voulu apporter de l'aide
à celui qui le demandait dans
la mesure de mes moyens
sans vouloir un seul instant faire
du mal à quiconque,
Ah, ce « monde de pauvres »,
Qu'il est difficile d'y vivre...
Sur cette croix que j'ai commandée
pour moi-même
à deux de mes élèves qui l'ont conçue
à mon goût
Turda Toader et Stan Vasile
Que Dieu les protège.

MAI 1901

UN VICE-ROI EN RÉPUBLIQUE FRANÇAISE !

L'île des Faisans, qui se situe au milieu de la Bidassoa entre Hendaye et Irun, appartient à la fois à la France et à l'Espagne, cas unique de souveraineté alternée sur un territoire.

Ce petit lopin de vase desséchée est également nommé île de la Conférence en souvenir du traité de paix des Pyrénées qui y fut signé en 1659 après trois mois d'âpres négociations entre le cardinal Mazarin et Don Luis de Haro. Pour la circonstance, un pavillon de charpente y avait été construit et décoré somptueusement. Les 5 et 6 juin 1660 Louis XIV et Philippe IV d'Espagne s'y rencontrèrent pour confirmer les accords et la célébration du mariage du roi de France avec Marie-Thérèse d'Autriche, infante d'Espagne.

Le territoire devint un condominium dont le statut fut juridiquement fixé lors du traité de Bayonne en 1856, avec partage de la souveraineté de l'île entre les deux illustres voisins.

Dans un passé plus lointain, cette petite langue de terre avait déjà été le théâtre d'événements marquants. En 1516, François Ier y recouvrit sa liberté après la bataille de Pavie. En 1615, les ambassadeurs des royaumes de France et d'Espagne y accompagnèrent deux fiancées royales [...] Elisabeth, fille d'Henri IV, promise à Philippe IV et la sœur de ce dernier, Anne d'Autriche, destinée au jeune Louis XIII.

Pour protéger ce site porteur de grands moments de l'Histoire, les deux États ont décidé par une convention, en 1901, de confier la charge du maintien de l'ordre alternativement aux commandants des bases navales riveraines d'Hendaye et de Fontarrabie. Tous les six mois, les deux officiers de marine se passent le relais de la fonction de « vice-roi de l'île des Faisans » . Pierre Loti fut un des premiers à recevoir ce titre honorifique. L'île est un territoire fragile qui s'est progressivement réduit pour ne mesurer que 130 mètres de long pour 15 mètres de large ; il a fallu consolider et empierrer les berges. Son accès en est interdit aux visiteurs.

Juin
2012

Madame fait du vélo

En ce mois de juin 2012, cette mante religieuse semble avoir commencé le Tour de France avec quelques semaines d'avance. En réalité, elle s'est posée sur une jeune pousse de fougère, qui a toutes les allures d'une bicyclette et où elle a l'air de pédaler. Ce cliché, pris par hasard par un habitant de Bornéo, a fait le tour du Web.

Un gant

qui donne de la voix au langage des signes

Grâce à l'invention de ses trois étudiants à l'université Cornell, aux États-Unis, les sourds et muets peuvent désormais épeler leur nom… à voix haute. Les ingénieurs au talent prometteur, Ranjay Krishna, Seonwoo Lee et Si Ping Wang, ont en effet développé, pour leur épreuve académique finale, un gant capable de traduire la langue des signes en paroles, par le biais d'un synthétiseur vocal. Développé en cinq semaines, avec un budget de seulement 75 dollars, ce gant reconnaît, grâce à des capteurs de mouvements en 3D, les gestes utilisés par les « sourds-muets » américains pour désigner les 26 lettres de leur alphabet. Une fois les signes de la main analysés, la traduction est transmise par ondes radio à un haut-parleur qui se charge de prononcer les lettres correspondantes.

Des améliorations devraient être apportées au traducteur, encore à l'état de prototype, notamment pour permettre de le transporter plus facilement.

Dur

ENTRAÎNEMENT

Il s'agit du tout dernier entraînement en vigueur chez les marines américains : course au fond d'une piscine, lesté et en apnée. Les conditions sont extrêmement éprouvantes et, après un tel exercice, les soldats peuvent affronter n'importe quelle épreuve !

Une ville fantôme pour tester les technologies du futur

Près de un billion de dollars devraient être injectés en dix ans dans la création d'une nouvelle ville, « CITE », où personne n'habitera. Implanté près de Hobbs au Nouveau-Mexique (États-Unis), CITE, acronyme pour Center for Innovation, Testing and Evaluation (Centre pour l'innovation, l'expérimentation et l'évaluation), servira de laboratoire grandeur nature des technologies du futur. De la voiture sans conducteur à la chasse d'eau automatique, en passant par les nouveaux réseaux sans fil ou la production d'une énergie verte, tout sera testé dans cette copie hyperréaliste d'une ville moyenne américaine de 35 000 habitants. Projet de la société Pegasus Holdings, CITE comprendra bien sûr un centre-ville, mais aussi une banlieue et une zone rurale. Les habitations seront équipées de toilettes et de machines à laver prêtes à l'emploi. L'idée est de permettre aux chercheurs de tester les innovations du futur sans gêner les citoyens dans leur vie quotidienne. Les travaux devraient être terminés fin 2014 ou début 2015.

FRAUDE MASSIVE DANS LES TRANSPORTS DE JAKARTA !

Résultat de la crise qui frappe aussi l'Indonésie, les 400 000 banlieusards de la capitale Jakarta, se livrent massivement à la fraude dans les transports. Ils envahissent, en particulier, les toits des trains. Pour faire face à cette resquille, la compagnie a installé des portiques avec des boules de ciment passant seulement à 25 cm du haut des wagons. Peine perdue ! Quelques jours plus tard, les fraudeurs venaient avec des casques de moto.

Vrais et faux pandas

Ces deux faux pandas, aisément distinguables du vrai au premier plan, sont des scientifiques travaillant au centre de réintroduction de Wolong, en Chine. Le port du costume de panda y est obligatoire, afin que les pensionnaires ne s'habituent pas à l'homme et puissent être relâchés dans la nature.

Ce camion somalien transporte 10 tonnes de paille de maïs destiné au bétail. Le conducteur est un spécialiste de l'arrimage et ses amis et connaissances lui font à ce point confiance que plusieurs d'entre eux n'ont pas hésité à s'installer sur le chargement, à une hauteur vertigineuse, pour faire une partie du voyage.

ET ÇA TIENT !

L'art
MIS EN BOUTEILLES SUR LES PLAGES DE RIO

Le 20 juin, à Rio de Janeiro, au Brésil, s'est ouvert le Sommet de la Terre sur le développement durable sous l'égide de l'ONU. Une centaine de chefs d'État et de gouvernement y ont participé.

Pour alerter l'opinion publique sur le gaspillage des ressources et la pollution des océans, des artistes militants écologistes ont érigé sur la plage de Botafogo de gigantesques poissons faits avec des bouteilles en plastique. D'autres ont reconstitué la célèbre baie, en utilisant déchets et ordures ménagères.

CONTESTATION PICTURALE

En 2010, le président iranien Ahmadinejad a décidé le boycott des produits américains. Depuis, deux jeunes artistes, virtuoses de la bombe à peinture et se faisant appeler Icy et Sot, mènent la contestation, au nom des libertés individuelles. On voit ici l'un d'eux transformer un bidon abandonné dans les faubourgs de Téhéran en gigantesque canette de Coca-Cola Le bidon a été détruit le lendemain par les autorités et les jeunes gens risquent gros, pour ce qui est considéré dans le pays comme un crime politique.

Des vaches alertent l'éleveur quand elles sont **en chaleur**

Sachant que la lactation des vaches diminue si elles ne mettent pas bas chaque année et que cela représente une perte annuelle d'environ 400 euros par animal, des chercheurs suisses en science agronomique ont mis au point une technique originale qui permet à l'éleveur d'être informé par SMS des meilleures périodes de fécondation.

Le principe est de fixer un capteur temporaire dans le vagin de la vache afin d'enregistrer les variations de température et de production d'hormone de reproduction. Le signal alertant l'éleveur est ensuite émis par onde radio depuis un émetteur situé sur le collier de la vache.

« Les vaches produisent de telles quantités de lait qu'elles secrètent moins d'hormones sexuelles et qu'elles n'extériorisent plus beaucoup leurs chaleurs, explique Samuel Kohler, un vétérinaire de la Haute École bernoise. Il devient dès lors difficile à l'éleveur de les faire inséminer durant leur période la plus favorable, soit entre douze et vingt-quatre heures après le début des chaleurs. »

À ce jour, cent élevages helvétiques se sont équipés du système Heat Box. Et les résultats enregistrent un taux de réussite proche de 90 %.

DANS LA PEAU DE LA **VICTIME**

Ce policier de San José, en Californie, qui troque en riant ses gros godillots pour des chaussures de femme, participe à une opération très sérieuse décidée par la municipalité. Il s'agit de faire accomplir par ses agents de police une marche d'un mile en talons hauts, afin qu'ils comprennent physiquement dans quelles conditions se trouvent les femmes, quand elles sont victimes d'une agression.

ENTRE ROBOTS ET HUMAINS, DEMAIN l'amour fou ?

Pour Ian Yeoman, un chercheur néo-zélandais de l'université Victoria, et la sexologue Michelle Mars, d'ici une quarantaine d'années les prostituées humanoïdes domineront l'industrie du sexe.

Dans un article intitulé « Robots, hommes et tourisme sexuel », publié dans le magazine *Futures*, les chercheurs imaginent une maison close à Amsterdam dans laquelle des machines offriraient des relations tarifées. « La traite des femmes et les risques de maladie sexuellement transmissible seraient éliminés », anticipent les auteurs de l'étude.

Le Japon est actuellement le pays le plus avancé en matière de robotique. Il y a quelques années, l'entreprise Kokoro avait présenté Geminoid F, un androïde garde-malade capable de tenir une conversation simple. Transformer ces machines, bourrées de capteurs et d'électronique, en expertes sexuelles serait une prouesse technologique à la portée des ingénieurs. Pour autant, les questions éthiques demeurent. Les futurs clients des prostituées robotisées seraient-ils déculpabilisés ? Auraient-ils ou non le sentiment de tromper leur partenaire humaine ? Enfin, qu'adviendrait-il si une relation affective bien réelle devait se développer entre l'homme et la machine ? Car comme le souligne l'artiste-chercheur Zaven Paré, « plus la marionnette ou le robot nous ressemble, plus notre réponse émotionnelle à son égard est positive ». Réponses dans une quarantaine d'années.

UN **PARIS** AUX YEUX BRIDÉS

Symbole de la démesure de la Chine actuelle, cette réplique de Paris se dresse à Tianducheng, à 200 km de Shanghai. Il ne s'agit pas d'une maquette, l'ensemble est gigantesque et couvre la superficie d'une ville comme Bastia. Si la tour Eiffel n'est pas aussi grande que l'originale, elle mesure tout de même 108 m et les Champs-Élysées peuvent accueillir 100 000 personnes !

De plus, la ville est réellement habitée. Pas par des figurants, chargés de l'animer, mais par des Chinois, qui ont choisi de vivre dans ce petit coin de France. Il en coûte tout de même moins cher que dans la capitale : 500 euros par mois pour un appartement de 300 m².

Des **OGM** qui poussent **sans eau,** ou presque

C'est presque par hasard, de son aveu même, qu'une chercheuse argentine est sur le point de mettre fin au problème de l'aridité en agriculture. De son laboratoire à Sante Fé, Raquel Chan, directrice de l'Institut d'agrobiotechnologie du litoral (IAL), a réussi, avec son équipe, à isoler le gène qui rend le tournesol résistant à la sécheresse et à l'inoculer à du soja, du blé et du maïs. « C'est une avancée qui va dépasser nos frontières », s'est enthousiasmé Albor Cantard, recteur de l'Université nationale du littoral (UNL), dont dépend le laboratoire de Raquel Chan. Les plantes auxquels ont a intégré le gène HAHB-4 du tournesol sont capables de pousser sous un climat semi-aride, que l'on rencontre notamment en Afrique du Nord. Ces OGM n'ont besoin que de 500 mm de pluie par an et supportent plus longtemps des conditions extrêmes par rapport aux espèces non traitées. Leur rendement reste également plus élevé, et ce, quelle que soit la météo. Une aubaine, en apparence, pour les agriculteurs de soja argentins qui ont vécu une année 2012 difficile, des inondations catastrophiques succédant à quatre mois de sécheresse.

DES ÎLES FLOTTANTES POUR MILLIARDAIRES

Des îles artificielles paradisiaques constituent aujourd'hui bon nombre de centres balnéaires de luxe dans des pays du golfe Persique.

Mais pourquoi ne pas partir en croisière sur l'une d'entre elles comprenant volcan factice, chute d'eau et piscine-lagon, et l'amarrer au gré de sa fantaisie dans les endroits les plus insolites de la planète ? C'est le pari fou tenté par Yacht Islan Design, une agence anglaise d'architecture navale. D'une longueur de 90 mètres, cette île tropicale se déplace à la vitesse maximale de 15 nœuds. Et tout est prévu à bord pour le confort d'une quinzaine de privilégiés : mini-hélicoptère, cinéma caché sous le cratère du volcan qui abrite aussi la cheminée du bateau, bibliothèque, gymnase, spa et des suites de grand luxe. Sur le pont et à l'arrière du bâtiment, des cabanons, un bar, une plage plantée de cocotiers et une base de loisir avec Zodiac et jet-ski complètent les équipements. « L'extérieur du bateau donne l'impression d'une île volcanique en mouvement, battue par les flots », commente, enthousiaste, Rob McPherson, le concepteur du projet.

Le prix de ce jouet pour milliardaires n'a toujours pas été communiqué.

Au Mexique, des déjections canines contre du **Wifi**

Pour lutter contre le problème des déjections canines dans l'espace public, et assurer, du même coup, sa promotion dans tout le pays, le fournisseur d'accès Internet mexicain Terra a installé un dispositif de poubelles intelligentes, du nom de Poo-Wifi, dans dix parcs de Mexico. Équipées d'une balance et d'une antenne Wifi en forme d'os, ces poubelles convertissent les crottes de chien qui y sont déposées en minutes de connexion gratuites. Ainsi, 70 grammes d'excréments dûment jetés donnent droit à 20 minutes de surf sur le Net. En l'absence de surveillance, il sera toutefois possible de se débarrasser de tout autre déchet dans ces conteneurs, avec le même résultat. Mais pour Terra et l'agence de communication DDB Mexico, son partenaire dans cette opération, cela ne pose pas de problèmes, l'essentiel étant d'inciter les habitants de la capitale mexicaine à entretenir la propreté de leur ville.

Le robot jardinier

Ce robot, qui vient d'être présenté à la Foire des sciences et technologies de Shounguang, en Chine, n'a rien de belliqueux, bien au contraire : c'est le premier robot jardinier intelligent. Il se promène dans les cultures, examine les fruits et les légumes grâce à ses appareils de mesure et les asperge, si besoin est, de pesticide ou leur envoie des rayons ultraviolets contre les moisissures.

C'est dans le port de Strahan, en Tasmanie, qu'a eu lieu cette tentative de record du nombre de skieurs nautiques tractés en même temps. 154 participants prennent le départ ; chacun tenant une corde attachée à un mât latéral de 80 m de long. Il s'agit de parcourir ainsi un mile nautique (1,85 km).
L'exploit est particulièrement délicat à réaliser. Les participants doivent sortir de l'eau en même temps, sinon, ils risquent de s'écrouler tous, par effet de dominos. Ensuite, ils doivent garder une trajectoire parfaitement droite, n'étant séparés entre eux que de 80 cm.
Tentative réussie ! Seuls 9 skieurs chutent avant l'arrivée, que franchissent les 145 autres. Le précédent record de 114 est largement battu.

UN RECORD

SPECTACULAIRE

JUIN

DE 1905 À 1985

JUIN 1969

Une mystérieuse petite phrase

Lors de son débarquement sur la Lune, en 1969, outre sa fameuse phrase : « Un petit pas pour moi, un grand pas pour l'humanité », Niel Armstrong en a prononcé un peu plus tard une seconde, à la fois plus courte et plus énigmatique : « Bonne chance, Monsieur Gorsky ! » Le propos a fait couler beaucoup d'encre. On a d'abord pensé, vu la consonance slave du nom, à un quolibet en direction d'un Russe, rival dans la conquête spatiale, mais aucun d'eux ne répondait au patronyme. Un comédien, Buddy Hackett, a pensé, un peu plus tard, avoir résolu l'énigme. Monsieur Gorsky était le voisin d'Armstrong lorsqu'il était enfant. Un jour, le petit Niel envoie malencontreusement son ballon de basket chez lui. En voulant le récupérer, il entend par une fenêtre ouverte Madame Gorsky dire à son mari : « Tu veux que je te fasse une gâterie ? Tu peux toujours te brosser. Je t'en ferai une le jour où le gamin d'en face ira sur la Lune. » L'histoire est savoureuse, mais malheureusement le cosmonaute l'a démentie à plusieurs reprises, tout en refusant de dire ce qui signifiait sa mystérieuse déclaration.

JUIN 1918

DES TABLEAUX VIVANTS DE 20 000 PERSONNES POUR STIMULER L'EFFORT DE GUERRE

Comment motiver le peuple américain à s'engager aux côtés des Alliés dans la Première Guerre mondiale ?

En juin 1918, deux photographes, Arthur Mole et John Thomas, proposent à l'US Army de confectionner à son intention des images de propagande d'un genre nouveau : la fresque vivante à thème patriotique.

Bénéficiant de la participation de plusieurs dizaines de milliers de jeunes recrues, les photographes mettent en scène la bannière étoilée, la cloche de l'Indépendance de Philadelphie ou encore le profil de l'Oncle Sam. Ainsi pour reconstituer la statue de la Liberté et obtenir un effet de perspective, Mole et Thomas disposent 19 000 soldats sur un vaste terrain, à Des Moines dans l'Iowa. Sept cents à la base de l'édifice, et douze mille répartis sur une distance de 800 mètres, la plus forte concentration occupant le flambeau.

Perchés au sommet d'une tour de 80 mètres, les opérateurs font poser les figurants pendant plusieurs heures sous un soleil de plomb. Et immortalisent la scène au moyen d'une chambre en bois à plaque de verre au format 30 X 40 cm.

JUIN 1930

Le GPS de grand-père

L'utilisation du GPS embarqué à bord des véhicules relègue progressivement nos vieilles cartes en papier au rayon des accessoires. Mais savez-vous que les instruments de navigation automobile datent de 1930 ? Inventé en Italie, utilisé en Angleterre, l'Iter Avto était un boîtier en Bakélite qui, accroché au tableau de bord, déroulait une petite carte en papier en fonction de la vitesse de déplacement. Relié à l'odomètre, l'instrument qui mesure la distance que parcourt la voiture, il permettait au conducteur de visualiser son itinéraire sans avoir à lâcher le volant. Inconvénient majeur : à chaque changement de direction, l'utilisateur devait s'arrêter sur le bas-côté de la route pour recharger le boîtier avec la carte appropriée.

JUIN 1985

CE QUI FAIT LA VALEUR DE L'ŒUVRE C'EST QU'ELLE NE S'ACHÈTE PAS

40876 mètres carrés de toile polyamide dorée retenus par 13076 mètres de cordes et plus de 12 tonnes de chaînes d'acier, c'est le Pont-Neuf en 1985. Christo est un artiste d'origine bulgare qui fuit son pays et les normes imposées à l'expression artistique. À Paris, en 1958, il fait la rencontre de sa future femme avec laquelle il produira des projets de grande ampleur. Composant ses premières œuvres monumentales aux États-Unis, il se spécialise dans les « emballages ». Puis il jette son dévolu sur le plus vieux pont de Paris pour en faire une œuvre d'art contemporaine et éphémère. Dans son empaquetage doré qui ne dure qu'une quinzaine de jours, le Pont-Neuf acquiert une autre identité. Christo et l'artiste Jeanne-Claude, en transformant un lieu, veulent surprendre et faire évoluer le regard du public. « Land Art éphémère », l'œuvre ne s'achète pas, ne se possède pas, ne se commercialise pas, symbole de totale liberté.

JUIN 1908

CES ARBRES QUI ONT BRÛLÉ EN SIBÉRIE ONT ÉCLAIRÉ LA NUIT ESPAGNOLE

En 1908 une météorite a explosé dans l'atmosphère au-dessus de la Tunguska en Sibérie centrale détruisant tout dans un rayon de 100 km et abattant ou brûlant 60 millions d'arbres. La nuée de poussière et de cendres qui s'est formée, fut entraînée dans la haute atmosphère et s'étendit jusqu'à l'Europe, formant des couchers de soleil très colorés et une luminosité nocturne exceptionnelle à tel point qu'il fut même possible en Espagne de lire le journal en pleine nuit.

La première étude sur place, par les Russes, n'eut lieu que dix-neuf ans plus tard. La Sibérie représente un territoire équivalant à vingt-quatre fois la France, aux vastes régions marécageuses difficiles à pénétrer. Depuis 1927, de nombreuses missions scientifiques ont exploré la zone des 4 000 km^2 défrichés par l'impact. Les groupes de chercheurs ont émis plusieurs hypothèses, parfois contradictoires, sur l'origine du phénomène. À ce jour, il reste encore de grandes inconnues sur cet événement

JUIN 1907

Une déconcertante œuvre sculptée en plein air

À 5 km de Saint-Malo, en bord de mer, un univers étrange de plus de 300 personnages, taillés à même le rocher... dont certains détails ont déjà disparu sous l'effet du vent, des tempêtes et des embruns. Cette œuvre monumentale est due à l'abbé Fouré (1839-1910), contraint à 55 ans d'abandonner son ministère à la suite d'une attaque cérébrale qui le laisse sourd et muet. Il s'installe à Rothéneuf où il passe de longues journées sur la falaise. En soutane, un marteau et un burin à la main, pendant 15 ans, il façonne les rochers.

Muré dans son silence, l'abbé s'exprime en faisant naître de la pierre une fresque de sculptures étranges. Une cinquantaine de portraits racontent la légende des Rotheneuf, lignée de naufrageurs et de guerriers sanguinaires, censés avoir sévi en ce lieu entre le XVIe et le XVIIe siècle. Leurs figures sont grimaçantes et hideuses, leurs expressions parfois énigmatiques. Dans le chaos de granit, on découvre aussi des scènes comiques d'un Gargantua Rotheneuf administrant à sa femme un coup de pied aux fesses. Des saints bretons légendaires peuvent côtoyer une salamandre géante ou des monstres surgissant de la mer. Jacques Cartier, l'homme célèbre de Rothéneuf, fait partie des thèmes préférés de l'ecclésiastique, inspiré également par des personnages et des faits ayant un rapport avec l'actualité de son époque.

Surplombant la mer, ce jardin de pierres d'une superficie de 500 mètres carrés peuplé d'êtres fantasmagoriques, est un chef-d'œuvre de l'art brut.

JUIN 1938

UNE AFFAIRE !

Ce vénérable chèque daté de 1938 est historique. Il enregistre la transaction, selon laquelle Joe Shuster et Jerome Siegel cèdent à vie au magazine *Detective Comics*, les droits de Superman, le personnage qu'ils ont inventé, pour la somme de 130 dollars ! Une bien mauvaise affaire pour eux et une excellente pour le magazine. Une bonne affaire aussi pour la banque, propriétaire du chèque, qui vient de le vendre aux enchères 160 000 dollars.

JUIN 1965

LE CHEF-D'ŒUVRE PERDU DE DALI

Depuis 1965 le petit dessin de Crucifixion était exposé dans le réfectoire des prisonniers à Rikers Island, comme l'avait spécifié Salvador Dali. Le peintre, obligé, par suite d'une indisposition, d'annuler sa conférence sur l'art aux détenus, leur avait offert cette œuvre sur papier. Lorsque celle-ci fut malencontreusement tachée par un bol de café lancé à la volée, en 1981, l'administration de la prison décida de la tenir à l'écart des condamnés et de l'accrocher dans le hall d'entrée, où seuls les employés du pénitencier et les visiteurs pouvaient l'admirer. Elle y passa inaperçue de longues années… jusqu'au jour de 2003 où un journaliste en visite reconnut la Crucifixion, alors estimée à 400 000 euros ! De quoi attiser des convoitises au sein même de la prison. Au cours d'une fausse alerte d'incendie en pleine nuit et d'un exercice d'évacuation improvisé qui créa une certaine confusion, l'original fut remplacé par une copie. Démasqués aussitôt, les quatre gardiens auteurs du délit, furent pris de panique. Celui qui recelait le chef-d'œuvre chez sa mère le réduisit en cendres…

JUIN 1969

UNE RIVIÈRE EN FLAMMES À L'ORIGINE DE L'ÉCOLOGIE AMÉRICAINE

Dix fois au moins, la rivière Cuyahoga de Cleveland, dans l'Ohio, a littéralement pris feu, entre 1868 et 1969. Dix fois, les huiles usées répandues à la surface de l'eau ont déclenché des incendies, suscitant l'émoi de cette ville industrielle des États-Unis. À chaque fois, le scénario est à peu près le même. Une simple étincelle (produite en 1969 probablement par une roue de train défaillante sur un des ponts du lac) enflamme les huiles de moteur qui tapissent la rivière. Le feu s'attaque ensuite aux amas de débris industriels flottant à la surface, provoquant ainsi la catastrophe.

Il aura fallu attendre plus de dix incendies pour qu'enfin les consciences se réveillent. Grâce à la presse nationale, la rivière Cuyahoga est finalement devenu le symbole d'une mobilisation environnementaliste, jusqu'alors inexistante aux États-Unis. C'est grâce à la couverture médiatique du dernier incendie que l'Amérique s'est lancée dans l'élaboration d'un arsenal législatif pour contrôler la pollution de l'eau. Ainsi, en 1970 était créée l'Agence fédérale de protection de l'environnement, suivie, en 1972, par l'Agence de protection de l'environnement de l'Ohio et, en 1977 par le Clean Water Act. Aujourd'hui, la qualité de l'eau de la rivière Cuyahoga a considérablement augmenté et la vie aquatique y est de nouveau présente.

JUIN 1918

UNE TOMBE IGNORÉE

Si on lui demande où est enterré Yul Brynner, chacun pensera que c'est dans un cimetière de Californie, comme la plupart des stars d'Hollywood. Eh bien, non ! Le célèbre acteur au crâne rasé est inhumé en France et dans un monastère de surcroît, dans le carré des moines de l'abbaye romane de Saint-Michel du Bois-Aubry, en Touraine.

Il a fallu, pour cela, un enchaînement de circonstances. Yul Brynner était très attaché à la France, où il avait longtemps résidé et où il possédait un manoir, dans les environs de Deauville. À sa mort, en octobre 1985, c'est là que, conformément à ses volontés, ses cendres sont envoyées. Et lorsque, par la suite, la propriété est vendue, l'urne est confiée à l'un de ses amis religieux, membre de la congrégation de Saint-Michel du Bois-Aubry.

JUIN 1905

CETTE AMPOULE ÉCLAIRE **DEPUIS 100 ANS**

Lumière éternelle ?... Grande attraction touristique de Livermore en Californie, cette ampoule à incandescence brille sans discontinuer depuis 110 ans. À filament carbone, soufflée à la main, utilisée en mode veilleuse éclairant seulement à 4 watts, elle est suspendue sans protection à un câble à 5 m 50 de hauteur dans la caserne des pompiers. Personne n'a le droit d'y toucher. Son créateur, Adolphe Chaillet, l'y a installée le 18 juin 1905. Sa longévité est un mystère pour tout le monde. Certains l'expliquent par l'herméticité d'un scellé parfait du globe, ne laissant pas entrer la moindre molécule d'air qui pourrait désintégrer le filament de carbone. Malheureusement le concepteur de cette curiosité technique est mort avec son secret. La durée de vie des ampoules à incandescence a été « harmonisée » et maintenue par les industriels à 1 000 heures dans le monde entier : « Un produit qui ne s'use pas est une tragédie pour les affaires » !

JUIN 1940

L'AUTRE DISCOURS DU 18 JUIN

Si tous les Français connaissent le discours du général de Gaulle, ils connaissent beaucoup moins celui qu'a prononcé Winston Churchill ce même 18 juin 1940. Or, il a joué un rôle presque aussi important. En promettant à ses compatriotes « du sang et des larmes » et en les appelant à mobiliser leurs énergies, il a contribué à la victoire.

Mais si le Premier ministre britannique est bien l'auteur du discours, qu'il a prononcé devant la chambre des Communes, il n'est pas sûr du tout qu'il l'ait enregistré le même jour à la BBC. Dans ces moments cruciaux où se jouait le sort du pays, il aurait été trop occupé et il aurait confié le soin de le lire à un acteur qui imitait sa voix à la perfection, Norman Shelley. C'est ce qu'affirme le fils de ce dernier, qui précise que son père n'a pas demandé d'argent et qu'il a agi par patriotisme et par admiration pour sir Winston. Les biographes de ce dernier démentent formellement le fait et il est probable que la vérité ne sera jamais connue avec certitude.

La preuve que Dieu existe...

...c'est qu'il joue aux boules. C'est du moins ce que prétendent les Indiens proches de la vallée de la mort en Californie, l'un des plus célèbres déserts du monde. La réalité c'est que ces pierres qui peuvent peser jusqu'à trois cents kilos, après être tombées des lointaines montagnes, ont été poussées par le vent qui peut être très violent. Toutefois aucun savant n'a pu expliquer, malgré des études très longues et très sérieuses, comment de telles masses peuvent glisser des kilomètres sur un terrain aussi plat. D'ailleurs personne ne les a jamais vues se déplacer faute d'avoir séjourné assez longtemps dans ce lieu hostile où la température peut varier de 57 °C le jour à -9 °C la nuit. Pour le moment il faut s'en tenir à certaines hypothèses. Elles glisseraient en hiver certaines nuits sur une fine pellicule de glace ou après la pluie lorsque la croûte durcie devient boueuse ou enfin sur des algues microscopiques qui se formeraient sous elles. Encore faut-il que le vent à ce moment souffle au moins à 100 km/h.

Crédits photographiques

Juillet p.9 Baiser émeute, Vancouver, Canada, 2011 © Rich Lam/Getty Images/AFP p.10 *Micronecta scholtzi*, France, 2011 © Jérôme Sueur p.11 Chasse au chameau, Australie, 2009 © AP/SIPA p.12 Ha Schult, Telgte, Allemagne, 2011© Ha Schult/Wim p.14 Recycleur de papier White Goat, 2010 © Oriental Co Ltd p.15 Maison extraplate, Hanoï, Vietnam, 2011 © Tuoitre News P.16-17 Stephen Wiltshire, New York, 2011 © ABACA p.18 Tank gonflable, Khotkovo, Russie, 2011 © Andrey Smirnov/AFP p.19 Le château en bois de Nicolai Sutyagin, Arkhangelsk, Russie,2007 © Dmitry Beliakov/REX/SIPA p.20 gauche : Maison à 500 euros, Inde, 2011 © Tata ; droite : Avion transparent, France, 2011 © Airbus p.21 Village d'Hallstatt, Autriche, 2011 © Eurasia Press/Photononstop/AFP p.22 Coffin Academy, Séoul, Corée du Sud, 2011© Reuters/Truth Leem P.23 L'hôtel sous-marin, Poseidon Undersea Resort, 2012© Poseidon Undersea Resorts (FIJI), LLC p.24 Drapeau syrien, Damas, Syrie, 2011 © Reuters/Sana Sana p.25 haut : Yarn bombing, Mexico City, Mexique, 2009 © Magda sayeg/Rex/REX/SIPA ; bas : L'art du crochet de Olek, New York, 2012 © Olek/REX/SIPA p.27 Dorando Pietri, Jeux olympiques de Londres, 1908 © AKG-images p.28 Fontaine Bartholdi, Lyon, France, 2010 © Graciela L. Garcilaso p.29 gauche : René Vietto après son sacrifice au profit d'Antonin Magne, Perpignan/Ax-les-Termes, 1934© Fonds Excelsior/Presse Sports ; droite : Femme tatouée, 1907 © Los Angeles, Cal. : The Plaza Gallery p.30 Le Foudre Mercier, Paris, 1889 © Collection Champagne Mercier p.31 The 3D Street Art of Edgar Muller, Allemagne, 2008 © Rex/SIPA p.32 Larry Walters et sa chaise volante, Long Beach, Californie, États-Unis, 1982 © Randy Mudrick/AP/SIPA p.33 Frigos d'artistes, 1958 © Centre de Protection de l'Enfance ? p.34 Le cratère de Darvaza, désert du Karakoum, Turkménistan, 2009 © Bjoern Holland/Image source/AFP p.35 Arbre du Ténéré, désert du Ténéré, Niger, 1969 © Michèle Bec - son blog de voyages http://danae.unblog.fr

Août p.38 Record abeille, Shaoyang, Chine, 2011© Lu Shianshe/Chine nouvelle/SIPA p.39 Record abeille, Shaoyang, Chine, 2011© Jianshe/Color China Photo/SIPA p.40 Arturas Zuokas, Vilnius, Lituanie, 2011 © Reuters/City Municipality press service p.41 Sperm Bullit, Copenhague, Danemark, 2011 © Peter Bower p.42 Arbres pris en cocon dans les toiles d'araignée, Sindh, Pakistan, 2010 © Russell Watkins/Department for International Development p.45 Crop circle© DR p.46 Festival de la Tomatina, Buñol, Espagne, 2009 © Jasper Juinen/Getty Images/AFP p.47 Philippe Croizon, La Trinité-sur-Mer, France, 2011 © Jean-Marie Heidinger/Ciric p.48 Amphores immergées, Marseille, France, 2011 © Fréderic Bassemayousse p.50 haut : Planète en diamant, Melbourne, Australie, 2011© Swinburne Astronomy Production ; bas : Cadeau empoisonné, Saint-Théodore-d'Acton, Québec, Canada, 2011 © Agence QMI p.51 Keiko Fukuda, San Francisco, États-Unis, 2003 © Chris Hardy/San francisco Chronicle photo/Corbis p.52 Mer d'algue, Tsingtao, Chine, 2011© AFP p.55 Hôtel Crillon à la libération de Paris, 1944 © AFP p.56 Catastrophe du métropolitain, Paris, *Le Petit Journal* du 23 août 1903 p.57 Catastrophe du metropolitain, carte postale, Paris, 1903 p.58 Armand Bacquer, hôpital Necker, Paris, 1944 p.59 Jacques Inaudi, 1883 p.60 gauche : Portrait de Charlotte Anne Moberly vers 1900 ; droite : Portrait d'Eleanor Jourdain, vers 1900 p.61 Le révérend Brandford Clarke et sa chapelle roulante, 1920 © Underwood and underwood/National Geographic collection p.62 Rail carte postale p.63 gauche : *Playboy* en braille, Alice, Texas, États-Unis, 2006 © Jenny G ; droite : Iradia, affiche publicitaire p.64 *Man on Wire*, 2008 © Discovery Films/BBC/The Kobal Collection/The Picture Desk/AFP

Septembre p.68-69 Yves « Jetman » Rossi, Grand Canyon, Arizona, États-Unis, 2011 © André Bernet p.70 Parc d'attraction de nains, Kunming, Chine, 2011© DR p.71 Lolong, Bunawan, Philippines, 2011© Jouseff Arnold p.72-73 Un scientifique enfermé dans une boite, Cornwall, Royaume-Uni, 2011 © SWNS/ABACA p.74 Intimate Mobile, Stockholm, Suède, 2011 © Design Research Lab/Fabian Hemmert/conférence mobile HCI p.75 Canular du MIT, Cambridge, Massachusetts, États-Unis © Eric Nygren p.76 Une baleine chasse grâce à un filet de bulles d'air, Stellwagen Bank, Massachusetts, 1990 © Jim Hain/Robert D. Kenney/Photo taken under NOAA/NMFS permit #560 p.77 Tracteur rose, Birmingham, Royaume-Uni, 2011 © image provided by Birmingham City University p.78-79 Miao à cornes, Suoga, Chine, 2008 © O. Maupetit-Rousseau/www.jaimelevoyageaventure.com p.80 Rugby nudiste, Dunedin, Nouvelle-Zélande, 2011© AFP/Martin Bureau p.81 Statue Forever Marylin, Chicago, États-Unis, 2011 © Getty Images p.82 Reborn *Elise* 2011 © Natali Blick p.83 Tableau représentant l'investiture de Noursoultan Nazarbayev, Astana, Kazakhstan, 2011© Pascal Maitre/Cosmos p.84 Voiture Vieria, 2011 © Michelin p.85 Rails guérisseurs, Rawa Buaya, Indonésie, 2011 © Reuters/Enny Nuraheni p.86 *Webster Withdrawn*, 2010, Hardcover Book, Acrylic Varnish, 11-3/4» x 16-1/2» x 13-1/4» © Image courtesy of Brian Dettmeter and MiTO Gallery p.87 *Saturation Will Result*, 2011, Encyclopedia Set, Acrylic Varnish, Pedestal, 46-1/2»» x 35»»» x 16»»» © Image courtesy of the Brian Dettmeter and Kinz + Tillou Fine Art p.88 Voile le plus long, Casal di Principe, Italie, 2011© Renna/SIPA p.89 gauche : Biscuit de l'expédition d'Ernest Shackleton, Londres, 2011 © AFP/Ben Stansall ; droite : Un élan dans un arbre, Särö, Suède, 2011 © Gustav Johansson p.91Congrès des maires de France, anonyme. Les maires à table aux Tuileries, Paris, 1900 © BnF p.92 Christian le lion retrouve John Rendall et Anthony Bourke, Kenya, 1971 © Derek Cattani/REX/SIPA p.93 Le lac des squelettes, Roopkund, Inde © DR P94 Nicolaï Lejov et Staline, photographies retouchées, canal de Moscou, Russie, 1937© DR p.95 Principauté de Sealand, au large du Royaume-Uni, 2006 © Ryan Lackey p.96-97 Cratère, Escuintla, Guatemala, 2010 © AFP/Presidencia p.98 haut : *Et le soleil s'endormit sur l'Adriatique*, l'âne « Lolo », dit Joachim Raphaël Boronali, (Roland Dorgelès, Warnod, Jules Depaquit, etc.), huile sur toile, 80 x 54 cm, 1910 © Espace culturel Paul Bédu, Milly-la-Forêt ; bas : L'âne du Lapin Agile, peignant. À gauche, masqué, Roland Dorgelès qui lança la supercherie. À droite, le père Frédé. Paris, 1910 © Roger-Viollet p.99 Ilha Nova, Açores, Portugal, *Paris-Match* du 11 septembre 1957 © Paris-Match/Scoop

Octobre p.102-103 Coureur de marathon centenaire, Edinburgh, Ecosse, 2011 © Jeff J Mitchell/Getty Images/AFP p.104 Bébé rescapé d'un séisme, Ercis, Turquie, 2011 © AFP/Adem Altan p.105 Balloon house, Los Angeles, Californie, États-Unis, 2011 © National Geographic Channel/Stewart Volland p.106 *Toaster Project*, Thomas Thwaites, Angleterre, 2011 © Daniel Alexander p.107 Employée de la compagnie El Ciruelo, Murcia, Espagne, 2011 © AFP/FTA-UGT Murcia/Handout p.108 Chirurgie robotique, Californie, États-Unis, 2012 © 2012 Intuitive Surgical, Inc. p.109 Tour en Lego, Paris, 2011 © AFP/François Guillot p.110-111 Joueur de guitare, Syrte, Libye, 2011© AFP/Aris Messinis p.112 gauche : Programme FAST, 2011 © Department of Homeland Security; droite: Verre comestible, New York, États-Unis, 2011 © The Way We See The World p.113 gauche : Robot Evoia, circuit du Mans, France, 2009 © Franck Lassagne/Panasonic Evoia World Challenge; droite : William Close et sa Earth Harp, Nevada, États-Unis, 2011© DR p.114-115 *Vicissitudes*, Jason de Caires Taylor, Grenade, Petites Antilles, 2007 © Adagp, Paris 2012 p.116 gauche : Robot Hiro, Tokyo, Japon © Tokyo Institute of Technology; droite : La moto DreamBig de Gregory Dunham © DR p.117 *Room Room*, Takeshi Hosaka architecte,Tokyo, Japon, 2011© Koji Fujii/Nacasa&Partners Inc p.118 *Al Hakawati, The Storyteller*, Dubai, 2012 © Visiondivision p.120-121 Vente du livre *Les Oiseaux d'Amérique* de Jean-Jacques Audubon, Angleterre, 2010 © Lefteris Pitarakis/AP/SIPA p.123 Accident de Montparnasse, Paris, 1895 © Studio Lévy and Sons p.124 Tombelaine, baie du mont Saint-Michel, France, 2007 © Tristan Nitot p.125 Lüderitz, Namibie, 2011 © Clémence Tatin p.126 Hôpital Brinckley, Arkansas, États-Unis, 1930 © Kansas State Historical Society p.127 Louis Chevrolet, Vanderbilt Cup, Long Island, New York, États-Unis, 1910 © DR p.129 *La Jeune Fille à la fleur*, Marche pour la Paix, Washington, D.C., 1967 © Marc Riboud/Centre Pompidou, MNAM-CCI, Dist. RMN-Grand Palais/Bertrand Prévost p.130 Station Haxo, Paris, 2009 © Patrick Kovarik/AFP p.131 Attelage chien © DR

Novembre p.134-135 Ferme aux serpents, Zisiqiao, Chine, 2011 © REUTERS/Aly Song p.136 Le Royal Palace, Kirrwiller-Bosselshausen, France, 2012 © AFP/Patrick Hertzog p.137 gauche : Distributeur d'or, Bombay, Inde, 2011© AFP/STREDEL ; droite : *Les Sons de ma vie. Preservation is life*, Bryan Mc Cormak, 2011 © Hervé Veronèse/Centre Pompidou p.138 Jet géant, île de La Réunion, 2010 © Patrice Huet p.139 Vente aux enchères de la dent de John Lennon, Stockport, Angleterre, 2011© Omega Auction/REX/SIPA p.140 Surfer sur un volcan, volcan Cerro Negro, Nicaragua, 2009 © Scott B. Rosen p.141 Garrett McNamara surfe une vague de 27 mètres, Praia do Norte, Nazaré, Portugal, 2011© Wilson Ribeiro/Nazaré Qualifica p.142 gauche : Lentilles pour lapin, 2011 © Babak Parviz/Journal of Micromechanics and Microengineering; droite : HLM du futur, architecte Édouard François, Champigny-sur-Marne, France, 2012 © Lea Crespi p.143 Francesco Russo et son vélo Eiviestretto, 2011 © Bas de Meijer p.144-145 Éléphants footballeurs , Surin, Thaïlande, 1998 © Steve Sandford/AFP p.146 Eduardo Gold, cordillère des Andes, Amérique du Sud, 2011© BBC news p.147 Station d'épuration© WWN p.149 Concours de sosie de Charlie Chaplin, États-Unis © J. W. Sandison/Whatcom Museum, Bellingham, WA p.150 Nellie Bly, 1890 © New York Public Library Archives p.151 haut : Justo Gallego Martinez et sa cathédrale, Mejorada del Campo, Espagne, 1999 © Éric Cabanis/AFP ; bas : Cathédrale de Justo Gallego, Mejorada del Campo, Espagne, 2009 © DR p.152 Ours Teddy placé devant le portrait de Théodore Roosevelt, 1970 © Time&Life Pictures/Getty Images p.153 gauche : Village détruit, Grande Rue, Bezonvaux, France © JP le Padellec ; droite : L'inconnue de la Seine. Moulage de la tête d'une inconnue trouvée noyée dans le canal de l'Ourcq en 1901 © Roger-Viollet p.154 La Vénus de Milo, Épreuve sur papier albuminé, Paris, 1871 © Collection du musée du Louvre p.155 Konrad Lorenz, Allemagne, 1955 © Time&Life Pictures/Getty Images p.156 Effondrement du pont de Tacoma, Washington, États-Unis, 1940 © James Bashford/Courtesy of the Harbor History Museum, Gig Harbor, Washington

Décembre p.160 Ice Hotel, Jukkasjärvi, Suède, 2011, haut: Bubblesuite, Wilfred Stijger & Edith van de Wetering/photo © Christopher Hauser; bas: Ice Church, Anders Rönnlund, Anders Eriksson & Johan Fremling/photo © Christopher Hauser p.161 Gymno'Com, France, 2011© Gymnokidi p.162-163 Cave de cristal, Mexico, Mexique, 2008 © National Geographic/Getty Images p.164-165 Lac rose, Middle Island, Australie, 2011 © Klaus D. Francke/Bildesberg/AFP p.166 L'exosquelette Hercule, 2011 © DGA/COMM/Paco Ben Amar p.167 Kremlhof Theater, Villach, Autriche, 2011 © Hans D. Smoliner p.168 *Audrey Dana*, Duratrans d'une image en trans-apparence réalisée par scanner 3D, 150 X 71 cm, 2007 © Rodolphe von Gombergh p.169 Escalator de Medellin, Colombie, 2011 © Luis Benavides/AP/SIPA p.170 Débris en orbite © NASA/Orbital Debris Program Office p.171 Jordan Romero, Kathmandu, Népal, 2010 © AFP/Prakash Mathema p.172 Téléski solaire, Tenna, Suisse, 2011 © Solarskilift.ch/Tenna/Safiental/Swiss p.173 *Kingdom Tower*, Adrian Smith et Gordon Gill, Jeddah, Arabie-Saoudite, 2011 © Jeddah Economic Company/Adrian Smith + Gordon Gill Architecture p.175 George la tortue, Puerto Ayora, Equateur, 2009 © Rodrigo Buendia/AFP p.177 Annie Edson Taylor, chute du Niagara, États-Unis, 1901 © GG Bain News Service/Library of Congress p.178 *Organ²/ASLSP* de John Cage joué à l'église Saint-Burchardi, Halberstadt, Allemagne, 2010 © Matthias Ahlborg p.179 Les Chinois de Montargis, France, 1920 © DR p.180 *A Higher Appel* peint par John D. Shaw © 2009. Avec l'aimable autorisation de www.ValorStudios.com p.181Maisons couvertes de kudzu © DR p.182 Tribu oubliée, forêt amazonienne, Amérique du Sud, 2011 © Gleison Miranda/Funai/Survival survivalfrance.org

Janvier p.186 Gratte-ciel construit en quinze jours, Hunan, Chine, 2012 © BSB/Broad Group p.187 Cape en soie d'araignée, Londres, 2012© Oli Scarff/Getty Images/AFP p.188-189 Plage de harengs, Kvaenes, Norvège, 2012 © AFP/Jan Petter Jørgensen/Scanpix/Norway p.190 *Sans titre 52*, Marcel Storr © Liliane et Bertrand Kempf p.191 Prototype d'un robot gardien de prison, Corée du Sud, 2011 © Newscom/ABACA p.192 haut : *Intimacy*, 2010-2011 © Studio Roosegaarde; bas : Escargot *Powelliphanta*, parc national de Kahurangi, Nouvelle-Zélande, 2011© Maria Brooks/REX/SIPA p.193 Restaurant Waldgeist, Hofheim am Taunus, Allemagne, 2011© DR p.194 La pomme originelle, Kazakhstan, 2010 © Catherine Peix p.195 Mona Lisa en tasses de café, Australie, 2009 © Rob Griffith/AP/SIPA p.196-197 Montagne artificielle, Pays-Bas, 2011 © Lumine.nl p.198 Pont en plastique recyclé, Peebleshire, Royaume-Uni,

2011© Vertech Limited p.199 *Tiger & Turtle - Magic Mountain*, des artistes allemands Heike Mutter et Ulrich Genth, Duisburg, Allemagne, 2011 © AFP/Bernd Thissen p.200 Rhinocéros empaillé, Bern, Suisse, 2011 © AFP/Lisa Schaeublin/Natural History Museum of Berne NMBE p.201 haut : Anger room, 2012 © CBS ; bas: Jeux toilette, The Exhibit Bar, Londres © Captive Media Ltd www.captive-media.co.uk p.202 gauche : Plus petit vertebré du monde, Nouvelle-Guinée, 2009 © Alessandro Catenazzi ; droite : Faux ventre de femme enceinte, Chine, 2011 © DR ; bas : BrainPort Vision, 2010 © Wicab Inc. p.203 *The Paraisópolis favela*, São Paulo, Brésil, 2005 © Tuca Vieira p.205 La Dynasphere, Weston-super-Mare, Angleterre, 1932 © Getty Images p.206 August Landmesser, 1939 © DR p.207 Fidel Castro à l'assemblée générale des Nations-Unies, New York, États-Unis, 1979 © Keystone/Hulton Archive/Getty Images/AFP p.208-209 Église en neige, Mitterfirmiansreut, Allemagne, 2011 © AFP/Armin Weigel p.210 Maison picassiette, Eure, France, 2008 © Gérard Guittot/Photononstop/AFP p.211 Capture d'écran du film Black Maria, studio de Thomas Edison, vers 1900 © DR p.212 Homme de Tollund, musée de Silkeborg, Danemark, 2008 © Sven Rosborn p.213 Côte magnétique, carte postale, New Brunswick, Canada © DR

Février p.216 Instabilité de Kelvin-Helmholtz, Panama City Beach, Floride, États-Unis, 2012 © JR Hott/Panhandle Helicopter, LLC/Pilote : Mike Schaeffer p.217 Dauphin rose, Hong-Kong, Chine, 2011 © AFP/Daniel Sorajibi p.218 haut : Casque pour bébé © DR ; bas : Violon © Siede Preis/Getty Images p.219 haut : Hamburger en braille, 2012 © Ferrari/Visual ; bas : Le Gemueseorchester, orchestre de légumes, Vienne, Autriche, 2008 © Dieter Nagl/AFP p.220-221 : Carnaval, bataille d'orange, Italie, 2011© Luca Bruno/AP/SIPA p.222 : haut : Costume de simulation du vieillissement Samo, 2012 © Seniosphere ; bas : Tatouages QR codes, 2012 © Marie Ben/Dominique Dirou - exclusivité www.lesmotssontdescadeaux.com p.223 haut : Plus grosse émeraude du monde, Colombie-Britanique, Canada, 2012 © REUTERS/Andy Clark ; bas : Chaine humaine contre la chasse aux baleines, Australie, 2012 © DR à priori Getty/keystonepressagency mais ils ne l'ont pas trouvée p.224 Gecko, Parc national d'Andasibe-Mantadia, Madagascar, 2011© Caters news agency/SIPA p.225 haut : Crapaud, Parc national naturel d'Amacayacu, Colombie, 2011© Caters news agency/SIPA ; bas : Grand ibijau, Brésil, 2011© Caters news agency/SIPA p.227 haut : Scène de chasse fossilisée, Bavière, Allemagne, 2012 © Eberhard Frey/Helmut Tischlinger/PLos ONE ; bas : Dumb-Bell Cutlery, 2010 © thecheeky.com p.228 Horsetail Falls, Yosemite National Park, Californie, États-Unis, 1986 © Galen Rowell/Corbis p.229 Dasht-e Lut, Iran, 2010 © NASA image courtesy Jeff Schmaltz, MODIS Rapid Response Team at NASA GSFC/caption by Holli Riebeek. p.231 Dispositif de repérage aérien, France, 1935 © CNRS Photothèque/Fonds historique p.232 Tabouret d'affaires, France, 1770 © Les Arts Décoratifs/Jean Tholance p.233 Incendie de Baltimore, Maryland, États-Unis, 1904 © The Baltimore County Public Library, Towson, Maryland USA p.234 Denis Vrain-Lucas, vers 1870 © DR p.235 gauche : Préservatif géant sur l'Obélisque, place de la Concorde, Paris, 1993 © Reuters/Philippe Wojazer ; droite : Walter Bonatti, couverture Paris-Match du 13 mars 1965 © Paris-Match/Scoop p.236 Séquoias géants © *Redwoods: The World's Largest Trees*, J.J. Hewes, Gallery Books, 1984 p.237 Franz Reichelt, vers 1910 © DR p.238 Chapelle de Sainte Kinga, Wieliczka, Pologne, 2009 © Jean-Daniel Sudres/Hemis.fr/AFP p.239 Mines de sel, Wieliczka, Pologne, 2008 © Jean-Baptiste Rabouan/Hemis.fr/AFP

Mars p.242-243 Clinique pour faucon, Abou Dhabi, 2012 © Nathacha Soury p.244 Météorite, Oslo, Norvège, 2012 © AFP/Terje Bendiksby/Scanpix Norway p.245 Fleur millénaire, Russie, 2012 © AP/SIPA p.246 Télévision canine, Dog TV, Washington, États-Unis, 2012 © AFP/Brendan Smialowski p.247 Pyjama Exmobaby, 2012 © Exmovere Holdings, Inc p.249 Hotel Gelem, Montreuil-sous-Bois, France © DR p.250 Arrêt de bus interactif, Londres, 2012© Anthony Devlin/Press Association/ABACA p.251 Playing with Pigs, 2012 © Pig Chase http://www.playingwithpigs.nl/ p.252 Couches pour adulte, Tokyo, Japon, 2008 © Yoshikazu Tsuno/AFP p.253 Concours urine, Amsterdam, Pays-Bas, 2012 © Waternet p.254 Saroo Brierley et sa mère, Inde, 2012 © Saurabh Das/AP/SIPA p.255 Air mask, 2012 © João Lammoglia/REX/SIPA p.256 Hôtel Langholmen, Suède, 2011 © DR p.257 Faith la chienne à deux pattes, Manassas, États-Unis, 2008 © The Washington Post/Getty Images p.258 haut : Faux visiteurs, Musée des Beaux-Arts de Bordeaux, 2007 © Virginie Barré, 2004 ; bas : K-Glove, 2012 © NASA/GM Corp p.259 Tempête de neige en plein désert, Tabuk, Arabie-Saoudite, 2012 © Reuters/Stringer/Mohamed Alhwaity p.261 Lunettes obturant le champ visuel, 1926 © CNRS Photothèque/Fonds historique p.262-263 Taxi muni de l'anti-écraseur, Meudon, France, 1924 © CNRS Photothèque/Fonds historique p.264 Figuier de Roscoff, carte postale p.265 Les treize premiers rescapés de la catastrophe de Courrières, carte postale, 1906 © Librairie Alexandre éditeur à Lens p.266 Dame de Brassempouy, Landes, France, 2009 © The Art Archive/Musée des Antiquités St-Germain-en-Laye/Gianni Dagli Orti/AFP p.267 haut : *Botte d'asperge*, Édouard Manet bas : *L'asperge*, Édouard Manet, vers 1880, Musée d'Orsay, Paris © RMN-Grand Palais (Musée d'Orsay)/René-Gabriel Ojéda p.268 One cent magenta p.269 Vue aérienne de la maison Winchester, San José, Californie, États-Unis © Winchester Mystery House, LLC p.269 Ouvriers se reposant pendant la construction du Radio City Music Hall, New York, États-Unis, 1932 © Bettmann/CORBIS

Avril p.274-275 *Incident at Waterloo*, Kurt Wenner, Waterloo Station, Londres, 2011 © Kurt Wenner p.276 haut : Kerry Trebilcock, Mylor, Angleterre, 2012 © The Sun; bas : Tupac en 3D, Caochella, Californie, États-Unis © Avconcepts p.277 Cathédrale d'Amiens, Picardie, France, 2009 © Nicolas Loeuillet p.278 Panorama de la galaxie, 2012 © NASA/JPL-Caltech/WISE Team p.280 haut : Ubi-Camera, Ogaki City, Japon, 2012 © Institute of Advanced Media Arts and Sciences ; bas : Benne robot Dustbot, 2009 © Massimo Brega/Dustbot p.281 *Song without Word*, œuf d'autruche, Carina Charlton, Allemagne © Carina Charlton p.282 Pantalon clavier, Pays-Bas, 2012© Caters news agency/SIPA p.283 Transition, avion hybride, États-Unis, 2012© Terrafugia p.284 Chaussettes en kevlar © MAEL Swiss Protection Sock p.285 Alligator albinos, Beauvoir, France, 2012 © AFP/Charly Triballeau p.286 gauche : Frank Buckley, Dublin, Irlande, 2012 © Laura Hutton/Photocall Ireland ; droite : Wanted poster © DR p.287 Concours caviar, Moscou, 2012 © AFP/Andrey Smirnov p.289 Éclipse solaire, *Le Figaro* du 17 avril 1912 © Le Figaro p.290-291 Montagne de croix, Siauliai, Lituanie, 2008 © Franck Guiziou/Hemis.fr/AFP p.292 haut : Dernier duel officiel, France, 1967 © Awerbach/Paris-Match ; bas : La bombe nucléaire B28 sur le pont du USS Petrel, au large de Palomares, Espagne, 1966 © US Navy p.293 gauche : Affiche La Vache qui rit © Bel ; droite : Atomic Energy Lab, 1952 © Gilbert p.294 Francis Meilland devant la rose Peace © Archive Famille MEILLAND p.296 Statue de Marie Harel, Vimoutiers, France, 1928 © Passard/AFP p.297 Terry Fox, Marathon of Hope, Toronto, Ontario, Canada, 1980 © Jeremy Gilbert p.298 Fragment principal de la machine d'Anticythère, Musée archéologique national, Athènes, Grèce, 2005 © Musée national archéologique d'Athènes p.299 Neuf-Brisach, Alsace, France, 2003 © Norbert Blau p.300 *Spiral Jetty* de Robert Smithson,Utah, États-Unis, 2002© George Steinmetz/Corbis

Mai p.304-305 Gary Connery saute sans parachute, Floride, États-Unis, 2012 © Getty Images p.306 Transat géant, Stuart Murdoch, Dorset, Angleterre, 2012 © Gary Robertson p.308 Videocapsule, 2006 (Wikipédia domaine public) p.309 *German Panther*, Hans Hemmert, 2007, Luftballon/Luft/Kleber (balloon/air/glou), Installationsansicht Städtische, Galerie Nordhorn, 960 x370 x 300cm © Adagp, Paris 2012 p.310 Moto échouée, Canada, 2012© Peter Mark/AP/SIPA p.311 gauche : Lunettes de régime, Tokyo, Japon, 2012 © AFP/Yoshikazu Tsuno ; droite : Transfert d'un immeuble de la fabrique Oerlikon, Zurich, Suisse, 2012 © DR (a priori Alessandro Della Bella/Keystone mais pas trouvée) p.313 Sculpture invisible, Écosse, 2012© Rob Mulholland/REX/SIPA p.314 Claire Lomas franchit la ligne d'arrivée du marathon de Londres, Londres, 2012 © AFP/Carl Court p.315 gauche : Fuite par le vide-ordure, Moscou, 2012 © AFP/Russian Emergencies Ministry ; droite : Masque controleur de rêve Remee © 2012 Bitbanger Labs p.317 Phineas Gage, après son accident, 1850-1860 © DR p.318 Mazamet ville morte, Midi-Pyrénées, France, 1973 © Michel Bourguignon/Mairie de Mazamet p.319 *Surrounded Islands*, œuvre des artistes Christo et Jeanne Claude, Miami, Floride, 1983 © Wolfgang VOLZ/LAIF-REA p.320 Incendie du bazar de la Charité, Paris, *Le Petit Journal* du 10 mai 1897 © *Le Petit Journal* p.321 Mort d'Octave Garnier et René Valet de la bande à Bonnot, *Le Petit Journal*, 1912 © UIG via Getty Images p.322-323 Explosion du zeppelin Hindenburg, New York, États-Unis, 1937 © AFP p.324 Cimetière de Cadillac, Amarillo, Texas, États-Unis, 2008 © Richie Diesterheft p.325 Crypte temporelle, Ogelthorpe University, Géorgie, États-Unis, 1939 © Ogelthorpe University archive p.326 Poon Lim pose sur un radeau similaire à celui qui lui a permis de survivre, 1945 © US Navy p.327 Chat polydactyle, Floride, États-Unis, 2006 © Stale Johnsen p.328 Cimetière de Sapânta, Roumanie © DR p.329 Île des faisans, France, 2011 © DR

Juin p.332-333 Mante religieuse, Bornéo, 2012 © Caters News Agency/SIPA p.334 Gant traducteur du langage des signes, Cornell University, États-Unis © Bruce Land/Cornell University p.335 Exercice militaire sous l'eau, Marine Corps Base Quantico, Virginie, États-Unis, 2011 © Sharon D. Kyle/U.S. Marine Corps p.336 haut : Ville fantôme scientifique, Lea County, Nouveau-Mexique, États-Unis, 2012 © Center for Innovation, Testing and Evaluation/AP/SIPA ; bas : Fraude dans les transports, Jakarta, Indonésie, 2012 © DR p .337 Dans la peau d'un panda, province de Sichuan, Chine, 2011 © Quirky Chinya news/REX/SIPA p.338-339 Transport de chaume de maïs, 2003, Mogadiscio, Somalie © Pascal Maitre/Cosmos p.340 Poissons en bouteilles plastiques, Sommet Rio 20, Rio de Janeiro, Brésil, 2012 © João Cassiano p.341 *Big Can*, Icy & Sot, Tabriz, Iran, 2012 © Courtesy of Icy & Sot and Klerkx Art Agency p.342 haut : Collier détection de chaleur Heat-Box, 2011 © Heat-Box ; bas : Walk A Mile In Her Shoes, manifestation contre les violences sexuelles, San José, Californie, États-Unis, 2012 © Stephen Lam/Reuters p.343 Femme faisant l'amour à un robot © Blutgruppe/Corbis p.344 Reproduction de Paris, Tianducheng, China, 2011 © Matthew Niederhauser/Institute p.346 Yacht île tropicale, Grande-Bretagne, 2011 © Yacht Island Design/Austral Int./Rex featuresSIPA p.347 gauche : Robot jardinier, Shouguang, Chine, 2012 © Su Qing/Landov/MAXPPP ; droite : Poo-Wifi, Mexico, Mexique, 2012 © Terra p.348-349 Record skieurs nautiques, Strahan, Australie, 2011© Seaton/Caters news agency/SIPA p.351 Buzz Aldrin sur la Lune avec le drapeau américain, 1969 © NASA p.352 gauche : *Human Statue of Liberty»*, Mole & Thomas, 1918; droite : *Living Flag*, Grand Lac, Illinois, Mole & Thomas, 1940 © Carl Hammer Gallery p.354 gauche : Premier GPS, Angleterre, 1930 © London media ; droite : *Emballage du Pont Neuf*, œuvre des artistes Christo et Jeanne Claude, Paris, 1985 © Wolfgang Volz/LAIF-REA p.355 Site de l'explosion de la météorite de la Toungouska, Sibérie, Russie, 1980 © Litosh/Ria Novosti/AFP p.356 haut : Chèque de Superman, 2012 © Anonymous/AP/SIPA ; bas : Rochers sculptés, Rotheneuf, Ille-et-Vilaine, France, 2006 © Rieger Bertrand/Hemis.fr/AFP p.357 Copie du tableau volé de Dali, *Jésus sur la croix*, New York, 2003© Larry Morris/AP/SIPA p.358 La rivière Cuyahoga en feu, Cleveland, Ohio, États-Unis, 1952 © James Thomas/Cleveland Press Collection/Cleveland State University Library p.360 gauche : Tombe de Yul Brynner, cimetière du monastère de St-Michel-de-Bois-Aubry, Luzé, France, 2009 © Danielle Léger http://laphotodujour.hautetfort.com ; droite : Ampoule centenaire, Livermore, Californie, États-Unis, 2011 © Dick Jones p.361 Winston Churchill enregistre depuis Downing Street, Londres, 1942 © Getty Images p.362 Roches mouvantes, Cottonwood Mountains, Death Valley National Park, 2011 © Luis Castaneda/TIPS/Photononstop/AFP

Copyrights pour la couverture

Portrait de Pierre Bellemare par Stéphane de Bourgies © Flammarion / *Vicissitudes*, Jason de Caires Taylor, Grenade, Petites Antilles, 2007 © Adagp, Paris 2012 / Mante religieuse, 2012, Bornéo © Caters News Agency / SIPA / Transport de chaume de maïs, 2003, Mogadiscio, Somalie © Pascal Maitre / Cosmos

Du même auteur

Enquête sur 25 trésors fabuleux,
avec Jean-François Nahmias, Flammarion, 2012.

Le Bonheur est pour demain,
avec Jérôme Equer, Flammarion, 2011.

L'Enfer,
avec Jean-François Nahmias, Flammarion, 2011.

Ils ont marché sur la tête : 450 faits divers inouïs, impayables et désopilants,
avec Jérôme Equer, Albin Michel, 2010.

Kidnappings : 25 rendez-vous avec l'angoisse,
avec Jean-François Nahmias, Albin Michel, 2010.

Sur le fil du rasoir : quand la science traque le crime,
avec Jérôme Equer, Albin Michel, 2009.

La Terrible vérité : 26 grandes énigmes de l'histoire enfin résolues,
avec Jean-François Nahmias, Albin Michel, 2008.

26 dossiers qui défient la raison,
avec Gregory Franck, Albin Michel, 2008.

Mort ou vif : les chasses à l'homme les plus extraordinaires,
avec Jean-François Nahmias, Albin Michel, 2007.

Complots : quand ils s'entendent pour tuer,
avec Jérôme Equer, Albin Michel, 2006.

Ils ont osé ! : 40 exploits incroyables,
avec Jean-François Nahmias, Albin Michel, 2005.

Crimes dans la soie : 30 histoires de milliardaires assassins,
avec Jean-François Nahmias, Albin Michel, 2004.

Destins sur ordonnance : 40 histoires où la médecine va du meilleur au pire,
avec Jean-François Nahmias, Albin Michel, 2003.

Sans laisser d'adresse,
avec Grégory Frank, Albin Michel, 2002.

Survivront-ils ? : 45 suspenses où la vie se joue à pile ou face,
avec Jean-François Nahmias, Albin Michel, 2001.

Je me vengerai : 40 rancunes mortelles,
avec Jean-François Nahmias, Albin Michel, 2001.

Les Dossiers extraordinaires,
Vol.3, Éditions n° 1, 2001.

Les Dossiers extraordinaires, Vol.2,
Éditions n° 1, 2000.

Les Dossiers extraordinaires,
Vol.1, Éditions n° 1, 2000.

L'Empreinte de la bête : 50 histoires où l'animal a le premier rôle,
Albin Michel, 2000.

Les Amants diaboliques : 55 récits passionnément mortels,
Albin Michel, 1999.

L'Enfant criminel,
Albin Michel, 1998.

Les Aventuriers du XXe siècle, Vol. 3. Journées d'enfer,
Albin Michel, 1998.

Les Aventuriers du XXe siècle, Vol. 2. Ils ont vu l'au-delà,
Albin Michel, 1997.

Les Aventuriers du XXe siècle, Vol. 1. Carrefour des angoisses,
Albin Michel, 1997.

Possession : l'étrange destin des choses,
Albin Michel, 1996.

Issue fatale : 75 histoires extraordinaires,
Albin Michel, 1996.

Tragédie à la une : la Belle Epoque des assassins,
avec Alain Monestier, Albin Michel, 1995.

Nuits d'angoisse : 50 histoires vraies,
TF1 Éditions, 1995.

Crimes de sang,
TF1 Éditions, 1995.

La Peur derrière la porte,
TF1 Éditions, 1995.

Instant crucial : les stupéfiants rendez-vous du hasard,
Albin Michel, 1995.

Instinct mortel : 70 histoires vraies,
Albin Michel, 1994, réed. Albin Michel, 1996, Éditions de la Seine, 2001.

Les Génies de l'arnaque : 80 chefs-d'œuvre de l'escroquerie,
Albin Michel, 1994.

Dictionnaire des 1 000 trucs,
TF1 Éditions, 1992.

L'Année criminelle : les 80 histoires extraordinaires de l'année,
TF1 Éditions, 1992.

Dossiers secrets, Éditions n° 1, 1989.

Les Crimes passionnels : 50 histoires vraies,
TF1 Éditions, 1989.

Par tous les moyens :
38 histoires bouleversantes de sauvetage,
Éditions n° 1, 1988.

Histoires choc,
Éditions n° 1, 1987.

Marqués par la gloire : 23 destins exceptionnels,
Éditions n° 1, 1986.

Les Assassins sont parmi nous,
Éditions n° 1, 1986.

Histoires de mystères, avec Jean-François Nahmias,
Éditions n° 1, 1985.

Au nom de l'amour : 59 histoires de passion,
Éditions n° 1,1985.

Les Tueurs diaboliques,
Éditions n° 1, 1985.

Dossiers secrets,
Éditions n° 1, 1984.

Les Grands Crimes de l'histoire,
Éditions n° 1, 1984.

Suspens, Vol.2,
Éditions n° 1, 1994.

Suspens, Vol.1,
Éditions n° 1, 1983.

Quand les femmes tuent,
Éditions n° 1, 1983.

Histoires vraies, Vol.2,
Éditions n° 1, 1982.

Histoires vraies, Vol.1,
Éditions n° 1, 1981.

C'est arrivé un jour, Vol.2,
Éditions n° 1, 1979.

C'est arrivé un jour, Vol.1,
Éditions n° 1, 1979.

Les Dossiers d'Interpol, Vol.2,
avec Jacques Antoine, Éditions n° 1, 1979.

Les Dossiers d'Interpol, Vol.1,
avec Jacques Antoine, Éditions n° 1, 1979.

Les Aventuriers,
avec Jacques Antoine, Fayard, 1978.

Les Dossiers extraordinaires de Pierre Bellemare,
avec Jacques Antoine, Fayard, 1976.

Romans

Nul ne sait qui nous sommes,
avec Grégory Franck, Albin, Michel, 2007.

La Fourmilière,
avec Grégory Frank, Éditions n° 1, 1987.

L'Histoire d'une petite vallée
qui peut-être n'existe plus,
avec Jacques Floran, Stock, 1978.

Almanachs

L'Almanach de Pierre Bellemare 2009-2010 :
pour que chaque jour soit un jour bon,
Albin Michel, 2008.

L'Almanach de Pierre Bellemare 2008-2009 :
pour que chaque jour soit un jour bon,
Albin Michel, 2007.

L'Almanach de Pierre Bellemare 2007-2008 :
pour que chaque jour soit un bon jour,
Albin Michel, 2006.

L'Almanach de Pierre Bellemare 2006-2007 :
pour que chaque jour soit un bon jour,
Albin Michel, 2005.

L'Almanach de Pierre Bellemare 2005-2006 :
pour que chaque jour soit un jour bon,
Albin Michel, 2004.

L'Almanach de Pierre Bellemare 2004-2005,
Albin Michel, 2003.